ナショナリズムの美徳

THE VIRTUE OF NATIONALISM

ヨラム・ハゾニー

YORAM HAZONY

中野剛志／施 光恒［解説］

庭田よう子［訳］

東洋経済新報社

本書をわたしと同じ部族に属する次の方々に親愛を込めて捧げる

Avital

Techelet

Efraim

Yardena

Hadar Ahiad

Gavriel

Binyamin Ze'ev Netzah

Yosef

Eliahu

【巻頭解説】不寛容な「リベラリズム」、多様性を尊重する「国民国家」

中野剛志（評論家）

本書が大きな影響をもたらしたアメリカ保守主義の再編

著者のヨラム・ハゾニーは、イスラエルの政治哲学者であるが、聖書研究者でもあり、さらにシオニスト（ユダヤ民族主義者）である。

聖書研究やシオニズムというと、一般の日本人にとっては、いかにも馴染みにくく、縁遠い思想という印象を受けるだろう。それにもかかわらず、本書は、我が国が直面しつつある現実を思想面から理解するうえで、必読と言っても過言ではない。

その必読であるゆえんを明らかにするのが、この解説の目的である。

会田弘継・青山学院大学教授によると、アメリカでは、ドナルド・トランプ大統領の登場以降、保

守主義の再編が起きており、そして、本書は、そのアメリカ保守主義の再編に大きな影響を与えているという。

従来、アメリカ保守主義は、自由貿易や小さな政府といった新自由主義、あるいはアメリカ主導による民主的な世界秩序の建設というネオコンの外交戦略と結びついてきた。しかし、近年、アメリカの保守主義者たちは、新自由主義やネオコンの路線から離れ、その思想の中核にナショナリズムを据えるようになってきているという[1]。

本書は、このアメリカ保守主義の新たな潮流に棹さすかたちとなった。実際、アメリカの保守系教育機関ＩＳＩ（Intercollegiate Studies Institute）のコンサーヴァティブ・ブック・オブザイヤーを受賞している[2]。

２０２０年の大統領選では、民主党のジョー・バイデン候補が勝利したが、他方で、トランプの得票数も７０００万以上となったことは無視できない。また民主党内の路線も一枚岩ではなく、とくに近年躍進した左派の外交姿勢は、自由貿易や世界における軍事的な関与に対する懐疑という点において、アメリカ保守主義の新潮流に近い。

言うまでもなく、アメリカの政治思想の変化は、我が国に大きな影響を及ぼす。そのアメリカの政治思想の変化に、本書が連動しているのであるならば、それだけでも、我々日本人が本書を読むべき理由としては十分である。

理想を探究する「政府の哲学」、現実を直視する「政治秩序の哲学」

ただし、本書の重要性は、もっと深いところにある。

著者のハゾニーは、その立論を古代ユダヤの思想や聖書のなかから導き出しており、さらに自身がシオニストであることを公言している。しかし、だからといって、本書を、特定の政治的・宗教的な立場に偏した主義主張の表明にすぎないとみなすのは適切ではない。というのも、本書で展開されている政治哲学は、人間や社会秩序に関する真理にまで及んでおり、その深い洞察は普遍性を帯びていると言えるからだ。

たとえば、本書第8章において、ハゾニーは政治哲学を「政府の哲学」と「政治秩序の哲学」に区分する。実は、この区分が、きわめて重要なのである。

「政府の哲学」とは、内部が統合されて安定した独立国家を前提とし、その下で、政府の最良の形態とは何かを究明しようとする政治哲学である。たとえば、基本的人権、とくに自由が保障された統治形態を理想とするリベラリズムは、「政府の哲学」である。

しかし、この「政府の哲学」は、あくまでも、結束して独立した国家の存在を前提としたうえで成立しうる政治哲学である。言い換えれば、結束して独立した国家はいかにして可能かという、より根源的な問いに対して、「政府の哲学」は適切な答えを出すことができないのである。

たとえば、リベラリズムが最良の統治形態とみなす民主政治を考えてみよう。

民主政治とは何であろうか。それを子供に聞けば、「みんなで話し合って物事を決める政治」だと答えるだろう。確かに、そのとおりだ。しかし、子供でもわかる簡単な問題だなどと片付けてはならない。というのも、政治には、どうしても話し合いでは決められない物事というものがあるからだ。

それは、「みんな」の範囲である。

「みんなで話し合って物事を決める政治」においては、「みんな」に含まれるのが誰かが決まらなければ、話し合いは始まらない。だから、「みんな」に誰が含まれ、誰が含まれないのかを、「みんな」で話し合って決めることはできないのだ。

「みんな」の範囲が決まっていることは、民主政治の前提なのであって、したがって、民主的には決められない。ということは、「みんな」の範囲は、非民主的なやり方で決めるしかないということになる。

「政府の哲学」は、「みんな」の範囲がどう決まるのかについて答えられない。これに対して、「みんな」の範囲を探究する政治哲学に該当するのが、「政治秩序の哲学」なのである。

「みんな」とは、要するに「集団」のことである。人間は、家族、氏族、地域共同体、クラブ、組合、企業、宗教、そして国家など、何らかの集団に所属することで存在しうる。その集団のうち、「国家」は政治秩序である。なかでも「国民国家」は、「国民」という集団を基礎にした政治秩序（＝国家）である。

したがって、「政治秩序の哲学」は、国家（現代であれば国民国家）を探究の目的とする政治哲学だと

言うことができる。

では、そもそも、人間は、なぜ、あるいはどのようにして「集団」を形成し、所属するのか。これが「政治秩序の哲学」の出発点となる。

「政治秩序の哲学」は、人間というものは、その本性からして、集団を形成し所属する存在であるという現実を直視し、そのゆえんを探究する。その探究は、言わば社会学や社会人類学のような社会科学的な性格を帯びるだろうし、歴史学的な知見も参照されるだろう。

ここで重要なのは、「政治秩序の哲学」が問うのは、「人間はどうあるべきか」という「理想」ではなく、人間はどういうものかという「現実」だということである。

「政治秩序の哲学」はリアリズムだと言うこともできる。これに対して、「政府の哲学」は、「最良の統治形態とは何か」という「理想」を探究する。リベラリズムは、理想を追求する「政府の哲学」である。

そして、リアリズムが明らかにするのは、政治秩序は自律した個人の合意によって成立するものではないということである。たとえば、国家の領土の範囲は、征服や政治的妥協など、歴史的な経緯によって決まったものにすぎず、リベラリズムによって正当化されるようなものではない。だが、国境を、自律的な個人の合意や民主的手続きなど、リベラリズムによって正当化される方法で引き直すなどということが、非現実的であることは言うまでもない。

政治秩序とは、本質的に、非リベラルなのである。しかし、すべてのリベラルな統治形態は、非リベ

ラルな政治秩序を基礎としている。そして、そのリベラルな統治形態を成立させる非リベラルな政治秩序こそ、ハゾニーが擁護する「国民国家」にほかならない。

「リベラリズム」と「保守主義」は対立する思想ではない

ここで重要なのは、ハゾニーのリベラリズム批判の視角である。

本書のなかでハゾニーは、確かにリベラリズムを批判しているが、リベラリズムそのものを否定しているわけではない。そのことを理解するためにこそ、「政府の哲学」と「政治秩序の哲学」の区分が重要になる。

ハゾニーは、「政府の哲学」としてのリベラリズムについては、必ずしも否定はしていない。そうではなくて、リベラルな統治形態を成立させる前提である政治秩序は、リベラリズムでは説明できないと言っているのである。

リベラルな統治形態は政治秩序を基礎にしているのであって、政治秩序がリベラルな統治形態を基礎にしているのではない。だから、リベラリズムは、「政府の哲学」でありえても、「政治秩序の哲学」ではありえない。

なお、ハゾニーは保守主義者でもあるが、保守主義もまた、「政治秩序の哲学」である。「リベラル派」対「保守派」という通俗的な分類に見られるように、リベラリズムと保守主義は対立する思想と

みなされている。しかし、政治哲学的な観点から言えば、両者は対立するものというよりは、むしろ、カテゴリーが違うものなのである。すなわち、リベラリズムは「政府の哲学」であり、保守主義は「政治秩序の哲学」なのだ。

読者にとくに注意を促したいのは、ハゾニーが批判的なのは、リベラリズムそれ自体というよりは、リベラリズムを「政治秩序の哲学」に適用することだということである。もっと言えば、ハゾニーは、リベラルな統治形態を尊重しているからこそ、そのリベラルな統治形態の基礎にある「国民国家」という非リベラルな政治秩序というものを重視しているのだ。

では、リベラリズムを誤って「政治秩序の哲学」に適用すると、どうなるか。それは、帝国主義を支えるイデオロギーとなる。この点こそ、本書でハゾニーが最も強調する主張である。

詳しくは本書を味読してもらいたいが、簡単に解説すると、リベラリズムに基づいて政治秩序を構築しようとするプロジェクトは、その善意に基づく動機にもかかわらず、帝国主義を正当化するものとなる。それは、リベラリズムの教義に基づく均質な世界秩序を夢想しており、その理想の世界を実現するために、独自の文化伝統をもつ国家を強制的に排除してよいと考えるからである。

リベラリズムとは、寛容の精神を称揚していながら、実のところ、不寛容のイデオロギーなのだ。逆に、国民国家の独立が担保される世界では、各国民国家の独自の文化伝統や価値観が尊重され、世界の多様性が確保される。多様性に対して寛容な世界こそが、真の意味でリベラルだと言うべきであろう。

「地政学的大変動下」にある現代日本人必読の書

さて、以上のようなハゾニーの議論は、彼のシオニズムに固有の思想によるものではなく、普遍性を有する政治哲学たりうることは、冒頭に述べたとおりである。にもかかわらず、やはり、イスラエル人という出自と無関係ではないのは、彼の視線が「政治秩序」、就中《なかんずく》、結束し独立した国民国家に注がれているということである。

ユダヤ人は、国民国家というものを望んでも持ちえないまま、迫害されてきた長い歴史をもつ。そして、イスラエルは、常に極度の地政学的な緊張のなかに置かれている国家である。それゆえ、イスラエル人は、結束し独立した国民国家というものの重要性にきわめて鋭敏にならざるをえないのであろう。

この鋭敏さは、戦後、軍隊をもたず、自国の安全保障をアメリカに委ね、繁栄を謳歌してきた日本人には決定的に欠けているものだ。

戦後日本は、アメリカの庇護の下にあって、「政治秩序の哲学」について深く考える必要もなく、リベラリズムやグローバリズムの夢想をむさぼるという贅沢を享受することができた。要するに、世界の現実を知らずに過ごせていたのである。

だが、拙著『富国と強兵――地政経済学序説』でも論じたとおり、そういう時代は終わった。アメリカの衰退と中国の台頭という地政学的大変動によって、もはや日本は、自国の安全保障をアメリカ

に委ねることができなくなった。[3] 我々は、「政治秩序の哲学」が必須となる厳しい世界を生きなければならなくなったのである。

だから、本書は現代日本人にとって必読だと言ったのだ。

［注］

（1）会田弘継「アメリカが心酔する『新ナショナリズム』の中身――保守主義の『ガラガラポン』が起きている」、東洋経済オンライン（https://toyokeizai.net/articles/-/288843）

（2）ISI Conservative Book of the Year Award | C-SPAN.org（https://www.c-span.org/video/?459062-1/isi-conservative-book-year-award）

（3）中野剛志「米軍は『撤退』中国が『東アジア』覇権」『ＦＡＣＴＡ』12月号（https://facta.co.jp/article/202012002.html）

目次

第2部 国民国家とは何か

第3部　反ナショナリズムと憎悪……221

序章　ナショナリズムへの回帰

ナショナリズムは善か悪か

イギリスとアメリカの政治は、ナショナリズムに向かっている。これは多くの者にとって、とりわけ、世界的な統合が健全な政策と道徳的良識の要件だと長年にわたりみなしてきた、教養ある人々にとっては、厄介なことである。この観点からすると、欧州連合（ＥＵ）離脱の是非を問う国民投票と、アメリカ政権が発する〝アメリカ・ファースト〟の言辞は、歴史の原始的段階、すなわち、主戦論や人種差別主義が公然と口にされ、それがネイションの政治課題を設定することが許されていた時代へと、逆戻りを告げているかに思われる。著名人やジャーナリスト、研究者たちは最悪の事態を恐れて、アメリカとイギリスの公的生活にナショナリズムが戻ることを、厳しい論調で非難している。

だが、ナショナリズムはかつて、現在の公的言説が指摘するような邪悪な主義とは、必ずしも考えられていなかった。ほんの数十年前まで、一般にナショナリストの政策は、寛大で寛容な精神と関連づけられていた。進歩主義者は、ウッドロー・ウィルソンの14カ条の平和原則と、フランクリン・ルーズベルトとウィンストン・チャーチルの大西洋憲章を、人類の希望の光とみなしていた――世界中の隷

属状態にある人々に対してネイションの独立と自決を約束する、ナショナリズムの表明と考えられていたからだ。セオドア・ルーズベルトから、ドワイト・アイゼンハワーに至るまでの保護主義者は、やはりナショナリズムを絶対的善と言っていた。また、ロナルド・レーガンとマーガレット・サッチャーは、政治に〝新ナショナリズム〟をもたらしたとして、当時、保守派から歓迎された。その他の土地でも、マハトマ・ガンジーからダヴィド・ベン＝グリオンまで、ナショナリズムの政治運動を率いた政治家は、国民を自由へと導いたとして、称賛と高い評価を得た。[1]

　数世代前にナショナリズムを奉じた多くの政治家と知識人は、この課題についてある程度心得ていたので、人々を歴史の原始的段階へと、主戦論や人種差別主義へと引き戻そうとはしていなかった。では、彼らはナショナリズムにどのようなものを認めていたのか？　この問いに答えようとした者は、公的な場でも学術的な領域でも驚くほど少ない。

　このテーマについて、わたしは自身の背景からいくらか知見がある。わたしは生まれてこのかた、ユダヤ民族主義者、シオニストである。[2]大半のイスラエル人と同様に、わたしはこの政治観を、両親と祖父母から受け継いだ。わたしの家族は、ユダヤ人独立国家を築くために、１９２０年代から30年代初頭にかけて、パレスチナの地に移り住んだ。その目標は達成され、わたしは人生のほとんどを、ナショナリストが建設し、現在に至るまで主にナショナリストに治められてきた国で暮らしてきた。これまで、イスラエルと他国の公人および知識人を含む、大勢の素晴らしいナショナリストと知り合った。その全員と意見が一致するわけではないが、彼らには総じて深い感銘を受けた――その忠誠心と勇気

に、良識に、道義心に。何より、ナショナリズムは、近年アメリカとイギリスで大勢の人から思われているような、有益な目的もこれといった理由もなく、周期的に国家を襲う不可解な政治的病ではない。それどころか、国家を育んだ、誰にとっても関わりの深い政治理論であり、政治の世界の秩序に関する理論なのである。

ナショナリストの政治理論とはどのようなものか？　わたしが育った環境で学んだナショナリズムは、ネイションがそれぞれ独自の伝統を育み、干渉されることなくそれぞれの利益を追求し、それぞれが独立した針路を定めることができるとき、世界は最良の形態で統治されるという原則に基づく立場である。これは、可能な限り単一の政治体制下において人類を統一することにより、世界に平和と繁栄をもたらそうとする帝国主義とは、相反するものだ。ナショナリズムの主張に、疑念を差し挟む余地がないとは思わない。それぞれを支持する考察がある。だが、かえって難解化せずにできないことは、2つの立場の選択を避けることだ。すなわち、当局が必要だとみなした際に、配下のネイションにその意思を押しつける国際的な政府または体制の理想を原則として支持するか、あるいはそのような国際政府または体制が存在せずに、ネイションは各自で自由に道筋を定めるべきだと考えるか。[3]

ベルリンの壁崩壊以降

ナショナリズムと帝国主義の議論は、１９８９年のベルリンの壁の崩壊で、再び大きな意味をもつよ

うになった。当時、共産主義との戦いが終わりを迎え、西側の指導者たちの頭のなかは、帝国主義的な二大計画で占められるようになった。その1つはEUである。EUは現在に至るまで、政治的独立に関連する権限の多くを徐々に加盟国から奪ってきた。もう1つは、アメリカによる〝世界秩序〟である。この秩序においては、国際法を順守しないネイションは、主にアメリカの軍事力によりその順守を強制されることになる。擁護者たちはそう呼ばれることを好まないが、これはどちらも帝国主義的な企てである。その理由の1つは、独立国家の政府から意思決定権を取り上げて、国際政府または国際体制にそれを据えることが目的だからだ。もう1つの理由は、これを支持する個人や組織が作成した文献から即座に見て取れるように、どちらも、ローマ帝国、オーストリア＝ハンガリー帝国、イギリス帝国の歴史に感化を受けており、帝国主義の政治的伝統の一環であることを意識しているからだ。たとえば、ポスト冷戦時代の幕開けに書かれた、チャールズ・クラウトハマーによるアメリカの〝世界支配〟の主張では、アメリカが「超支配」を確立し、世界のすべてのネイションのために「支配権の概念……の低下」を取り仕切ることを求めている。クラウトハマーは、〝パクス・アメリカーナ〟（Pax Americana）というラテン語を用いてこのビジョンを描き、新ローマ帝国たるアメリカのイメージを喚起した。これは、ローマ帝国がかつてヨーロッパの支配領域に治安と平穏をもたらし〝パクス・ロマーナ〟（Pax Romana、すなわち「ローマの平和」）を築き上げたように、今度はアメリカが全世界に治安と平穏を授けることになる、としたものだ。[4]

近年のこのような帝国主義的政治観と計画事業の台頭は、政治の世界はいかに構築されるべきかを

めぐり、ナショナリストと帝国主義者の間に激しい論争を引き起こしてもおかしくはなかったはずだ。しかし、ごく最近まで、この種の議論はほとんど避けられていた。マーガレット・サッチャーが１９９０年に、ＥＵに懐疑的な姿勢を示して保守党党首を辞任して以降、欧米で影響力のある立場にいる人物の誰一人として、この２つの帝国構築事業の根幹にある大きなビジョンに、喧嘩を売ろうとする者はいなかった。[5] 不可解なことに、誰もが一様に同じ姿勢を示していたために、ＥＵもアメリカの〝世界秩序〟も、一般社会で激しい論争を呼ぶことなく推進された。

それと同時に、名目上はブリュッセルにある本部が統治したとしても、ヨーロッパの人々は新たな〝ドイツ帝国〟の登場を喜んだりしないだろうと、こうした企てを提唱する政治家や知識人は、はっきり認識していた。そのため、こうした取り組みについての公的な場での議論は、次のような婉曲表現だらけの曖昧な新語で行われた。「新世界秩序」「緊密な結合」「開放性」「グローバリゼーション」「グローバル・ガバナンス」「共有された主権」「ルールに基づいた秩序」「普遍的管轄権」「国際社会」「リベラルな国際主義」「トランスナショナリズム」「アメリカのリーダーシップ」「アメリカの世紀」「一極化の世界」「不可欠な国」「覇権国」「サブシディアリティー」「ルールに従う」「歴史の表側」「歴史の終わり」などなど。[6] 以上はどれもひと世代は使われてきたが、このフレーズの意味は、目の前の現実によって、今ようやく大勢の人々に明らかになってきたところだ。

本書で描かれること

英米におけるナショナリスト的感情の高まりが、最終的に最善の結果を生み出すのかどうかは、現時点ではまだわからない。だが、次の点に関しては、誰もが同意するだろう。無意味な話をするときは終わった。今わたしたちは、ナショナリズムと帝国主義について議論するときを迎えている。帝国主義とナショナリズムは、かつて対立した手強く相反する理想であり、その対立が再燃している。いずれの視点も、慎重に、相応の敬意をもって検討する価値がある。それには、誰もが理解できるように、単刀直入に、明快な言葉で論じる必要がある。長年の懸案だったこの議論が、率直に思慮深く、かつ明確な方法で行われることを期待しよう。

わたしが本書を著したのは、わたしたちがナショナリストである理由について述べるためである[7]。できるかぎり明白で包括的な議論となるように、わたしは〝グローバリズム〟を、当然そうあるべき姿として、つまりかつての帝国主義の一種として、理解することにする。同様に、現在ナショナリズムが何か不適切なものとみなされている界隈で、多くの人がそう呼ぶように、ナショナリズムを〝パトリオティズム〟と呼んで、こぎれいなものにするつもりはない[8]。パトリオティズムとは通常、各自の属する独立国家に個人が抱く愛情または忠誠心を指す。ナショナリズムもほぼ同じように使われる。たとえば、ジュゼッペ・マッツィーニはイタリアのナショナリスト、ガンジーはインドのナショナリストだと言える。しかし、ナショナリズムはそれ以上のものにもなりうる。わたしが指摘してきたように、この

用語は長きにわたり、最高の政治秩序理論を指すために用いられてきた——すなわち、自由独立国家の世界を打ち立てようとする、反帝国主義的理論を指すものだ。わたしが本書で用いるのは、こちらのほうだ。

政治秩序に関わる相容れない2つの主義について、その長期的対立の観点から出来事を見ると、全体的なテーマがかなり理解しやすくなるし、さらに知的な会話が生まれる可能性がある。

わたしの主張は次のようなものだ。

第1部の「ナショナリズムと西洋の自由」では、西洋諸国間で繰り広げられてきた帝国主義とナショナリズムの対立を理解するうえで、基本となる歴史的フレームワークを提示する。1つのネイションを支配しようと努める、国民国家に依拠する政治秩序と、人類を単独の政治体制の下で、つまり帝国主義国家の下で統一することによって、平和と繁栄をもたらすことを目的とする政治秩序との区別を紹介する。[9] この区別は、ヘブライ語聖書（いわゆる旧約聖書）の政治思想の中心となっている。宗教改革を経て、イギリス、オランダ、フランスなどの国民国家は神聖ローマ帝国の権威を放棄するようになった。こうして、プロテスタントが新たに政治世界を構築するなかで、西欧とアメリカの人々が生活する４００年が始まった。その間に、ネイションの独立と自決が基本原則と考えられるようになった。これらが人間にとって最も大切な財産のなかに含まれるようになり、自由の基盤だとみなされるようになったほどだ。独立したネイションの秩序が、〝実験の世界〟において、全人類にとって利益になる自治・信仰・文化の多様性を可能にすることになる。

第二次世界大戦の頃も、ネイションの自由という原則が、公正で多様な、比較的平和な世界の鍵を握ると、多くの人がまだ信じていた。だが、アドルフ・ヒトラーがそれを一変させてしまった。わたしたちは現在その余波を受けて、「ナショナリズムが2つの世界大戦とホロコーストを引き起こした」という、単純すぎる物語が絶えず繰り返される世界に生きている。ナショナリズムが人種差別主義と想像を絶するまでの殺戮を支持するというならば、一体誰がナショナリストになりたいなどと思うだろうか？

こうしてナショナリズムが現代の最大の悪事を引き起こしたという汚名を着せられたことで、ネイションの独立を是とするかつての直観的知識は次第に弱まり、ついには信用を失うまでになった。現在、国民国家とその独立性に対する熱心な個人的忠誠心は、不要であるばかりか倫理的に疑わしいと、大勢の人からみなされるようになった。ネイションに対する忠誠心や伝統は、わたしたちが従う法律を定め、経済を調整し、安全保障に関する判断を下し、信仰と教育に関する公的基準を構築し、世界のどこに誰が住むのか決定するための健全な基盤を授けるものとは、もはやみなされていない。大勢の人が思い描く新しい世界では、法の支配、市場経済、個人の権利というリベラルな理論――このどれもが、イギリスやオランダ、アメリカといった国民国家の国内事情において発展した――が普遍的真実とみなされ、国民国家の独立を不要にする国際体制の根拠として適切だと考えられている[10]。言い換えるならば、ここで提唱されているのは、独立国民国家に基づく昔ながらのプロテスタントの秩序に取って代わる、新しい〝リベラルな帝国〟である。その帝国は、ナショナリズムの邪悪さからわたし

たちを救うとされている。

だが、その新しい帝国主義の支持者はナショナリズムがどのようなものか、それがどこから現れたのか、正確に思い描いていたのだろうか？　彼らがナショナリズムを前世紀で最も邪悪なものとみなすことは正しいのだろうか？　さらに言えば、その新しい帝国主義が本当に解決策なのだろうか？

わたしの見たところ、以上の点はどれも甚だ疑わしいように思える。第２部の「国民国家とは何か」では、現在大流行している帝国主義を拒む理由を示しながら、独立国民国家を基盤とする世界が最良の政治秩序であるという見解を示す。ここでは、わたしたちが経験から知っている、政治の世界を体系化する３つの方法の比較に基づいて、政治秩序の理念を提示する。それは、国家形成以前のほぼすべての社会で見られる、部族と氏族の秩序、１つの帝国の下での国際的な秩序、独立した国民国家の秩序である。

〝拡張〟された自己

〝グローバリスト〟の政治秩序と、国民国家の世界とを比較しようとした最新の試みは、全世界で統一された法体制に関する経済と安全保障の強みに焦点が置かれている。しかし、わたしがここで擁護する見解に従えば、経済と安全保障に基づく主張は視野が狭く、最良の政治秩序という問題に対して適切な答えを提示できない。現実には、政治的生活で発生することの大半は、家族や部族、ネイショ

ンのような集団の構成員の関心事によって引き起こされる。人間はこうした集団に生まれるか、後年そのような集団に適合し、構成員間の互いの忠誠心という強力な絆により、その集団に縛られる。それどころか、わたしたちはその集団を、自分自身にとって不可欠な要素とみなすようになる。政治目的の多くは、わたしたちが担う個人としての自分自身に対する責務ではなく、自分の家族、部族、ネイションを含む〝拡張された〟自己に対する責務から生じている。これには、わたしたちが忠誠を示す集団の構成員の生活および財産に対する関心が含まれる。だが一方で、このように物質的ではない共通の関心事によっても、わたしたちは大いに動かされる。すなわち、家族、部族、ネイションの内部の結束を維持する必要性、独自の文化遺産を高めて、次世代にそれを渡す必要性のことだ。

人間の政治的動機のこうした側面を、個人の生活や個人的自由、財産を保護したいとする個人の欲求の観点から正確に描くことはできない。実際には、誰もがこれに加えて何かしら別のものを欲したり、必要としたりするものだ。それは、集合的自己決定（集団的自決）と呼ばれる、家族、部族、ネイションの自由ではないだろうか。これは、自分が忠誠を示す集団が強さを増し、独特の意義をもたらす特質や個性をその集団が発達させるときに感じる自由のことである。

リベラルな政治においてはかねがね、このような集合的自己決定の希求および必要性は、原始的で重要ではないとみなされる傾向がある。近代の訪れとともに、個人はこの種のモチベーションから解放されると考えられる。しかし、このようなことは現実に起きていないはずだ。イギリスとアメリカの個人の自由の概念は、よく言われているように、誰もがすぐさま理解し望める普遍的なものではない。

それ自体が特定の部族およびネイションの文化遺産なのである。この概念を世界中に広めようとする英米人は、集合的自己決定という長年の願望を表明し続けているのであり、それは自分たちの文化遺産がますます強力になり、影響力を増すところを見たいという気持ちを彼らに抱かせる――たとえそれが、異なる見解をもつ他者の継承物を壊すことになるとしても。

自説の主張においては、独立した国民国家を中心とした政治世界を形成することの決定的な強みをいくつか指摘する。なかでも、国民国家の秩序が集合的自己決定の最大の可能性を提供することを示す。すなわち、この秩序は対外征服事業への反感を植えつけ、多様な生活様式に寛容になる道を開き、また、その秩序があることによって、各ネイションは各自の能力、およびその構成員の能力を最大限に向上させようと努めるので、ネイション間に驚くほど生産的な競争が引き起こされるということだ。加えて、国民国家の中心にある強力な相互の忠誠心が、自由な組織と個人の自由の発展を築く唯一の基礎となることに、わたしは気づいた。

こうした考察およびその他の考察から、独立した国民国家から成る世界が、わたしたちが望める最高の政治秩序であることがわかる。だがこれは、ウッドロー・ウィルソンが提唱したように、民族自決の普遍的権利を保証すべきだという意味ではない。国家をもたない世界中の何千もの民族が、政治的独立を実現できるわけではないし、実際、できないだろうから、ネイション独立の原則は、ネイションの問題においてどのような位置を占めるべきだろうか? 政治的独立が必ずしも、そしてどこにでも適用されるわけではない現実世界の国際領域にとって、国民国家の秩序がどのような関連性をもてる

のか検討して、第2部を締めくくる。

憎悪と偏見はどこからくるのか

ナショナリズムに反対する意見で最もよく聞かれるのは、憎悪と偏見を助長するというものだ。この主張にも確かに一理ある。ナショナリズム運動のなかには、憎悪や偏見を抱く者が必ずいる。この事実からどんな結論を引き出すべきだろうか？　普遍的政治理想、たとえばEUで顕著に見られる類の理想も、ナショナリズム運動と同程度の憎悪と偏見を常に生み出すようだと認識することによって、その意義が薄れるとわたしは考える。第3部「反ナショナリズムと憎悪」では、互いに脅威を感じ敵対関係にあるネイションまたは部族集団の間の憎悪と、帝国主義または普遍主義のイデオロギーを奉じる人々が、救済と平和を世界にもたらさんとする彼らの主張を拒むネイションまたは部族集団に対して抱く憎悪とを比較し、この現象を探る。帝国主義または普遍主義のイデオロギーが生み出す憎悪で最もよく知られているのは、おそらくキリスト教徒の反ユダヤ主義だろう。一方、イスラム教、マルクス主義、自由主義も、彼らの普遍的教義や信条を断固として拒む集団に対して、同様の憎悪を燃え上がらせる可能性が高いことが判明している。実際、リベラル帝国主義の政治理念は、現在の西洋世界において不寛容と憎悪を助長する最大の役割を担っている。このことによってナショナリズムを推奨するものではない。だが、憎悪は一般に政治運動によく見られること、ナショナリズムと帝国主義との

論争は、その他の根拠に基づき解決されるべきであることを示している。

最後の「ナショナリズムの美徳」では、ナショナリズムと個性との関連性について私見を述べる。ナショナリズムは人格を損なうという意見を、これまでずっと耳にしてきた。キリスト教徒、ムスリム、リベラル、マルクス主義者がそう発言するのを聞いたことがある。本来なら壁を崩すべきなのに、人々の間に壁を作ろうとするナショナリズムは悪徳だと、彼らはみなしている。わたしの解釈は異なる。わたしは父から、ナショナリストであることは立派なことだと教えられた。独立国家の秩序を目指せば、帝国の夢に傾倒している限り実現が困難な、有益な特性を獲得する道が開けることを示して、その理由を説明する。

ナショナリズムと帝国主義

イギリスやアメリカ、その他のネイションで復活したナショナリズムがどのように進展するかについては、まだ多くのことが不確かなままである。だが、政治の風向きがどのように変わろうとも、西洋の公的世界の中心で明らかになった深刻な亀裂がなくならないことは確かである。政治世界で従来のナショナリストの基盤を維持したいとする人々と、帝国主義的秩序下での将来に取り組むと、程度の差こそあれ決意した教養あるエリートとを分けて、ネイションの政治はこの亀裂に沿って再調整される。したがって、現時点では、ナショナリズムと帝国主義のテーマほど注目に値するテーマはないと

言ってもいいほどだ。

　このテーマに取り組むにあたり、わたしは、ネイション、帝国、独立、ネイションの自由、自決、忠誠、部族、伝統、寛容などの政治的概念を活用している。こうした用語の多くはいささか古めかしい感じがするが、この点に関しては、読者に辛抱していただけたらと思う。国家、平等、個人の自由、権利、同意、人種の点から政治問題をほぼすべて理解しようとする言説が好まれて、前者の概念およびそれに関連する概念は、近年はもっぱら脇に追いやられている。だが、このような政治的視野狭窄自体が、現在わたしたちが直面している主な困難の1つなのである。政治の世界はこのような用語に要約されないし、そうしようとすれば、肝心なところで何も見えなくなる。たとえもう見えなくなった場合でも、現に存在する物事と衝突するようになり、方向感覚を失う。現代に使用できるように更新された幅広い政治概念は、さまざまなビジョンを復元し、わたしたちに襲いかかった混乱を一掃するうえで大いに役立つ。道がはっきり見えるようになれば、どちらの道を行くかも決めやすくなる。

第1部

ナショナリズムと西洋の自由

第１章　世界秩序の２つのビジョン

西洋の政治は、２つの対照的な世界秩序のビジョンの間で、何世紀にもわたり争いが繰り広げられてきたという特徴がある。その１つは自由で独立したネイションの秩序で、それぞれが伝統と解釈に応じて政治的利益を追求するものだ。もう１つは、ただ１つの超国家的権威によって広められ維持される、単独の法体系の下で結合した人々の秩序である。近年では、インドやイスラエル、日本、ノルウェー、韓国、スイスなどが、１つ目のビジョンの典型となっている。もちろん、ＥＵ離脱に向かうイギリスもそうだ。もう１つのビジョンは、ＥＵの指導者の大半が抱くビジョンだ。ＥＵは、１９９２年のマーストリヒト条約で、人々の「さらなる結合」という理念を再確認して以来、ほとんどの加盟国にＥＵの法律と通貨の導入を進め、域内の大半の国家間で住民が自由に移動できるようにした。[1] 建国以来、独立した国民国家という理想を貫いてきたアメリカは、第二次世界大戦まではこの特徴をほぼ保つことができた。しかし、ソビエト連邦との競争に直面してからは、とくに冷戦終了後は、ネイション独立のモデルから逸脱し、アメリカの力によってすべてのネイションに課される世界的法体系の確立を次第に求めるようになった。[2]

この最良の政治秩序の２つのビジョンの対立は、西洋世界と同じくらい古い。政治秩序は独立した

ネイションを基盤にすべきだという考えは、ヘブライ語聖書（いわゆる旧約聖書）に反映されているように、古代イスラエルの思想の重要な特徴だった[3]。また、西洋文明はその歴史の大半において、世界帝国という夢に支配されてきたが、文明の中心にある聖書の存在によって、幾度となく自決権のある独立したネイションという思想が復活することになった[4]。

聖書とネイション

聖書はなぜネイションの独立にこれほど関心をもつのか？　預言者の時代のイスラエルは、エジプトからバビロン、アッシリア、ペルシャと、次から次へと帝国勢力に支配された。国により違いはあれど、こうした帝国はいずれも、人類全体に普遍的な政治秩序を押しつけようとした。人々の間の不要な争いを鎮めるため、人間が平和と繁栄のなかに共生できる国際的な王国を作り上げるため、神が彼らを遣わしたとされた。「我が治世では誰も飢えや喉の渇きを味わうことはなかった」と、古代エジプト王朝ファラオのアメンエムハト1世は、アブラハムが生まれる数世紀前に書き残した。「わたしが作ったもののおかげで、民は平和に暮らした[5]」。しかもこれは、口先だけの自慢ではなかった。広範な領域で戦争を終わらせ、住民を用いて農業の生産性を上げたことにより、帝国の権力は、確かに大勢の人間に比較的安定した平和をもたらし、飢餓の恐れをなくすことができた。ならば、古バビロニア王国のハンムラビ王の言葉にあるように、古代の帝国支配者が「四方世界を服従させる」ことを自らの使命

だとみなしたのも、とくに不思議ではない。そうした服従が、戦争や病気、飢餓からの救済を可能にしたのだ。[6]

だが、エジプトやバビロニアが人類を統一しようとしてもたらした平和には、明らかな経済的利点があったにもかかわらず、まさにこれに対する根深い抵抗から聖書は生まれた。イスラエルの預言者たちにとって、エジプトは「奴隷の家」であり、帝国による征服、帝国の統治方法、隷属と殺害に訴えるやり方、女性と財産の搾取に関する流血と残酷行為を嘆く言葉を数々残している。[7]そのどれもが、エジプトの偶像崇拝から起きるものだと、イスラエルの預言者たちは主張した。エジプトが領土の拡張を推進し穀物を最大限に生産し続ける限り、いかなる犠牲も正当化する神々への服従が、その原因であるとしたのだ。

普遍帝国以外に実行可能な選択肢はなかったのだろうか？　古代中東には、都市国家の形で局地的権力が存在することが多かった。だが、都市国家は大概において、帝国の軍隊と彼らの原動力である普遍帝国のイデオロギーの前に無力だった。帝国以外で存続可能な形態が初めて示されたのは、聖書だった。限定された境界内でほかの独立したネイションと共存するネイションの独立性に基づく政治秩序が、聖書のなかに見つかる。

わたしの言う「ネイション（nation）」とは、共通の言語や信仰をもち、防衛やその他大規模な事業のために一丸となって活動した過去を共有する、多数の部族（tribe）のことだ。[8]ネイションを構成する者は互いを「同胞」とみなすべきだと、聖書は体系的に促す。そしてモーセの律法はイスラエル人に、

現代では「国民国家（national state）」と呼ばれる形に彼らをまとめる憲法を与えた。[9] そのような国家の王は「あなたたちの同胞から」選ばれることになる。その預言者も、「あなたたちのなかから、あなたたちの同胞から」出るだろう。「王が同胞を見下ろさないように」、そのネイションの伝統的法律を守るために、それを王に教えるために、聖職者もやはりそのように任命されることになる。[10] さらに、モアブ、エドム、アモンなど近隣の王国は、それぞれが自律した存在としてふさわしいのだから、手を出さないようにとイスラエルの民に指示して、国境を設けた。モーセは神の名の下に民にこう告げた。

> くれぐれも気をつけなさい。［エサウの子孫］と戦ってはならない。わたしはあなたがたに彼らの土地を与えるつもりはない。たとえ足の裏で踏むほどの土地であっても。わたしはセイル山をエサウの領地として与えたからである。……モアブを敵とみなし、彼らと戦ってはならない。わたしはアルをロトの子孫に与えたので、彼らの土地を領地としてあなたがたに与えることはない。……あなたがたがアモンの子孫のいるところに近づいても、彼らを敵とみなし、戦いを挑んではならない。わたしはアモンの子孫の土地を、あなたがたに領地として与えることはない。わたしはそれを領地としてロトの子孫に与えたからである。[11]

この記述は特別なものではない。聖書を読めば、このイスラエルの預言者の政治的念願は、帝国で

はなく、ほかの自由なネイションに囲まれて、正義を貫き平和に暮らす自由で統一されたネイションであることがわかる。[12]

王は民から生まれる

聖書はこのように、新しい政治的概念を示している。すなわち、近隣諸国を支配下に置くことに関心がない、統一され自治性をもつ単一のネイションのことだ。遠方の地の支配者に責任を負う外国人によって統治されるのではなく、そのネイションのなかから選ばれた王や、統治者、聖職者、預言者によって統治される国家だ。したがって、貧しい人々も含めて自分たちと同じ民族、〝同胞〟の要求に耳を傾けることができるとされる者が統治する。

そのうえ、イスラエル王はイスラエルの民の1人であり、普遍的野心の代表者ではないので、権力の濫用が防げる。エジプトやバビロニアの王とは異なり、古代イスラエル王はモーセの律法の下では立法の権限が与えられていない。それは、彼のネイションの継承物であり、王の気まぐれの影響を受けない。さらに、王には祭司職を任命する権限がないので、法と宗教を王に従属させない。またこれに加えて、ちょうどイスラエルの境界を制限することで王が世界征服の夢を抱くことを抑制しているように、モーセの律法は、その民への課税と奴隷化に関する王の権利を制限している。[13]

古代イスラエルのネイション（nation）の概念は、生物学的要素、つまりわたしたちが人種と呼ぶも

のとは関係がない。[14] 聖書に書かれたネイションは、親から子へと引き継がれた歴史、言語、信仰の共通の理解で決まるが、外部の者もこれに加わることができる。たとえば、ヘブライ人の奴隷と一緒にエジプトを脱出したエジプト人が大勢いたこと、彼らがシナイ山でイスラエルの民とともに十戒（正確に訳すなら「十の神命」）を受けたことが、出エジプト記に書かれている。これと同様に、モーセはミディアン人の祭司エトロに、ユダヤ民族に加わるように誘った。そしてモアブ人のルツが、姑のナオミに「あなたの民がわたしの民であり、あなたの神がわたしの神です」と伝える覚悟を決めたとき、彼女はイスラエルの一部となった。ルツが産んだ息子は、ダビデ王の祖父にあたる。とはいえ、このように外国生まれの人々をイスラエルが受け入れられるかは、彼らがイスラエルの神と法を受け入れる意思があるかどうか、歴史を理解しているかどうかによる。こうしたイスラエルの伝統の中心をなすものを受容しなければ、彼らがイスラエルというネイションの一員になることはない。[15]

第2章　ローマ教会と帝国としてのビジョン

ユダヤ人だけが、世界帝国の専横に対する防波堤として、政治組織たるネイションの形態の可能性を認識していたわけではなかった。古代ギリシアの歴史家ポリュビオスは、ローマと戦って敗れたギリシアの都市国家に対し、1つのネイションとして一致団結して行動しなかったことを非難した。ギリシアには、歴史上、国民国家は存在していなかった。だが、ポリュビオスは、アルメニアとマカバイ家（ハスモン家）のユダヤ人という前例を知っていた。2つのネイションは、彼の生存中にギリシア系のセレウコス朝シリアの支配に抵抗して自治が認められ、独立国民国家を樹立した——ポリュビオスはどうやら、いつの日かギリシアも統一を果たすことを望んでいたようだ。[16]

だが、西洋人の歴史の大半を通して、ネイション独立の理想はもっぱら宙に浮いたままだった。やがて、キリスト教がローマ帝国の国教という地位を確立することに成功した。キリスト教はその過程で、すべてのネイションに行き渡るパクス・ロマーナ（ローマの平和）という唯一の枠組みを目指したローマの普遍帝国の夢と、ローマ法制定事業を取り入れた。[17] こうしてキリスト教は1000年以上も、イスラエルの預言者たちが提唱したようなネイションの自由という理想に同調するのではなく、エジプトやアッシリア、バビロニアの帝国を生み出した野望とほぼ同じものに同調したのだ——平和で繁栄

する普遍帝国の樹立という野望に[18]。

自らを〝カトリック〟教会、つまり普遍的な教会とみなしたローマ教会は、理論的に、そしてたいてい現実的にも、普遍的なキリスト教帝国樹立の任を受けていたドイツの神聖ローマ皇帝と、同盟を結んでいた。この点において、ローマカトリック教会の政治思想は、イスラムのカリフの政治思想や、中国皇帝の政治思想に匹敵するものだった。彼らも、彼ら自身の普遍帝国が支配する世界に、平和と繁栄をもたらす責任を担っていた[19]。

だが、キリスト教の政治思想は、イスラムや中国の政治思想とは、少なくとも1つ重要な点で異なっていた。キリスト教には、独立したネイションの世界の正義というビジョンを掲げる、ヘブライ語聖書があった[20]。キリスト教思想家の多くが、旧約聖書を深く受け入れることをためらっていたとはいえ、このビジョンは、普遍的なカトリック帝国という理念に絶えず問題を引き起こした。フランスのカトリックに風変わりな歴史を形成したのは、キリスト教の正典における旧約聖書の存在だった。フランスのカトリックは、聖書のイスラエル王国を規範とするネイションの性質を帯びていたので、同国のカトリック教会はローマ教皇と皇帝の支配に頑として抵抗した。このような性質は、宗教改革が起きるかなり前のイギリスやポーランド、チェコで、独特の国教制度の形成にもつながった[21]。

こうして、16世紀にプロテスタント主義が現れ、活版印刷が発明されて各国語に翻訳された聖書が普及するようになったとき、カトリック教会の承認を受けずに聖書の解釈の自由を求める新たな声は、信仰の教義だけに影響を及ぼしたわけではなかった。とくにフルドリッヒ・ツヴィングリとジャン・カ

ルヴァンのような旧約聖書志向の思想家の影響の下で、プロテスタント主義は、自分たちと異質な考えや制度にいら立つ人々の独自の伝統を取り入れて、瞬く間にそれと結びつくようになった。１５３４年、ヘンリー８世は英国国教会の独立を断言し、娘のエリザベス１世が１５８８年にスペインの無敵艦隊を倒したとき、ついにその地位を確定させた。[22] 宗主国スペインに対するオランダの反乱も同様に、カルヴァン派とカトリック帝国の戦いであり、１５８１年、オランダはついに独立を宣言するに至った。同時期のスコットランドの国民盟約も、同じような動機から生まれた。これは、聖書に書かれたユダヤ民族の契約を模範としていた。このように、帝国の抑圧に直面して合法的に独立するというプロテスタントの人々の自己イメージは、エジプトとバビロニアの普遍帝国の独裁者からネイションと信仰の自由を手に入れようとする、聖書に描かれたイスラエルの人々を模範にしていることが多かった。[23]

三十年戦争は、１６４８年にウエストファリア条約が結ばれて終結した。この戦争は、プロテスタントとカトリックの間の〝宗教戦争〟だったと言われることが多い。だが、それは正しいとは言えない。この戦争は、フランス、ネーデルラント、スウェーデンなどの新興諸国（それぞれ、カトリック、カルヴァン派、ルター派）と、神の意思を反映している普遍帝国だけが人類に真の幸福をもたらせると信じていた、ドイツやスペイン軍との間の戦いだった。１３００年にわたり西洋の政治的心象に影響を与えてきた、普遍的キリスト教帝国という観念は、この三十年戦争で決定的な敗北を喫したのだ。[24]

第3章　西洋のプロテスタント構造

イギリスの国王至上法からウェストファリア条約までの期間に、新しいプロテスタントの構造が西洋に登場した。17世紀半ばまでに、ヨーロッパの西端の独立国民国家、つまりイングランド、ネーデルラント、フランス、スイス、スウェーデンは、後世にウェストファリア体制として知られるようになる政治秩序に独特の形式を与えた。この条約は、カトリック教会には正式に認められなかった（ローマ教皇インノケンティウス10世は、それは「過去も、現在も、今後も永久に、無効であり、根拠がなく、不正であり、不当であり、けしからぬ、節操がない、愚かしいものであり、効力は完全に存在しない」[25]と述べた）が、現実には、前世紀の間にイギリスとオランダのプロテスタント主義が進めてきた独立国民国家論に従って、政治秩序全体を再構築した。[26] このプロテスタント構造の下で、ヨーロッパの政治的生活は2つの原則をもとに再建された。その2つは旧約聖書に起源があった。

1．合法的政府に必要な最低限の道徳規範。第1に、王または支配者が、合法的権利により支配するためには、民衆の命、家族、財産の保護、裁判の公正性、安息日の維持、唯一神の公認に心血を注がなくてはならない。これは大まかに言えば、シナイ山で授けられた十戒であり、マルティン・ルター

とジャン・カルヴァンはこれをすべての人に認められる自然法とみなしていた。この戒律は、個人が自由と尊厳のある生活を送るために、最低限必要とされるものをすべての人に授けると考えられていた。この最低限の道徳を維持できない政府は、国民の幸福に対する最も基本的な義務を果たしていなかった。[27]

2. ネイションの自決権。 第2に、政治的独立を確保できるほど団結し力のあるネイションは、これ以降、後世に自決権と呼ばれるものを保有するとみなされることになる。これは、外国勢力に干渉されずに、独自の憲法と教会の下で自らを治める権利を意味していた。したがって、文明社会の維持のために本来最低限の要件が存在すること、および第1の原則に従い、それがすべての政府を拘束することは認められていたが、すべてのネイションが、思想、法律、生活様式を1つにすることは求められていなかった。[28]

プロテスタント構造のこの2つの原則は、決して目新しいものではなかった。支配者が民の保護者の務めを果たすべきだという考えは、キリスト教圏の歴史ではさまざまな形で存在していた。これは、オータンのホノリウスやソールズベリーのジョンのようなカトリックの政治理論学者が、〔旧約聖書の〕申命記におけるモーセの律法とサムエル記と列王記をもとに、すでに12世紀に明示していたことだ。[29]

しかし第2の原則――正当な支配者、正当な教会、適切な法律と自由を各ネイションが自ら選べる

こと――は、キリスト教世界を、独立したネイションの秩序という聖書のビジョンと直接対話させた。世界を自由にしたのは、この原則だった。そのため、ポスト・ウェストファリア体制のヨーロッパでは、君主制もあれば共和制もあるという状況が生まれることになった。ネイションによって国教の形態も異なり、少数派宗教の保護についての規定も異なっていた。また、個人の自由の程度も異なった。その多様性を顕著に示しているのは、イギリスの憲法だった。ジョン・フォーテスキューが*In Praise of the Laws of England*（『イングランド法の礼賛について』未邦訳、１５４３年頃）で力説したように、フランスとドイツの憲法とはまったく異なっており、法律制定から王の影響を取り除くという点において、聖書の先例に従ったものだった――のちに「権力分立」として知られるようになる、立憲政治の重要な特徴だ[30]。ネーデルラント連邦共和国も並外れた表現の自由を与えた。その結果として、科学や貿易、出版業などが、オープネスの価値に懐疑的な他国からアムステルダムに流れ込んだ。だが、こうした変革を可能にしたものは、〝普遍的権利〟を列挙した教義ではなかった。むしろ、イギリスとオランダのネイションの〝古来の慣習と特権〟だった[31]。

　ジョン・セルデンの*On Natural Law and National Law*（『自然法と本国法に関して』未邦訳、１６４０年）のような、プロテスタントの政治理論に関する作品では、プロテスタント構造の２つの原則は、補強し合うものとして理解されている。これは、民衆を守りその幸福を追求する支配者を擁するネイションは、相互の忠誠を築き、困難に直面して結束すると強調する、ヘブライ語聖書から得た直観的知識である。預言者たちが信じた内部の同胞意識と正義は、ネイションの長期存続を実現し、外国か

らの侵略に対する抵抗力を培うために必要な条件である。[32]

ただし、この2つの原則は緊張関係にもある。まず一方で、本来、特定の政府の命令よりも高次の正当な基準があるという考えは、ネイションが何でも好き勝手にできるわけではないことを意味する。彼らは常に神と人の裁きの対象であり、このことから政府には必然的に条件がつけられることになる。[33]他方で、普遍的教会や普遍帝国の擁護者が教義の名の下で推進する、所定のネイション特有の制度や伝統、法律、理想を覆すべきだという主張に対して、ネイションの自由の原則は、それを保護し強固にする。道徳の最低限度が認められる一方で、この最低限度をどのように解釈するかは独立した各ネイションの権利とされており、各自がそれぞれの歴史的背景や経験、知見に根ざす視点から問題に取り組むものとされる。

プロテスタント構造が2つの原則を保つにあたり付いて回るこの緊張関係は、ヨーロッパの諸ネイションに独自の力関係を与え、眠っていた激しいエネルギーを解放して、政府や神学、経済、科学において、驚くほどの実験と変革を推進した。プロテスタントの秩序は憲法や宗教的取り決めの多様性を認めることにより、わたしたちが現在西洋世界と関連づけて考える制度と自由を開発し試すための実験室を、ネイションに提供したのだ。また、競合するネイション間では、大局的に物事を見通す方法について、政治論と神学をはるかに超えた競争を繰り広げた。イギリスの経験科学は、デカルト方式の演繹的性質への怒りによって燃え上がった。一方でフランスは、デカルト方式こそ科学を進歩させ

るための唯一〝合理的〟な方法だと主張した。ドイツ哲学は、イギリスの経験論は大失敗であるという信念に基づき、そしてイマヌエル・カントの観念論がわたしたちみなを救うことになるという信念に基づき発展した。これと同じことが、金融、工業、医学、哲学、音楽、芸術など、ヨーロッパ文明が著しい進歩を遂げたほとんどの分野にも言えるだろう。いずれの場合も、当時はネイションの特徴が顕著だとされた競争相手の視点が、人類全体にとって最善なものとして提案された場合、それを成功だと見て取れば、他者はそれを模倣しようとした。後日また戦うために、敗北した取り組みをより知的に再構築しようと、彼らは新たな努力に駆り立てられた。

ポスト・ウェストファリア体制のヨーロッパが、ある種牧歌的だったと言っているわけではない。キリスト教の国民国家は、領土や交易をめぐり絶えず戦争に訴えていた。このような傾向は、わたしたちには不要な流血を容認するものに映り、衝撃を受けずにはいられない。さらに、イギリス人やオランダ人、フランス人は、ヨーロッパの枠のなかでネイションの独立と自決というウェストファリア体制の原則を主張していながら、アジアやアフリカ、アメリカ大陸の人々の征服と隷属を土台にした植民地帝国を維持する理由を、すぐにでも考え出した。こうした国家は、そしてのちにアメリカも、良心にもとる人種差別的な取り決めや制度を長年にわたり保持しており、ユダヤ人がネイションとしての生活を送ることにさまざまな障壁を設けていた。わたしたちが不快だと気づく、また気づくべきであるその時代の慣行は、枚挙に暇《いとま》がない。

このような明らかな欠陥にもかかわらず、近代初期のヨーロッパに導入された国際秩序を支持する

意見は見られる。ネイションの自由という原則に基づく秩序として、きわめて有益な政治的、宗教的形態を西洋の諸ネイションに伝えたからだ。この形態は、その多くの欠陥を最終的に改善するための基礎となるものだった。やがて、ネイションの自由というプロテスタントの原則は、ヨーロッパの海外の植民地帝国に終止符を打たせることになった。それにより、世界中で新たな国民国家の成立がもたらされた。そのなかには、アメリカと、ユダヤ人によるイスラエル国家の復活があった。

第4章　ジョン・ロックとリベラル構造

1941年8月、アメリカが第二次世界大戦に参戦する数カ月前、フランクリン・ルーズベルトとウィンストン・チャーチルは、いわゆる大西洋憲章に署名した。これは、西洋の大国の戦後世界の構想の中心をなすものとして、ネイションの自由（「すべての人民が自分たちの政府形態を選択する権利」）を再確認したものだった。ルーズベルトいわく「キリスト教の古き理想」に真摯に取り組むネイションとして、双方の指導者は自らのネイションのことを語っていた。彼らはそれを、ほかのネイションの自由に劣らず、自らのネイションの自由を強化するものとして理解していた。この重大な節目で、プロテスタント構造は依然として西洋の政治秩序の基盤だった。彼らは、その秩序を転覆しようとするナチスとソビエト連邦を倒すという、大きな困難に直面していた[34]。

だが、ナチスの敗北、そして最終的にはソビエト連邦の敗北は、西洋のプロテスタント構造の復活をもたらさなかった。それどころか、第二次世界大戦終了よりこのかた、この政治秩序の未来は不確実性を増すばかりだった。それは、家族や安息日、神の公認は正当な政府に支えられる制度であり、公正な社会の最低限の条件であるという見方（すなわち、第1の原則）が消えつつある、という事実に見出せる。さらに、普遍帝国の専横に対し最も効果的な防壁となるネイションの政治的独立を守ることへ

の関心が急激に低下している、という事実に見出せる。それはついに、多国籍体制下のヨーロッパの再建に至り、ネイションの独立（すなわち、第２の原則）に取って代わるアメリカの力を、新世界秩序とみなす傾向が高まるまでに至った。

プロテスタントの秩序とリベラリズムの秩序

このプロテスタントの政治秩序の危機は、それに新たに取って代わるものからの圧力によって引き起こされている――それは、西洋のリベラル構造と呼ぶことができるだろう。その最終的勝利は決して確実ではないが、この新しいリベラルな秩序の台頭は、プロテスタントの秩序全体を危機に陥れるまでになっており、現代で最も重要な政治的展開となっている。

このリベラル構造とはどんなものだろうか？　よく知られている特徴をいくつか挙げたいと思う。

ネイションの自由と合法的支配の道徳的最低条件という、聖書に由来する２つの緊張関係をもとに発展したプロテスタント構造とは異なり、西洋のリベラル構造は、正当な政治秩序の根底にはたった１つの原則しかないとしている。それは個人の自由だ。この概念の源は、古典でありながら今でも影響力のある、近代で最も名高い自由主義宣言であるジョン・ロックの*Two Treatises of Government*（『完訳　統治二論』加藤節訳、岩波書店、２０１０年）である。１６９０年に出版された同書は、すべての人間は一人ひとり、生まれながらにして「完全に自由」で「完全に平等」な状態だと冒頭で断言する。

さらに、合意に基づいた取引の世界で、生命、自由、財産を追求するものとして人間を描く。これを基本として、ロックは政治的生活と政府論のモデルの持論を確立している。

ロック自身は、プロテスタント構造の産物であった。彼の作品はそれを弱体化させようとしたのではなく、強化する意図があった。[35]だが、ロックは持論を構築する際に、それがなくては政治哲学が意味をなさなくなる、人間の性質と動機づけの本質的側面を軽視したか、完全に除外した。どんな理論も、当然その構成要素を縮小したり簡素化したりすることがある。だが、見事に構築された理論は、研究対象領域の最も重大な特徴をとらえるものだが、下手に構築された理論は、重要な要素に気づかぬまま漏らしてしまう。それは、同意以外の、各人を互いに結びつけるすべての絆を捨象した政治的生活に関する合理的見方を示した『統治二論』にも当てはまる。[36]ロックの言う「同意」とは、個人がそれに同意しただけで人間集団の一員になり、個人がそれを受け入れた場合に限り、そのような集団に対して義務を負うという意味だ。[37]重要な選択は常に個人が決めることができるかのような印象を与えるので、個人を実際以上に大きく見せることになる。だが、これは、日常の政治世界の描写としてひどく不十分である。日常の政治世界では、相互の忠誠心のため、人々は家族、部族、ネイションへと結びつき、そして各々、それらの集団に生まれ落ちた結果、その宗教的文化遺産を受け継ぐのである。これら集団の生まれついての、あるいはあとになって認められた成員資格に本来備わり、同意の結果ではなく、また同意が破棄されたとしても消えることのない要求を人々に課するところの責任を無視してしまっている。さらに、家族や部族、ネイションに避けがたい課題と困難をもたらし、彼らの間

で共有される逆境が与える影響に無関心である。そうした逆境は集団に対する責任を強化し、道徳や政治が問われる状況で痛切に感じられる、往々にして揺るぎない特徴へと変える。政治、または政治的義務の知的な説明は、こうした要因を重視せずに考案することはできない。よって、そうしたことを考慮しないロックの記述は、実質的に、社会をまとめる最も基本的な絆を甚だ軽視している。

同意・義務・責任

家族を例に検討してみよう。同じ両親のもとに生まれた兄弟や姉妹は、援助が必要なときには、ほかの義務よりも優先して互いに助け合う特別な責任があると、わたしたちの多くは考える。それと同じように、祖父母は孫に対して義務があり、孫は祖父母に対して義務があるものだと考えるだろう。しかし、この家族関係のいずれも、同意の結果生じたものではない。人は自分の兄弟や孫を選べない。では、この義務は別のものに由来するにちがいない。だが、自由意思と同意に家族を基づかせるロックのモデルは、そのような義務を生み出さない。つまり、『統治二論』の前提を受け入れる者には、わたしたちが知っているような家族という存在と、家族を形成する責任の絆を理解することができないし、ましてや守ることなどできないということになる。[38]

ロックの国家論についても同じことが言える。『統治二論』に登場する国家は、同意の産物にすぎない。つまり、個人は生命と財産の安全性が十分ではないと感じるので、それを守るために契約を結ぶ

ことを選ぶ。[39] しかし個人の財産を守るためのこの契約は、わたしたちが経験から知っている国民国家とは似ても似つかない。現実の生活におけるネイションは、相互の忠誠心の絆で結ばれた共同体であり、世代から次の世代へと伝統を伝えていくものだ。彼らは共通の歴史的記憶、言語、文字、儀式、境界をもち、それを構成する者に対し、祖先との強い一体感と、来る世代が直面する運命への懸念を伝える。たとえば、わたしが考えているのは、後継者に行き渡っているジョン・フォーテスキューのイングランド法の優越性に対する信念についてや、カトリック帝国のスペインに支配された土地で、その歴史的恐怖が、何世代にもわたり制度と戦争にどのような影響を与えたかということだ。このような愛着や気質は、彼らの生命や財産のためだけではなく、まさにそれを犠牲にしてまでも、自分の国に仕えるように個人を動かす。しかし、たいていの場合、こうしたことは子ども時代に教え込まれるものであり、兄弟姉妹や祖父母と同じように、これも自由に選択できるものではない。ロック派の国家論では、国民国家の存在と、それを具体化する義務という結びつきを理解できないし、ましてや正当化できない。

“リベラル”理論

政治的生活を個人の生命と財産の追求に単純化することで、ロックは人間の動機づけと行為について貧弱で説明力に欠ける説明をしただけではない。彼の政治理論は、夢の世界、理想郷のビジョンを

呼び出しており、そこには、国民国家や共同体、家族、宗教的伝統などの、ユダヤ教とキリスト教の世界の政治制度が存在する理由はないようだ。これらはすべて、忠誠心という絆と人間の集団への共通の目的から生じてそれを伝える制度であり、各集団の間に境界線を生み出し、未来と過去の世代との結びつきを築き、現在を越えたもっと高いところを垣間見ることを可能にする。自分の生命を守り財産を増やす以外に動機のない個人は、また自分が同意した以外の義務を負わない個人は、こうしたことをほとんど必要としないだろう。ロックの『統治二論』が示した夢の世界は、意図せずして、プロテスタントの秩序を無意味で無用なものにしたのだった。

　ロックの著書を最初に読んだ人々は非常に困惑した。たとえば、イギリスの高名な政治家で哲学者のエドマンド・バークは国会で、『統治二論』のことを史上「最悪」の本だと言い放ったほどだ(40)。だが、ロックの説明の根本的欠陥は次第に問題視されなくなった。西洋の知識人はロックを喜んで読んでいる。今日《こんにち》に至るまで、そのあとに続く作品には事欠かない。ジャン＝ジャック・ルソーの*On the Social Contract*（『社会契約論』作田啓一訳、白水社、2010年）や、イマヌエル・カントの*Perpetual Peace: A Philosophical Essay/Sketch*（『永遠平和のために』宇都宮芳明訳、岩波書店、1985年）、アイン・ランドの*Atlas Shrugged*（『肩をすくめるアトラス』脇坂あゆみ訳、ビジネス社、2004年）、ジョン・ロールズの*A Theory of Justice*（『正義論　改訂版』川本隆史・福間聡・神島裕子訳、紀伊國屋書店、2010年）に至るまで、この夢の世界を飽くことなく練り上げ、自由で平等な人類のビジョンを作ってはまた作り直し、生命と財産を追い求め、自由な同意から生じる義務の下で暮らしている。この理性主義者の

枠組みに真剣に取り組む理論またはプログラムを、わたしは〝リベラル〟理論またはプログラムと呼ぶことにする。[41]

リベラルな政治理論がネイション間の境界線の存在を説明できないことは、とくに注目に値する。プロテスタントの政治理論では、ネイションの境界は財産の区別に劣らず人間の平和と幸福にとって重要だとみなす点において、ヘブライ語聖書の方針に倣った。だが、ロックが国家の存在を、財産所有者の任意の集団の同意から導き出そうとしたことは、事実上限定された領域で暮らす、本質的に境界線をもつ実体としてのネイションという理解を無視するものだ。『統治二論』では、国家の規模や、国家がその財産を保護しようとする人間の数に原則として制限がない。自然法によれば、「人間は1つの共同体である」とロックは書き残している。人間の間にある政治的境界線の存在は、彼の弁によれば、人間の「堕落と悪意」の産物にすぎないという。[42] ロックにとって、自然法は普遍的理性と同一のものなので、理性に導かれた人々は、したがって堕落しておらず悪意も抱いていない人々は、ネイションの境界がまったく必要ないということになる。

旧約聖書の伝統が色濃く残るカルヴァン派や英国国教会の支配下で、リベラルな政治理論が推進される限り、そうした理論が境界線をもつ共同体としてのネイションという感覚を与えることができなくても、大して意味はなかった。聖書で育った政治家や哲学者は、自分たちのネイションは古代イスラエルのように、自由とほかのネイションからの独立を求める境界線をもつ存在だと考えていた。しかし、リベラリズムが聖書とプロテスタントの起源から自らを切り離すなかで、その非ナショナリスト的

特徴はかつてないほど顕著になっている。すべての人々は等しくその生命と財産を守る必要があるのだから、リベラリズムに基づく——聖書の伝統がまったく付加されていない——政治だけでは、独立した国民国家の存続についてはせいぜい無関心な態度を示すのがいいところだろう。[43]そして、国家の独立と団結が生命と財産に代償を強いるようならば、無関心でさえたちまち消え去り、リベラル派の間に独立した国民国家など必要ないという傾向が生じるだろう。[44]ルートヴィヒ・フォン・ミーゼスは、20世紀初頭、著書*Liberalism: In the Classical Tradition*（『古典的伝統における自由主義』、未邦訳）のなかで、「世界の超国家」を支持し、国民国家はなくてもいいと、公然と提唱した。[45]20世紀のリベラリズムの理論家のなかで最重要人物であるフリードリヒ・ハイエクもやはり、「リベラルな視点」を一貫して適用することで、ネイション間に有意な境界線のない世界連邦へつながると主張し、これを強力に支持していた。[46]

リベラルなパラダイムにとりつかれた知識層

少し前まで、このような結論は奇妙に聞こえた。しかし事態は変化した。近年、リベラルな政治的・経済的理論と国際法の概念は、政治秩序についての保守的で現実的な説明を駆逐して、教養ある人が政治世界について知る必要がある、ほとんど疑問の余地のないフレームワークとなった。わずかな例外はあるが、政治理論、経済、法学において競合する見解のなかで最も幅広く論じられる議論は、ほぼ

完全にロック派のパラダイムで行われており、ほかに有意義なパラダイムが存在しないかのように、そのパラダイムが教えられ、論じられている。[47] 大学教育を受けた欧米の政界エリートや知的エリート層は、支持政党にかかわらず、大概このリベラルなパラダイムに閉じこもっている。政治や経済や法学の分野で教育を受けた思慮深い人に、国民国家や家族制度、神の王国の公認について弁護するように求めるだけで、こうしたことが彼らにとっていかになじみのないものになったか、世界を概念化するときにエリート層がいつも使っている用語とはいかに異質であるかが、たちまち判明する。これは、そのようなことが文明化した政治秩序の維持に不可欠だという主張に同意しないという問題ではない。むしろ、リベラルな構造の政治的枠組みにどっぷりと浸かっているせいで、ロック派以外の現実観がどのようなものか想像さえできない、という問題なのである。

　このリベラルなパラダイムに参入するという儀式を経て、高学歴の者は、リベラルな構造が世界的に実現するという前提の下で進められているさまざまなプロジェクトのなかで仕事にありつくことができる。プロジェクトとはたとえば、ヨーロッパ統一の政治的プログラム、束縛を受けない自由貿易の拡大と住民の自由な移住、特定のネイションの利益ではなくグローバル経済のためになる〝多国籍〟企業への移行、拡大する一方の国際法体系に国家が服従すること、非政府組織、国連諸機関、国際司法裁判所による人権の国際体制を求める運動、国際基準と相互評価による世界中の大学の均一化などだ。これらはすべて、当然ながら、大学で教育を受けたロック哲学の信奉者によって追求されている。活動の価値評価が自分たちとはまったく異なる、知的で思慮深い人々がいることに、彼らは気づきもし

ない。人は「正しい歴史の側」か「間違った歴史の側」のどちらかにいるものとされ、新しいリベラルな秩序の構築に取り組んでいれば、正しい側にいるとみなされる。[48]

だが、こうした試みが世界を表面的に変えることに大きな成功を収め、一部の領域では真に価値があるにもかかわらず、ロック派の理論は相変わらずそのままで、人間の性質と動機にユートピア的見解を抱き、政治的現実を理解するための基盤が根本的に不足している。リベラルなパラダイムのなかに位置づけることのできない人間の政治的・社会的生活の要因がなくなってしまったわけではない。これについては第2部で紙幅を割いて論じるつもりだ。それは否定され、抑圧されてきただけである。彼らよりも前に現れたマルクス主義者と同様に、否定は容易だが抑圧はひどく高くつくことに、リベラル派は気づくことになる。

第5章　不信を抱かれたナショナリズム

少し前までは、ネイションの独立と自決を支持することは、進歩的政治と寛大な精神を意味していた。アメリカ人が花火や音楽、パレード、バーベキュー、教会の鐘を鳴らして、毎年7月4日に国の独立を祝っていただけではない。20世紀半ばには、ギリシャ、イタリア、ポーランドから、イスラエル、インド、エチオピアに至るまで、その他国民国家の独立は、歴史的な正義の成果として、またより良い時代の到来の兆しとして、広く認識されていた。

烙印を押されるナショナリズム

だが、それと同時に、ネイションの、および宗教的な個別主義の表現に対する姿勢に変化が起きていた。2度の世界大戦は、第二次世界大戦のドイツ軍のおぞましい犯罪を頂点として、想像を絶するほどの大惨事をヨーロッパにもたらした。何が起こったのか各ネイションが理解しあぐねるなかで、大惨事を引き起こしたのは、国民国家の秩序そのものだとしきりに説く者たち——マルクス主義者とリベラリストたち——がいた。この議論は、第一次世界大戦後にはあまり流行らなかった。第一次大戦

は、一般的に、列強の帝国主義的な野望の帰結だとみなされたからだ[49]。しかし、第二次世界大戦後、この議論はついにその狙い通りになった。ドイツの死の収容所の写真が広まるにしたがい、ドイツが全世界のユダヤ人を殺そうとした動機は、ドイツ人の〝ナショナリズム〟にあったという主張も広まっていった。ナチスのユダヤ人絶滅は、アメリカ南部や南アフリカの人種差別主義政権と同じ悪の範疇に入れられることもあったが、１９６０年代頃には、ナチスによるユダヤ人絶滅に対する嫌悪感は、教育を受けたエリートたちに対し、あらゆる種類のネイションの個別主義・宗教的個別主義と、ナチズムや人種差別主義とを同一視するように仕向けることに成功していた。

　このような考え方は、決して一貫した流れではなかった。国家《ナショナル》社会主義ドイツ労働者党（ナチス）には「国家《ナショナル》」という言葉が使われていたが、ヒトラーはナショナリズムの提唱者ではなかった。ヒトラーは、ドイツのプロテスタントの秩序全般を厳しく批判していたが、国民国家という制度に対しては特別な注意を払っていた。国民国家をイギリスとフランスが考案した衰退した制度であり、ドイツ帝国という歴史的遺産よりもはるかに劣ったものとみなしていた。国民国家の秩序の代わりに、明らかに「第一帝国」から着想を得た第三帝国の創設に、ヒトラーは着手した。第一帝国とはすなわち、１０００年の治世と普遍的野望をもつドイツの神聖ローマ帝国のことだ（皇帝フリードリヒ3世は、「全世界を統べるのはオーストリアである（Austriae est imperare orbi universo）」という標語を用いた）。この伝統を言葉にしたのは、ヒトラーが初めてではなかった。第一次世界大戦でヒトラーが帝国軍に従軍していたとき、ドイツ皇帝ヴィルヘルム2世は、部隊の士気を高めるためにこれを利用した。１９１５年、皇

帝は兵士に向けて、「いずれ全ヨーロッパを支配することを運命づけられた、偉大なるドイツの勝利こそが、現在の戦いの唯一の目的である」[50]と書いた。ヒトラーはほぼ同じ調子で、ドイツは「いつの日か世界の支配者にならなければならない」という見解を、あからさまに広めたのだ。[51]ナチス・ドイツは、実際にはあらゆる意味で帝国主義国家であり、ネイションの独立と自決の原則に終止符を打とうとしていたのである。[52]

また、ドイツによるユダヤ人絶滅計画を、ネイションの自決というウェストファリア体制の原則に由来すると解釈することもできない。ポーランドやロシア、その他ヨーロッパ、北アフリカのユダヤ人をナチスが絶滅させようとしたのは、一国内だけの政策ではなく世界的政策であり、ナチスの圧力によって日本占領下の上海でユダヤ人のゲットーが設置されたように、遠く離れた場所にまで影響力を及ぼしていた。これは、普遍帝国を目指すドイツの長年の野望を復活させ、完成させようとしたヒトラーの活動と関係なしには考えられず、また取り組まれることもなかっただろう。

こうしたことは戦時中にすっかり明らかになった。アメリカとイギリスがラジオ放送で一貫して強調したのは、ヨーロッパ全土の国民国家の独立と自決を回復することが、独立したネイションの同盟国としての彼らの目的だということだった。最終的に、普遍帝国を目指すドイツの目論みを挫いたのは、アメリカ、イギリス、ロシアのナショナリズムだった——ヨシフ・スターリンでさえ、ロシアの愛国心に公然と訴えるほうを選び、「世界革命」というマルクス主義の戯言を捨てた。

だが、欧米のリベラル派にとって、これはどれも重要ではないようだった。ドイツの残虐行為に照ら

して、ネイションの独立はもはや国際秩序の基盤として受け入れられないという見解へと、彼らは戦後急速に傾いた。新たな反ナショナリストのなかでも最も熱心だったのは、ドイツのコンラート・アデナウアー首相だった。国民国家を排除することでしか戦争の惨禍の再発を防げないと主張して、アデナウアーは連邦型の欧州連合の創設を繰り返し訴えた。彼は著書 *World Indivisible: With Liberty and Justice for All*（『海外名著全集〈第4〉世界は一つ——万人に自由と幸福を』庄野満雄訳、鳳映社、1958年）で次のように述べている。

> 国民国家の時代は終わった。……ヨーロッパにいる我々は、国民国家の観点で考える習慣をやめなくてはいけない。……ヨーロッパの合意は……ヨーロッパ諸国間で今後戦争が起きないようにすることを目指すということだ。……ヨーロッパの共同体という考えが50年間存続するならば、ヨーロッパで二度と戦争は起こらないであろう。[53]

このような考え方に従えば、ナチス・ドイツ時代の想像を絶するような悪に対する答えは、ドイツに自ら意思決定する権利を与えた独立国民国家という制度を解体することであり、その制度を、ドイツに対する制限が可能になる総括的な欧州連合と置き換えることだった。言い換えるならば、こういうことだ——ドイツから自決権を取り上げれば、ヨーロッパに繁栄と自由をもたらせる。

ヨーロッパ大陸の統合と英米

ヨーロッパの国民国家をなくすことにより、ドイツを「抑制」することが可能だという提案は、現代のヨーロッパで際限なく繰り返されている。だがそれは、優れた政治分析というより気の利いたジョークでしかない。[54] 中欧のドイツ語圏の人々が、国民国家の構成員とみなされたことはなかった。イギリスやフランス、オランダのネイションの結束と独立に匹敵するような経験が、彼らの歴史にはない。さらには、こうした西欧諸国がかつてドイツを恐れたのは、ナショナリズムのためではなく、ドイツの普遍主義と帝国主義のためである。ドイツ皇帝の下でヨーロッパを統一して、ヨーロッパに平和をもたらそうとする目論みを恐れたのだ。ドイツの啓蒙思想の卓越した哲学者イマヌエル・カントが、著書『永遠平和のために』で、政府の唯一合理的な形態は、ヨーロッパの各国民国家が、いずれ全世界にまで拡大する唯一の政府を支持して解体されることだろうとこともなげに述べたのは、深く根づいたこのドイツの普遍主義者的・帝国主義者的伝統のためだったのだ。この理論を繰り返し述べるとき、カントはドイツが率いるまた別の神聖ローマ帝国を示していたにすぎなかった。[55]

このため、国民国家というウェストファリア体制を排除してドイツを抑制するというアデナウアーのたび重なる提案は、彼らにとって歴史的に重要なものを断念することを想定してはいなかったのだ。アデナウアーは、ヨーロッパの政治構造がどうあるべきかについて、ドイツの由緒ある伝統を繰り返していたにすぎなかった。一方で、その３００年から４００年前に、大きな代償を払ってドイツ皇帝から

独立を勝ち取ったネイションは、約束された平和と繁栄のためにかなりの犠牲を払うように求められていたのだ。

イギリスとアメリカは、自分たちの独立には影響がないと考えて、ヨーロッパ大陸の統合という発想を支持した。だが、それは誤算だった。国際政府に道徳的優越性があるとするカント派の主張は、単一の政治秩序しかないなかでは、ネイション独立の原則と共存することは不可能である。戦後のヨーロッパでこの主張が再び解き放たれたことにより、イギリスとアメリカの教養あるエリート層の多くが抱いていたプロテスタント構造への責任感は、たちまち崩壊した。それにこの破綻は理に適っていた。ネイションの独立が世界大戦とホロコーストを引き起こしたのであれば、その考えを擁護したいと思う者が果たしているだろうか？

さらに、アメリカが1世紀近くヨーロッパに軍隊を駐留してきたおかげで、ヨーロッパ諸国は、ロシアやイスラム世界と国境を接しているため安全保障上のニーズが実際は非常に高かったにもかかわらず、軍事的にも知的な面でも必要な投資を自分たちでせずとも、平和と安全を手にすることが可能だったのである。ドイツとフランスにとって比較的少額の負担で、ヨーロッパの平和維持に必要な財政的・軍事的リソースをアメリカが供給し続けているというこの奇妙な事実は、ヨーロッパの人々がリベラルな帝国への愛情にこれほど夢中になっている根本的原因である。つまり、地面から噴出する石油のおかげでサウジアラビアが何の苦労もせずに富を手に入れているように、自分たちの安全を得るために力を尽くさなくてもアメリカが安全を与えてくれるならば、なぜネイションの独立と自決の原則

を守る必要があるのだろうか？　ヨーロッパの人々は、アメリカの気前の良い行為のおかげで存在し、依存状態に陥っているにすぎない。彼らは、独立した国民国家の解体によって世界平和への秘訣を見つけたというアデナウアーの主張を嬉々として繰り返し、自分たちを永久に子どものままにしている。だが、彼らは世界平和に貢献する類いのことなど何もしていない。たとえＥＵが存在していなくても、あるいはフランスやオランダがドイツと政治的に統合されていなくても、いずれにせよ、アメリカ軍の駐留や保護のため、ヨーロッパには平和が保障されてきただろう。これこそ帝国のやり方だ。帝国は、独立の放棄と引き換えに、平和を提供する。そのなかには、独立したネイションとしての思考能力、独立したネイションの生活にふさわしい成熟した政策を考案し実行する能力の放棄も含まれている。

その結果が、今わたしたちの周囲に見られる政治の光景である。ヨーロッパからアメリカまで、西洋に並外れた強さと活力を与えたプロテスタント構造は、洗練された教養ある人々によって捨て去られた。国民国家制度の回復を求める人々は、自由を築いてきた政治秩序の土台を堅固にすることを提案しているとは、もはやみなされていない。それどころか、そのような主張は、野蛮さへの回帰、１９４５年に消滅したとされる悪しき古き世界への回帰を提案するものと受け取られている。

第6章　帝国主義としてのリベラリズム

リベラルな構造を突き詰めるとある種の帝国主義に至るということが、わたしのリベラル派の友人や同僚には理解できないようだ。しかし、新秩序にまだどっぷり浸っていない人にとって、両者の類似性はわかりやすい。エジプトのファラオや古代バビロニア王、古代ローマ帝国皇帝や、近代に入ってしばらくたつまでのローマ・カトリック教会、そして前世紀のマルクス主義者と同じように、リベラル派にも、境界線をすべてなくし彼らの普遍的規則の下で人類を統一することによって、いかにして世界に平和と経済的繁栄をもたらせるかについて、壮大な持論がある。このビジョンの明確さと知的厳格さに夢中になるあまり、リベラル派は、多数のネイションと協議するという面倒な過程を軽視している。リベラル派は、何が正しいかについて自分たちの見方を多数のネイションが受け入れることを当然だと考えるのだ。しかも、ほかの帝国主義者と同様に、自分たちが示す平和と繁栄のビジョンに従うだけで相手は大いに利益を得るはずだと考え、その相手から反対にあうと、彼らはたちまち嫌悪感を露わにする。[56]

独善的なリベラル帝国主義

もちろん、リベラル帝国主義は一枚岩ではない。ジョージ・H・W・ブッシュ大統領が共産圏崩壊後に「新世界秩序」の到来を宣言したとき、彼が念頭に置いていたのは、国際連合の安全保障理事会から発せられる「法の支配」を課すために必要な軍事力を、アメリカが供給する世界であった。[57] その後のアメリカの歴代大統領はこの構想を拒否し、ヨーロッパの同盟国などと協議したうえでの一方的な行動に基づく世界秩序を好んだ。一方、ヨーロッパの人々は〝トランスナショナリズム〟のほうを好んでいるが、これは、アメリカを含む独立したネイションの権限よりも、ヨーロッパに拠点を置く国際司法機関および国際行政機関の決定が優先されるとみなす考え方である。[58] 国際的なリベラル帝国がどのように統治されるべきかをめぐるこうした意見の相違は、歴史的に見て新しいとされることが多いが、そうとは言えない。大概は、国際的なカトリック帝国がどのように統治されるべきかをめぐり、皇帝と教皇の間で中世に散々繰り広げられた議論の再現にすぎない。今回は、政治的・軍事的中心のワシントンに権威を集中させるべきだと主張する人々（主にアメリカ人）が、皇帝の役割を演じているのだ。ローマ教皇の役割は、最高権威は普遍法の最高解釈者、すなわち国連およびEUの司法機関にあるとみなす者たち（主にヨーロッパ人だが、アメリカ人の研究者も多い）が演じている。

リベラル帝国主義陣営内のこうした議論は、西洋の来るべき構造に関する差し迫った問題を提起する。しかし、このようなリベラル帝国の推持が望ましいとする主張に納得できないわたしたちのよう

な者にとって、意見の相違があるとはいえ陣営の共通点は火を見るより明らかである。リベラルな構造の擁護者の間に論争はあるが、ある1つの帝国主義的ビジョンを支持するという点で一致団結している。つまり、擁護者たちは、リベラルな諸原理が普遍法として成文化され、必要とあらば武力でネイション群に課される世界を見たいと願っているのだ。このビジョンこそが世界に平和と繁栄をもたらすものだという点で、彼らは一致している。ルートヴィヒ・フォン・ミーゼスは、次のように記して、リベラルな構造の擁護者の間の多様な見解を代弁している。

> 人類がこれまで直面したなかで、イデオロギーに関する最大の疑問は……リベラリズムを無制限に、無条件で受け入れること以外にない……という考え方を、世界中に作り出すことに成功できるかどうかということだ。平和の前提状況が作られ、戦争の原因が排除されるためには、リベラルな思考はあらゆるネイションに行き渡らなくてはならず、リベラルな原則はあらゆる政治制度に広がらなくてはならない[59]。

ミーゼスは、世界中のネイションと政治制度が「リベラリズムを無制限に、無条件で受け入れること」をはっきり求めているが、彼のその希望は、今ではもうリベラルな観点としてすっかり定着している。独善的で夢想的なその観点は、人間の運命に関する最終的な真実はとっくの昔に見つかっており、あとはそれを課す方法を見つけるだけだと決めてかかっている。

もちろん、リベラルが全員、このように独断的で夢想的だと言いたいわけではない。とくにイギリスやアメリカにおける多くのリベラル派の見解は、ほかの要因によって、たとえば聖書主義や、ナショナリストの多様な人間社会の認識、神への謙虚な信仰、英語圏ではかつて「常識」と呼ばれた歴史的経験主義と穏健な懐疑主義によって、緩和されている。このようなことは、今でも特定の英米のリベラル派にはわかりきったことである。だが、リベラリズム反対派が次々と倒され、世界的なリベラル帝国の実現が近づくにつれて、こうした緩和要因は失われ、独断的な帝国主義がリベラル陣営内の優勢的意見として残ることになった——それには、無謬性の教義や異端審問と禁書目録の嗜好などが含まれ、意図せずして典型的な中世カトリック帝国の最悪の特徴を急激に帯びつつある。[60]

異なる意見への中傷

この最後の点にしばし焦点を当てたいと思う。現代の欧米の公共生活においてきわめて顕著な特徴の1つは、リベラリズムの教義に対して何らかの有意義な抵抗ができるとみなされる個人や集団、意見や政策を、汚名を着せて違法にすることを目的とした公然たる誹謗中傷活動や異端狩りに、欧米諸国が悩まされていることだ。こうした活動により大学の自由な言説が損なわれていると指摘する声が多く聞かれ、イスラムや同性愛、移民、その他多くのテーマについての教授陣の意見に対する公式および非公式の検閲が、大学では一般的になっている。だが、不適切とされる見解への怒りが噴出するの

は、大学ばかりではない。現在では公共の場の多くが、最近まで大学に向けられていた中傷活動と同じような活動に、繰り返し見舞われている。実際、起きてしかるべき意見の相違の範囲が徐々に狭まり、反対意見に対する制裁がますます厳しくなるにつれ、西洋の民主主義国家は急速に1つの大きな大学キャンパスになりつつあるのだ。(61)

言論と宗教における単一の普遍的基準に適合するよう求める、しつこさが増す一方のこのような要求は、ネイションの独立と自決という基本的原則をもつ西洋のプロテスタント構造から離脱することでもたらされる予想どおりの結果である。何と言ってもこの原則は、国民国家秩序のなかで立憲主義的・宗教的立場の多様性を義務づけており、それには、まったく異なる見解に対する寛容さが含まれていた。カトリック教徒はプロテスタント体制の存在を許容し、君主制主義者は共和制を許容し、臣民の問題を厳しく規制する支配者は、より広範な自由を与える体制を許容しなければならなかった。いずれの場合も、その逆もまた真であった。このように、ネイション間の政治的・宗教的多様性に公式に正当性を与えることは、反対意見をもつ共同体を国内でも許容する基盤となった。確かに、万人がこれを快く思っていたわけではなかった。しかし、反対意見をもつ共同体が国家を支持し、ナショナルな慣習の抜本的見直しを求めないのであれば、そうした共同体を受け入れるための特別措置を講じるよう交渉する余地はあったのだ。もし、抜本的見直しを強く望んだ場合は、反対意見が許容されたり、採用されたりしうる近隣の国家へ移るという選択肢も残されていた。(62)

不寛容なリベラリズム

対照的に、単一の権利基準が至るところで効力をもつ普遍的政治秩序の下では、多様な政治的・宗教的立場の許容は、必然的に拒否されるにちがいない。西洋のエリートの観点は新しいリベラルな構造に合わせて積極的に同質化されつつあり、ネイションの自決の原則がかつて自明の理としていた、異なる立場に対する寛容さの必要性を認識することが、彼らにはますます難しくなっている。寛容性は、ナショナリズムと同様に、過去の時代の遺物となりつつある。

ＥＵ離脱の決定後に、イギリス国民とその指導者たちに浴びせられた非難や中傷は、西洋全体への紛れもない警告である。リベラルな構造の観点からすると、欧州統一は、数ある合理的な政治的選択肢のなかの1つではない。良識ある人間が賛同できる唯一の合理的な意見なのである。したがって、離脱の是非を問うたイギリスの投票の道徳的な不合理は、この投票を非難する政治家やマスコミに容赦なく標的にされた。ＥＵ離脱を支持しているのは高齢者だけであり、それによって若者の権利を奪っているとか、教育を受けていない人々だけが離脱を支持しており、それによって本当は現実をよく知っている人々の発言力が低下しているとか、有権者は抗議票を投じただけであり、実際にはＥＵを離れることを望んでいない、などと言い立てられた。こうした怒りに満ちた声に、国民投票を無効にすべきだとの要求が続いた――たとえ2回目の国民投票を実施してでも、議会の決議によってでも、あるいはヨーロッパと非公開で交渉してでも。合理的な意見が通るならば、何をしてでも。

欧米のエリートたちがイギリス離脱の見通しに示した警戒の念と動揺は、長い間見えなくなっていたことを明らかにした。実は、新興のリベラルな構造は、独自の法律や伝統、政策の権利を主張しようとするネイションの逸脱を尊重できず、ましてや賞賛などできないということである。普遍的政治秩序へのそのような異議申し立ては、ファシズム的発想の証拠とは言わないまでも、下品で無知なものとみなされる。

この種の苦痛を受けてきたネイションは、イギリスだけではない。アメリカもその例に漏れない。自国兵士の国際刑事裁判への引き渡し拒否、環境保護を目的とする国際条約への署名を渋る姿勢、イラク戦争――このどれに対しても、アメリカは同様の激しい怒りを内外で買った。イラクの核施設への爆撃であれ、エルサレム東部の集合住宅の建設であれ、この種の怒りの矛先は長年イスラエルに向けられてきた。東欧諸国もまた、中東からの移民の受け入れを渋るという理由で非難されている。さらに、古の聖書の政治秩序の上に成り立ち、通常は信仰の自由な実践が西側諸国の政府によって保護されているか、少なくとも容認されているキリスト教やユダヤ教の宗教的慣習に対して、ヨーロッパとアメリカで同様の非合法化運動が行われてきた。とくにヨーロッパで、割礼や戒律に従った食肉処理などのユダヤの慣習を、普遍的権利というリベラル的教義の名の下で禁止しようとしたり、職場や学校でセクシュアリティや家族に関してリベラル的教えを強要しようとしたりするところを、わたしたちは目の当たりにしてきた。これはほんの始まりにすぎないこと、ユダヤ教とキリスト教の伝統的形式の教えと実践は、リベラルな構造が進展するほど維持できなくなるだろうことは、特別な見識がなくてもわ

かる。

現代の西洋世界には、物議を醸す問題に関する個人的信念は、もうおおっぴらに論じてはいけないという感覚がある。プロテスタント構造が今なお存在するかのように行動したり、発言したりする前に、よくよく考えなくてはいけないことにわたしたちは気づいている。西洋のネイション群の立憲的・宗教的性質における真の多様性は、自らの自由を主張する者にとって、多大な犠牲を払ってしか存続しないのである。

第7章

リベラリズムに対するナショナリストからの代案

アメリカ的・ヨーロッパ的世界秩序

１９９０年、イギリスのマーガレット・サッチャーの首相辞任は、30年近いリベラルな政治的コンセンサスの始まりを告げた。この期間、優れた政治家や知識人たちは、新しいリベラルな秩序の勝利は避けられないという口ぶりで発言していた。ヨーロッパでは、大陸の独立したネイション群をＥＵに従属させようとするドイツ主導の取り組みが急速に進行していた。アメリカでは、ヨーロッパを実質的にアメリカの保護下に置いて、アメリカの〝世界秩序〟を確立しようとする取り組みが当時優勢だった。欧米の帝国主義の不快な歴史のために、大西洋の両側ではほとんどの人が帝国についておおっぴらに話せなくなっていた。選出議員や外交官、実業家が――フランシス・フクヤマの *The End of History and the Last Man*（『歴史の終わり〈上・下〉』渡部昇一訳・特別解説、三笠書房、２００５年）、トーマス・フリードマンの *The Lexus and the Olive Tree*（『レクサスとオリーブの木〈上・下〉』東江一紀・服部清美訳、草思社、２０００年）、シモン・ペレスの *The New Middle East*（『和解――中東和平の舞台裏』舛添要一訳、飛鳥新社、１９９３年）まで、大量のユートピア的な政治関連書と同様に――際限なく繰り返していた

ことは、「国際社会」は「グローバル・ガバナンス」下に置かれている、ということだった。世界は、リベラルな政治教義に従って、欧米人に支配された単一の法・経済体制をもつことになる。セルビアやイラクやリビアのように、ネイションがこの新世界の秩序の「規則を破った」ときは、アメリカ軍が同盟国であるヨーロッパ部隊とともに突入して、この規則を再び打ち立てるつもりだった。[63]

世界規模の平和と繁栄の体制。リベラル帝国。これが一世代にわたるアメリカとヨーロッパの主要政党のコンセンサス政策だった。

しかし、イギリスのEU離脱を決めた国民投票とアメリカにおけるナショナリストの復活とともに、このリベラルな秩序の勝利は必然とは思えなくなってきた。アメリカの共和党と民主党、およびイギリスの労働党と保守党の政治エリートと知的エリートたちが見殺しにしてもかまわないとして放置していたプロテスタント構造は、まだ生き残っていることが判明した。

反対派の基本原理

リベラルな構造の反対派は、何を望んでいるのだろうか？　西洋のプロテスタント構造は、2つの基本原則に基づいていた。よって理論上は、新しいリベラルな秩序に対してまったく異なる方法で反対することができる――この原則のいずれかを復元しようとするか、または両方を復元するよう努めるかだ。したがって、現在3つの反リベラル陣営が存在しており、そのどれもが西洋のネイションの政治に

おいて容易に見分けがつく。

第1に、〝ネオ・カトリック〟と呼ばれるリベラル構造反対派がいる。これはすべてのカトリック教徒が支持する見解ではないし、これに惹かれるのはカトリック教徒だけというわけでもない。むしろ、中世のカトリックの政治理論の更新版を支持したいと思う人が擁する見解である。そのような理論は、国家の正当性の試金石として、聖書の最低限の道徳規範のいずれかの解釈（聖書ではなく、普遍的理性論と同一視されることが多い）を維持することを重視している。同時に、ネオ・カトリックの政治理論は、世界中の人権と自由の実践のために、国際レジームの優位性――言わば、新しいキリスト教圏のようなもの――に賛同する。現実には、ネオ・カトリック派は政治的姿勢として積極的に、結婚と家族についての伝統的な宗教的見解を擁護し、自殺幇助と中絶に反対し、ユダヤ教徒やキリスト教のシンボル（公共施設や公有地でのモーセの十戒の展示など）を国有財産から除くことに異を唱えてきた。だがネオ・カトリック派たちは、国民国家からなる秩序についてはどっちつかずであり、各ネイションの政府の権力を将来的に凌駕するだろう、強制力を備えた国際法レジームの発展を支持する傾向がある。

第2に、〝ネオ・ナショナリスト（または国家統制主義者）〟の見解がある。これは、ジャン＝ジャック・ルソーとフランス革命的なナショナリズムの先例に倣うもので、ネイションやその憲法、信仰の伝統的な概念を投げ捨てて、代わりに国家に対する個人の忠誠心と貢献を人間の最高の目的として築こうとするものだ。このようなナショナリズムは、絶対主義と無神論に陥る傾向、およびフランスが過去何度も経験した長期的な不安定状態に陥る傾向で知られている。ネオ・ナショナリストの活動は、

ＥＵによる独立国民国家の解体に反対し、選出された政府の力を国連とその他国際機関に譲渡することに反対し、無制限の移民受け入れに反対し、強制的な国際法に反対するという点で、保守的とみなされるかもしれない。だが、彼らはネイションの宗教的伝統とは距離を置き、彼ら自身のナショナリズムが聖書を源泉にしていることに気づかず、個人と国家の行き過ぎた行為を抑制するために聖書の道徳基準がかつて果たした決定的役割に関心を示さないことが多い。

　このどちらの立場からも、リベラリズムの妥当な代替という印象は受けない。ネオ・カトリックは、中絶や結婚の定義の問題などに関して、リベラルのエリート層に対して文化面の後方戦を今後も続けていくだろう。しかし同時に、ネオ・カトリックたちは、各ネイションの能力を削ぎつつあるリベラル帝国主義を陰に日向に支持し、まさにこの種の憲法的・宗教的事柄に関し、各ネイションから指図を受けずにすむようにしたいと考えている。一方で、ネオ・ナショナリズムは、一定のネイションをリベラルな秩序から引き離すことに効果を上げるかもしれない。しかし、ネオ・ナショナリストたちは国家に惹かれ、ネイションの宗教や道徳的伝統から距離を置いているので、独裁政府の樹立を招く可能性があり、それによりリベラリズムに代わる唯一の形態は独裁主義であるという主張（リベラルと独裁主義者のそれぞれの視点から推進された）を強化しかねない。

第3の可能性

リベラルな秩序に代わる可能性のある第3の候補は、〝保守主義的（または伝統主義的）〟と称される立場である。これは、プロテスタント構造の2つの原則を基にする国民国家の国際秩序を確立し、擁護しようとする立場だ。2つの原則とは、すなわちネイションの独立と、合法的政府にとっての聖書に書かれた最低限の道徳規範のことだ。わたしはここで、広い意味で「保守主義的」という言葉を用いている。それは、プロテスタント構造の基礎を保存することを目的とし、プロテスタント構造が最も自由で、多くの点で最も成功した国際秩序であることを認める政治的活動に言及するためである。これには、さまざまな憲法的・宗教的伝統に基づく、さまざまなネイションの多種多様な活動が含まれる可能性がある（聖書の伝統をもたず、したがって異なる伝統的道徳体制に根ざす活動も含まれる）。当然ながら、最も重要なものは、ジョン・フォーテスキュー、ジョン・セルデン、エドマンド・バークなどの思想の流れを汲んだ、〝英米の保守的伝統〟である。これは、制限された行政権、個人の自由、聖書に基づく公共の宗教、英米の政治生活を他国と比べて穏健化するうえで役立ってきた歴史的経験主義の原則を支持する、ナショナリストの政治的伝統である。健全な政府をもたらす可能性が最も高いことが証明され、アメリカ、イギリス、その他英語圏の各ネイションの繁栄を促すために非常に役立ってきたのは、幅広いナショナリストの政治的遺産に含まれる英米のこの保守的要素なのである。[64] リベラル帝国の代替として最も有益だと政治家と政治思想家が気づくと思われるものは、現代のニーズに応じるよ

うに更新された、この伝統のなかにある。

根強く残るプロテスタント構造

表面上は、イギリスとアメリカは聖書の継承からすっかり解放されたという印象を受けるときがある。しかし、両国はやはり、帝国からのネイションの自由、王の権力の制限、公正で道徳的な社会の基礎を築く根本的教えといった、聖書の教えにより形成されたネイションなのである。[65] プロテスタント構造に取って代わる寸前に思われた新しいリベラルな秩序に何十年にもわたり譲歩したあとでも、プロテスタント構造が英米のどちらにおいてもいかに強力かについては、数々の出来事が証明してきた。こうした出来事は、欧米のエリート層に受け入れられてきた普遍的リベラリズムへのコミットメントを、これまでよりも批判的な視点から再考する機会を与える。また、祖先から伝えられた聖書に書かれた自由のほうが好ましい選択ではないのだろうかと、自問する機会も与えてくれる。

本書の第1部では、現代の西洋のネイション群の忠誠をめぐり、帝国とナショナリズムの勢力間で繰り広げられる対立を理解するための歴史的枠組みを示した。次は、人類にとって最高の政治的秩序の原則として、独立した国民国家を支持する一般的論拠に目を向ける。

第2部

国民国家とは何か

第8章　政治哲学の2つのタイプ

国家は政治秩序の最善の形態か？

ギリシアの政治哲学は政府の最善の体制ないし最善の形態にとくに関心を抱いてきたが、近代のリベラルな政治思想もこの流れを受け継ぎ、政府の構造はどうあるべきかに注意を払ってきた。この種の探究は、人々は自分たち自身を国家として組織するものだという前提に立っている。国家とはすなわち、他国政府の影響を受けずに、自分たち独自の政府のみで統治でき、また実際に統治されているほど十分に結束した共同体のことだ。次に、国家政府はどのような形態であるべきかという疑問が浮かぶ。君主制か、貴族共和制か、民主制か？　国家の権力は1つの政府部門に集中させるべきか、それとも複数の部門に分散させるべきか？　国家は成文憲法の制約を受けるべきか、そしてそれが侵害された場合には誰が判断を下すべきか？　国家は個人に基本的権利と自由を保障すべきか、またその場合、それは何になるか？

以上の、また似たような疑問は、結束し独立した国家の存在を前提とするものだ。しかし、政治哲学では、さらに根本的な別の問いも投げかける。それは、人間は必ずしも内部が統合された独立した

国家で暮らしてきたわけではないことを認め、国家という存在を前提としない質問だ。わたしは次のような疑問を胸に抱いている。国家としての秩序を保てるほど共同体が十分に結束することを可能にするものは何か？　独立した個人が政府の下で生活することに同意した場合に国家が形成されるのか、それとも以前から存在していた結束した共同体が統一されることによって国家が形成されるのか？国家は本当に人間の生活を律する最良の制度なのか、それとも、氏族や封建的秩序のような、別の政治秩序の形態のほうが望ましいのだろうか？　そして、国家が政治秩序の最善の形態であるならば、権威は単一の普遍的な国家の手に委ねられるべきなのか、それとも競合する多数の国家間で分散されるべきなのか？

政府の哲学と政治秩序の哲学

こうした疑問を考慮に入れると、政治哲学は自ずと2つの主題に分けられる。そのうちの1つはもう1つよりも根本的な主題である。まず、内部のまとまりと独立性が高い国家の存在を前提として、最善の政府形態を決定しようとする〝政府の哲学〟がある。これに先立つものが〝政治秩序の哲学〟で、これは、政治秩序の原因を理解し、その理解に基づいて、わたしたちが利用できる政治秩序のさまざまな形態を見つけ出し、そのなかでどれが最適か判断しようとするものだ。

自分が生活する国家の結束と独立性を信頼する者は、当然ながら政府の哲学に魅力を感じる。そも

そも国家が永続することが前提ならば、どのような政府を擁するべきか究明しようとしない政治学の学徒がいるだろうか？

だが、政治秩序の原因を慎重に研究してからでないと、政府の哲学は誤解を招き、悪影響を及ぼす恐れさえある。人間の理性の働きを支配する鉄則として、議論なしに仮定されたものは、それが真実であろうと誤りであろうと、自明のものとみなされるようになる。それは政府の哲学にも当てはまる。この哲学は、結束し独立した国家の存在を前提とすることを起点とするので、これを研究する人々に、理論だけでなく現実においても、結束し独立した国家が周囲に存在すると考えるように教え込む。彼らが海外の他領域を見回す際には、何もないところに結束し独立した国家を見ているか、そうした国家が、そのような可能性が存在しないところに容易に生じるものだと考えている。すると、自分たちが暮らす国を考察するときに、すべての国は結束と独立を失う瀬戸際に絶えず立たされていることを想起できないので、自分たちの国の統一性と独立はしごく当然のものだとみなすのだ。結果として、国家の結束力と独立性を維持するために必要な努力を軽視して、国の結束力を破壊し独立性を希薄化させるような政策を嬉々として提唱する傾向がある。その間も、国家は結束力と独立を維持し、以前と同じように健全な状態を保てると信じている。

政府の哲学は、適切で限られた範囲では有用である。しかし、それが有効性を発揮するためには、国家の形成、結束、独立、および国家の破壊の根本的な原因の理解に基づいて、その哲学が構築されなくてはならない。これは、西洋の政治的伝統の最初の偉大な業績に見られるような政治的探究であ

る。つまり、ヘブライ語聖書に描かれている活動のことだ。聖書を読めば、国家以外の秩序である家族や氏族、部族の秩序のなかで人間が生きる可能性に気づき、国家がそのような秩序にもたらす脅威にも十分に気づける。また、国家成立に伴う曖昧さにも気づき、絶えず浮き沈みがあり、統合か消滅に向かっている国家の脆さを認識するべきだとも教えられる。公正な政府がいかに政治秩序の強化に貢献するか、一方で愚かな政策が政治秩序の崩壊を招き、無政府状態と他国による征服の道を開くのか、考えるように教えられる。人間の自由が国家によって支援されているのか妨げられているのか、帝国の拡大が必ずしも人類の隷属化につながらないのかどうかという問題に、初めて出合うことになる。

　こうしたことを押さえたうえで、政治哲学の根本を考察していく。合理的な人間が必然的に結束し独立した国家を形成すると仮定するのではなく、政治秩序の根底にある原因を考察し、こうした原因が、わたしたちが取り入れられる選択肢をどのように形成するのかを検討する。この検討に基づき、政治秩序の最善の形態は、独立した国民国家の秩序であることを提示するつもりだ。とくに、一般に知られているその他主要な選択肢、つまり国家よりも前に発生した部族や氏族、および帝国の秩序よりも、独立した国民国家の秩序のほうが優れていることについて論じる。

第9章　政治秩序の基礎

個人が組織に加わる理由

個人が単独で行動して達成できることもある。しかし、ほとんどの目的や意図は、他者と協力して行動することが必要になる。とはいえ、隣人にはそれぞれ自分たちの目的や動機があり、敵対的ではないにしても、こちらが提案した目標に関心を示さないことがある。では、こちらが必要とする、あるいは望ましいと考える目標を相手が達成するようにするためには、相手にどのように影響を与えればよいのだろうか？　これは、他者で構成される共同体のなかで生きる個人が抱える、根本的な問題である。この答えを見つける必要性が、政治学を生み出すのだ。政治学とは、人が必要とする、あるいは望ましいと考える目標をほかの人たちが達成しようとして行動するように、他人に影響を与える技術や学問のことである。

この根本的な問題への対応の1つとして、家族、氏族、部族、ネイション、国家、軍隊、宗教団体、企業など、永続的な機関や個人の集合体を築くことが挙げられる。こうした組織やその他の組織は、知られている特定の名称や、団体として意思決定や行動をするために認められた手順などの、特定の

確固とした目的や形式を堅持しながら、時間をかけてその存在を維持する人間の集合体である。各組織は、構成員がそのつど新たに説得や強要されることなく、１つの団体として確実に行動できるように、認められた一般的な規則や手続きを遵守しながら、こうした確固たる目的や形式に従って行動するように教えたり、説いたり、強要したりしている。

だが、個人にはそれぞれ独自の目的や動機があるのに、なぜ組織に加わり、組織の確固たる目的や形式に沿って、ほかの構成員と一緒に１つの団体として行動し、組織を形成するのだろうか？

その理由として考えられるものとしては、次の３つがよく知られている。第１に、人は報復するぞと脅された場合に加わる。第２に、報酬やその他利点を提供された場合に加わる。第３に、組織の利益や目的を自分のものとみなす場合に加わる。このなかでも、第２の理由で加わった場合は、最も脆弱な組織が出来上がる。金銭と引き換えに、ある種の困難な課題や取り組みに加わる人々は、リスクがその金銭にふさわしいかどうかを常に計算しており、より良い報酬とより少ないリスクを伴う別の大義に鞍替えすることを望んでいる。人々を本人、あるいは彼らにとって大事な者に脅威を与え組織に加えた場合でも、組織の安定性はほんの少ししか増さないだろう。ひとたび脅威を取り下げれば、そうした人々は言うことを聞かなくなるだろうし、脅威を取り下げないとすれば、その人々が歯向かってくる恐れは常に消えないからだ。

このような理由およびその他の理由から、強力な組織は、組織の利益や目的を個人が自分のものとして認識しているときに確立される。たとえば、長い迫害の歴史のあと、民族の独立を求めて銃を手

にする兵士について考えてみよう。そのような人物は、戦うことを強要される必要はないし、十分な報酬も必要としない。同胞の利益のために戦っているという事実だけで、彼らは部族やネイションのような集団のために命を投げ出すようなこともいとわず、脅迫や報酬の約束では引き出せない勇敢な行為と自己犠牲に駆り立てる熱情を彼らの胸に呼び起こす。

多くの政治理論では、政治的な出来事は、それぞれの生命や財産に対する個人の懸念により動機づけられるとされる。しかし、戦時中の個人の行動、あるいは選挙運動中の非暴力的な戦いを目の当たりにしたことがある者なら、この前提がひどく不正確であることがわかる。確かに、人は自分の生命や財産に対する懸念に動機づけられることもある。けれども、人間は、自分が属する集団や組織の目的や利益を自分のものとみなすことができるし、その目的や利益に基づいた行動が自分の生命や財産に害を及ぼすものであっても、そのような行動を取ることができる。実際、この種の動機をもつ個人の行動によって、政治的な出来事が決定されることが多い[1]。

集団の目的が個人の目的になる

政治理論は、哲学者が作り出した想像上の生き物の冒険物語を語るのではなく、現実の人間をありのままの姿で理解することを目的とするので、集団の目的を個人が自分のものとして認識するという人間の能力について、避けて通ることはできない。驚異的でありながら、実は呼吸と同じくらいあり

ふれたこの能力は、いついかなるときもわたしたちに備わっている。これは人間の日常経験する性質の基本であり、この能力が中心に存在しなければ、人間の組織がいかに強力に構築されているのか、説得力のある説明はできない。そこで、この問題をさらに詳しく考察することにしよう。

人間は生来、自己の統合性を確保しようと懸命に努めるものだ。自己とはまず、個人の肉体を意味しており、脅威にさらされたり害が及んだりしたときに、戦うか逃げるかという反射的な衝動によって守られている。だが、この自己の統合性を確保しようとする衝動は、何も身体の保護だけに限ったことではない。個人が自分の肉体を守るために見せる激しさは、非難や侮辱に対して自らの評判を守ろうとして取る行動でも明らかである。それは、自分の土地や、自分のものとみなすその他物質的所有物を守ろうとする衝動にも表れる。実のところ、妻や子どもたち、両親、兄弟姉妹に対する愛情、また、彼らが危険にさらされているときに守ろうとする愛情は、自らの統合性を守りたいという衝動を別の名称で示したものにほかならない。なぜなら、この愛する人たちは、彼自身の意識に関する限り、彼の自己の範疇に含まれており、彼らをあたかも自分の一部であるかのように経験するからだ。

このように他者を自分の一部であるかのように守り擁護する力を振るうのは、近親者に対してだけではない。友人や同じ町に住む人、同じ小隊に所属する人や、同じストリート・ギャングのメンバー、あるいは一般に、どんな理由であれ、自己の一部とみなしているほかの人を守りたいという衝動にも、同じような激しさが見られる。ほかにも多くの例を挙げることができるだろう。人間の活動や組織を幅広く見渡すと、個人の自己は本来その範囲に柔軟性があり、常に拡大されている。そのため、その

人の外部にあり、その人とは無縁だとわたしたちがみなすような人物や物が、その人からは自己の一部であるかのようにみなされている。[2]

個人が自己の範囲内に特定の他者を含めるとき、わたしたちはこの愛着を忠誠と呼ぶ。2人の人間が、それぞれ拡張された自己の下で相手を保護するとき、築かれた絆は相互の忠誠の一種であり、これにより、2人は自分たちを1つの実体としてみなすことができる。このような相互の忠誠の絆が存在するからといって、個人がまったく独立した人間でなくなるわけではない。こうした絆があっても、互いに忠誠を誓う個人の間に必ず存在する競争や侮辱、嫉妬や口論はなくならない。夫婦はよく喧嘩するものだし、兄弟や姉妹には口論や諍いが起きるものだが、そうした手段によって、彼らは自分たちの間の階層を調整しようとする。こうした対立が生じている間、それは独立した人間同士の争いとして経験される。しかし、どちらかが逆境に直面するとすぐに、他方はそれがまるで自分のものであるかのように苦しむ。しかも、この困難が起きている間は、それ以前に彼らを苦しめた対立が当面保留とされるか、完全に忘れられるのだ。さらに、目の前の苦難を乗り越えると、彼らは安堵感と喜びを抱き、互いの幸せを自分の幸せと認識して、一緒になって喜びを味わう。逆境や勝利のなかで、ほかの人を自己の一部として認識するこのような経験は、内側と外側の間に明確な区別を確立する。内側は、2人の人間で構成され、それぞれが相手を1つのアイデンティティの一部とみなす。外側では、彼らに対して困難が生じ、それに直面するとき、彼らはともに苦しみを味わい、ともに成功を経験する。[3]

絆から発生する組織

組織が結束力を高めるには、構成員に金銭的報酬を与えたり、強制力を行使したりすればよいし、実際にそうしている場合が多い。しかし、持続的でレジリエント〔訳注：逆境に遭遇してもうまく乗り越えられる〕な組織は、もっぱら相互の忠誠の絆から構築されたものである。家族は、政治の世界が把握する小さな組織のなかで、最も強力で最もレジリエントである。それというのも、家族の一員には、家族を構成するほかのすべての者との間に、この相互の忠誠という絆が存在するからだ。こうした絆には生物学的な関係と養子の関係がある。母親は永遠に、自分が産んだ子どもは自分の一部だと感じる。だが、養子関係の家族、たとえば夫と妻、または夫婦と義理の子ども、両親と養子のような関係も、親と実子の関係に劣らず強力であることが多い。家族の忠誠という特別な絆は、このように出生によるつながりと、養子関係のつながりの場合があるが、どちらの場合も、家族を頼りにするという体験を日常的に共有する結果、互いに拡張した自己の一部として家族の構成員を認めているため、家族の団結とレジリエンスはほかに類を見ないものとなる。

小規模な組織としては家族が一番よく知られているが、ほかにも多くの組織がある。たとえば、「分隊」（または「小隊」）と呼ばれる軍隊の小規模な部隊は、全軍隊の基本的な編制単位である。これは家族をモデルにしたもので、下士官や軍曹を指揮官とし、大体10人で構成されている。ここでも、極限状況下で部隊が機能する能力は、相互の忠誠心という結びつきに依拠している――このような結びつ

きは、各自がほかの人たちと個人的に知り合いで、訓練や戦闘の苦難のなかで互いを頼りにし力を貸すという経験を数多くしてきた小規模な部隊では、とくに強力になる(4)。

家族や分隊のような小さな組織は、長年の苦難と成功を共有することで培われた相互の忠誠心によって結ばれた個人で構成され、すべての政治秩序の基盤となっている。こうした小さな単位から、あらゆる種類の大規模な政治が構築されている。たとえば、このように氏族のなかのさまざまな家族の構成員が結びついて、相互に忠誠心を抱く家族の長をまとめることができる。そして実際に世界中で、あらゆる時代において、集団的防衛のために、正義の裁きを行うために、神々に共同で奉仕するために、氏族が構成されてきた。こうした家族のなかで育った子どもは、数百または数千もの数に及びかなり広範囲な領土に散らばっているであろう氏族に属するほかの人々と、相互の忠誠の絆を直接育てることは必ずしもないかもしれない。だが、ほかの諸家族の当主と直に相互の忠誠の絆を結んだ、その子どもの両親は、氏族の苦難と成功をあたかも自分自身に起きているかのように体験し、その体験を自分のことのように表現する。よって、親の苦難や成功があたかも自分の身に起こっているかのように体験する子どもは、氏族の苦難や成功を、やはり自分のものとしても感じることができる。したがって、氏族の別の者が敵対する氏族に傷つけられたり、恥をかかされたりすると、幼い子どもでもその傷や恥を感じるようになる。このようにして、子どもの自己は拡張し、氏族全体とそのすべての構成員にまで、会ったことのない人までも受け入れるようになる。この自己の拡張のため、外部からの脅威が全員に対するものとして経験される場合、その子どもは、同じ氏族に属する者とそれまで

繰り広げていた激しい論争を棚上げにすることもいとわなくなる。[5]

家族・氏族・部族・ネイション

集団の結束力と聞いて我々が思い浮かべるのは、会ったことのない人も含めて、他人の苦難や成功をそれぞれが共有する、多くの個人を相互にかたく結びつけている忠誠心の絆である。[6]

この種の結束力は、家族や氏族の規模に限定されるものではない。氏族の長たちは団結して、何万人も有する部族を形成することができる。また、部族の長がまとまり、数百万人規模のネイションを形成することも可能である。[7] このような統合の過程は、たとえば聖書のイスラエル史で、イスラエルの部族が集まり統一したネイションを形成するかどうかという問題が取り上げられることから、わたしたちにはなじみがある。さらに、イギリスやオランダ、アメリカ、その他多くのネイションの歴史でも、こうした過程はよく知られている。[8] 氏族への忠誠の絆と同じように、部族やネイションへの忠誠の絆は、親に対する忠誠から育つものだ。子どもが部族やネイションの苦難や成功を自分のものとして経験するのは、子どもが親の苦難や成功を自分のものとして経験するからであり、親はそれが繰り広げられるときに部族やネイションの苦難や成功を感じ、それを表現する。そして、またもこの愛着は、危険にさらされたときや大規模な公共事業が進行中のときには、同じ部族やネイションに属する人との争いを棚上げにして、〝心を1つ〟にして[9]団結することを意味するのだ。[10]

氏族が部族として団結し、部族がネイションとして団結し、個人の忠誠心を外へと広げていく統合のプロセスに、限界があるのだろうか？　周知のとおり、あるネイションがほかのネイションへの愛着を育むこともある。ちょうど、部族同士が愛着を育み合い、ネイションを形成するようになるのに似てくる場合もある。言い換えれば、英語圏のネイションがよく自分たちをそうみなすように、あるいはインドのヒンドゥー教の人々がそう考えることがあるように、〝ネイション集団〟というものが存在する。だが、こうしたネイション集団を結びつけるものは、やはり、現在共有する逆境によって復活し強化される、相互の忠誠心である。英語を話す人々の連帯感は、ファシスト勢力の枢軸に対する、あるいは共産主義国に対する共通の苦闘において最も顕著になる。またヒンドゥー教徒の相互の忠誠心は、イギリスとイスラム勢力の支配から自分たちを解放しようとする共通の苦闘において、力を発揮するようになる。[11]　しかしながら、全人類が相互の忠誠心を抱くというような傾向を、わたしたちはまだ見たことがない――それは、全人類が共有する逆境に立ち向かう状況でしか、形成されないものだろう。[12]

互いに抱く忠誠心

個人が抱く相互の忠誠心は、政治の世界で最も強い力を発揮する。引力が分子をまとめて、惑星、星系、銀河、銀河系を形成するのと同じように、相互の忠誠心が個人をしっかりとまとめて、家族、

氏族、部族、ネイションを作り上げる。ダーウィン的科学の影響を過度に受けてきた現代の作家たちは、これを生物学的な親族関係によって引き起こされたプロセスとして説明する方法を模索しがちである。だが、これはそうではなかった。戦争や病気を生き抜いて家族や氏族から切り離されてしまった人間は、やがて必ず新しい氏族や家族に属するようになり、自分の力をその家族や氏族にもたらし、代わりに彼らから庇護を受ける。そうすることで、失ったものに取って代わる相互の忠誠の絆を新たに築く。これには、生物学的な親族関係という結びつきは必ずしも必要ない。断ち切られた相互の忠誠の絆がこうして常に再生するということは、家族は血のつながらない個人を養子にすること、氏族は血のつながりのない家族全体を受け入れることが可能であり、現にそうしていることを意味する。これと同様に、ネイションは、外国人である個人や外国人の家族だけではなく、かつて外国人であったがもはや外国人とみなされない部族全体を受け入れる。[13]

　したがって、すべてのネイションが兄弟愛という比喩を用いて、それを構成する人々の間の相互忠誠という、家族のような関係を発生させる一方で、生物学的な本当の親族関係は、たとえそうであっても、あくまでネイション構築の原料にすぎない。[14]結局のところ、決定的な要因となるのは、ネイションを構成する人々の間で長い間苦難と成功をともにして築かれた、相互の忠誠の絆である。

　このように相互の忠誠の絆の絶えまない再生がほぼすべての人間に見られるということは、それを構成する個人がほかの誰にも忠誠を示さない社会はありえない、ということだ。これは、部族や氏族の伝統的な秩序が国民国家によって弱体化し、個人は常に自分の生命と財産の観点から考えるように

リベラル思想によって教えられている、現代社会においても当てはまる。[15] 現代でも、相互の忠誠の絆から構築された集団が、至るところに見られる。それは家族にとどまらない。地域の政治支部、教会やシナゴーグ、学校、その他共同体の組織は、今なおさまざまと昔の氏族を彷彿とさせる。ネイション規模では、影響力の大きい宗教結社、民族連盟、業界団体、職能団体が、ネイションの生活において部族のような役割を果たしているが、それはやはり、強い相互忠誠心をもつ部族であり、それぞれがほかの部族と競い合ったり提携したりしながら、自分たちに有利にネイションの針路を変えようと奮闘している。確かに、こうした団体には国家の成立よりも前に存在していた氏族や部族の強さとレジリエンスはない。このようなさまざまな団体は、（氏族や部族と比べて）個人がその団体に忠誠を誓うか否かを選択するはるかに大きな自由を認めており、また、互いに戦争をしているような政治的に独立した実体ではないので、構成員に求められる相互義務ははるかに少なくてすむ。それにもかかわらず、近代国家の下でさえ、その存在は家族だけではなく氏族や部族、ネイションのレベルでも個人が集団と提携しようとする不滅の傾向を示すものだ。[16] この傾向は、〝氏族〟や〝部族〟の一員が脅かされるとみるみる顕著になり、以前のように国民国家が自分たちを守ることができなくなったと部族がみなすと、かつての力を用いて再び幅をきかせるようになるのである。*

　家族、氏族、部族、ネイションを安定した永続的な組織にしている相互の忠誠の絆は、自らが忠誠を誓う集団に起きることを、自分自身に起きていることとして、人間に絶え間なく経験させる。そのため、自分の生命と財産を守ろうという動機どころか、人間は、自分が忠誠を誓う家族、氏族、部族、

ネイションの健康と繁栄を向上させることに絶えず関心を抱き、自らの生命と財産を危険にさらしてでも、それを守ろうとすることが多いのだ。

家族の〝健康と繁栄〟

家族、氏族、部族、ネイションの〝健康と繁栄〟とはどういう意味だろうか？　人間の集団を説明するために使われる用語と同じように、これらは個人の生活から引いた比喩である。とはいえ、こうした用語がわたしたちの注意を引く集団の特徴は、比喩を使って説明されているからといって現実性が劣るわけではない。

最初に家族について検討しよう。家族の健康と繁栄は、3つのことから成り立つと言える。1つ目は、身体的・物質的な繁栄である。これは、子どもが生まれて力強く成長し、家族が自由に使える財

＊この用法は、近代国家の社会ではややなじみが薄いが、局地的な組織を指す場合には「氏族（clan）」、ネイションへの影響力を争うほどの強い力をもつ大規模な集団を指す場合には「部族（tribe）」という言葉を使うことにする。わたしが「共同体」のようななじみのある用語ではなく、氏族と部族という用語を使うことにしたのは、経験的な政治理論に不可欠である集合体の階層的秩序の意味合いが、共同体という言葉には欠けているからだ。簡潔にするために、「家族（family）」、「氏族（clan）」、「部族（tribe）」、「ネイション（nation）」の4つの階層を用いている。だが、4つの階層を選択したのはいく分恣意的である。現実の政治社会では、政治構造の頂点に達するまでに、さらに多くの階層が存在することが多い。

産を獲得し、食料を生産したり入手したりする能力など、身体能力や生産性が年々向上することを意味する。２つ目は、家族が確固とした内的統合を保つことだ。つまり、家族が互いに忠実で、達成したことを称え合い、逆境にあっては自分の身が危険にさらされても互いを守る場合、家族が年齢や身分の違いをすんなりと受け入れており、相手に強制することなく、家族が一致団結して効果的な行動を取ることができる場合、また、家族の間で必然的に生じる競争や緊張が比較的平穏裏に行われ、家族全体に長期的な損害を与えない場合に、家族は健康だと言える。３つ目は、親や祖父母から子へと受け継がれる文化的継承の程度と質である。この要因はしばしば見落とされがちであるが、家族の健康と繁栄にとって、その他の要因に劣らず重要である。人間の家族の身体能力と内的統合は、古い世代が若い世代に受け継ぐ文化的遺産と、この遺産がどれほど首尾よく継承されるかに大いにかかっている[17]。

こうしたことは家族の健康と繁栄の尺度であり、個人の生活と財産に貢献するものについて個人が直感的に理解しているように、多少の程度の差こそあれ、それがどんなものなのか家族全員が直感的に理解している。さらに、家族の強化や弱体化を、個人は常に自分に起きていることとして経験している。だからこそ、家族の物質的な繁栄、内的統合、そして適切な文化遺産を子孫に伝える能力を守り築き上げていこうという行動へと、常に動かされるのである。実際、親が多くの時間を割いて行動に移すのは、そのような動機からである。家族を養うために、好きではない仕事に就く。家庭に平和が訪れるように、不幸な夫婦関係を修復しようと謙虚になる。教えられたことの価値を認識する能力

が低い反抗的な若者の指導に、長時間をあてる。それは、他人を助けたいという利他的な衝動からではなく、家族を強くすることを、自分自身を強くすることとして経験するからだ。

集団の〝健康と繁栄〟

人間のあらゆる集団の健康と繁栄は、家族の健康と繁栄とほぼ同じ方法で評価される。部族やネイションの健康は、たとえば、その物質的な繁栄、その内的統合、そしてある世代から次の世代へと引き継がれる文化的遺産の強さと質を見積もることによって評価できる。同様に、自らの部族やネイションに忠実な個人は、部族やネイションの隆盛と衰退を感じずにはいられないし、それが家族に起きるのと同じように、自分に起きていることだと感じている。だからこそ、部族やネイションが弱体化していると感じたとき、わたしたちが家族を強くするために行動するように、部族やネイションを強くしようと自ら立ち上がり、全身全霊で行動に移すのだ。利他主義からではなく、部族やネイションを強くすることを、自分自身を強くすることとして経験するので、そのような行動を取るのだ。

人間は、相互の忠誠の絆で結ばれた家族、氏族、部族、ネイションの健康と繁栄を常に望み、積極的に追求している。わたしたちは、その集団の物質的な成功を強く求めずにはいられない。それを構成する人たちが逆境でも互いに忠実であり、年長者や指導者を尊び、彼らの間で不可避の競争を平穏に実施すると確信することで、わたしたちはその内的統合を強化しようと努める。そして、その集団

の文化遺産、言語と信仰、法律と伝統、歴史観、そして世界を理解する独自の方法を、新しい世代に引き継ぐことに励む。驚くべきことに、この最後の関心事――集団の文化遺産の将来の世代への継承――は、子どもたちに食事を与え服を着せたいという欲求に劣らないほど強力な必要性として経験することが多い。貧困に苦しみほとんど飢餓状態に陥った家族であっても、親はこの遺産を子どもたちに伝えようとしてやまない。その人々が話す言語や、共同体が奉じる宗教、彼らが行う諸々の慣習上の権利、子どもの育て方に干渉するだけで、たちまち彼らの怒りを煽り、暴力寸前にまで追い込むことになる。こうしたことは、家族、氏族、部族、ネイションの内的統合と文化継承を侵害するので、彼らは恨みを抱き、激しい怒りが湧き上がるのだ。

　キリスト教もイスラム教も自由主義もマルクス主義も、いかなる普遍的なイデオロギーでも、集団を保護し強化したいというこの強烈な欲求を消し去ることに成功しておらず、それを大幅に減少させることにさえ成功していない。また、自分の命を守りたい、物質的状況を改善したいという個人の欲求が弱まることをわたしたちが望まないのと同じように、こうした集団の欲求が排除されたり、減少したりすることを望むべきではない。確かに、物質的な繁栄、内的統合、集団の文化継承に対するこの強烈な関心は、すべての家族、氏族、部族、ネイションを、目に見えない高い壁に囲まれたある種の要塞にする。しかし、このような壁は、人間の多様性、イノベーション、進歩のために必要な条件であり、こうした小さな要塞のおかげで、特別な遺産や貴重な文化を、邪魔をされずに繁栄させられる庭に隠すことができる。その内部で、独特で異質性のあるものに対して、何世代にもわたり試行錯誤

を重ねられる空間が与えられる。内部では、この家族や氏族、あるいは部族のなかだけで行われ、ほかのどこでも話されておらず行われていないことに、成長し成熟するための時間が与えられており、それは集団のさまざまな人々の性格に根を張るにつれて、堅固で強力になる。やがて、家族から氏族へ、氏族から部族、そしてネイションへ、そこから地球上のすべての家族へと、外部への道を切り開く準備が整うまでになる。理解の向上や、産業、法律、道徳、信心の向上をもたらしたすべてのイノベーションは、この種の発展の成果であり、人間の小さな集団独自の継承として始まり、その後外に向かって放たれた。それと同時に、部族の言語と文化の要塞の壁は、目新しいものが急速に広がらないための役割を果たし、誤ったものや破壊的なものが、全人類の手に渡る前に試行錯誤され、欠けている部分を見つけ、自然消滅するまでの時間を与えている。

第10章

国家はどのように生まれたのか？

赤ん坊はどうやって生まれるのかと子どもに聞かれると、母親はこんなふうに答える。時が来たら、コウノトリが赤ん坊を家の前まで連れてきてくれるのよ、と。

これが真実だと信じている親はいない。では、まるで真実であるかのように話すのはなぜだろう？それは、一部の親の目からは、その真実が醜く不快に見えるからではないだろうか。この罪のない嘘を子どもに話すとき、世界が現実よりも美しく見えるようにと親は願っているのだ。真実を知ったら悩んだり怖がったりするかもしれないので、子どもたちを守ろうとしているのだ。

おとぎ話を植えつける

同様に、政治や法律、哲学などの講師が、国家がどのようにして誕生するのか生徒に教えるとき、こう伝える。完全に自由で平等な状態で生活するとき、個人がほかの無数の人々とともに政府を形成し、その命令に服従することに同意するのだ、と。[18] これが真実だと信じている大学講師や社会科教師はいない。それなのに、あたかもそうであるかのように話すのはなぜだろうか？

この場合の答えは、赤ん坊のときよりも難しくなる。コウノトリの話と同じように、この非現実的な話で学生に統治論を紹介するという伝統は、学生の心を醜悪で不愉快な真実から守っているとも言える。だが、似ているのはここまでだ。コウノトリの物語は、子どもたちを子どもらしい無邪気さのまま少しだけ長くとどめておくことを目的としているにすぎず、ある時点で親が真実を教えることはわかっている。一方で、国家がどのように誕生したかという話は、まず高校で、次に大学で、そしてロースクールや大学院で、教育のあらゆる段階で、何度も何度も年若い男女に印象づけられる。やがて彼らは国会議員や、法律の専門家、著名な学者になるが、この話は彼らの政治生活の思想に定着し、本当の理解が占めるはずの脳内領域を、このおとぎ話が占めているのである。そのため、内政でも外交でも、多くの重要な取り組みにどれほどのダメージが与えられているのか、わたしたちは毎日のように目の当たりにしている。依然としてこの虚構に頼る政治家が国家を代表して意思決定するなど、現実に行動を起こしているからだ。この点については、ジョン・セルデン、デイヴィッド・ヒューム、アダム・スミス、アダム・ファーガスン、エドマンド・バーク、ジョン・スチュアート・ミルなど、この問題に経験的にアプローチしようとした事実上すべての政治理論家が、精力的に主張してきた[19]。国家が個人の同意によって形成されるという虚構から解放されずして、政府の原則について知的に考えることは不可能である。このような虚構の見解は、国家がどのように生まれるのかという事実を隠すものであり、そのために、国家が時間を経てどのように存在し続けるのか、何が国家をまとめて、何が国家を破壊するのかについて理解しようとしても、混乱が生じるのだ。

氏族・部族の秩序から国家へ

国家はどのようにして誕生するのか？　これまで述べてきたことを踏まえれば、トマス・ホッブズやジョン・ロックが思い描いたような、個人が自分自身にだけ忠実な「自然状態」は存在しなかったことがわかる。人類がこの地球上で暮らしてきた間はずっと、人間は自分たちの身の防御を、自分たちの間に正義を、そして神々の前での感謝の儀式を提供してくれた、より大きな家族や氏族、部族に忠実であり、それぞれが独自の習慣に従ってきた。このような部族と氏族の秩序こそが、実は人間の本来の政治秩序なのである。この政治秩序の形態をどのように考えればよいのか？

そもそも部族や氏族の秩序は国家ではない。確かに、氏族や部族は、防衛や正義、宗教など、国家と同じ問題に関心を抱いているのは事実である。だが、人間の政治秩序の原型は、厳密な意味では無政府状態であり、恒久的な中央政府なしに機能するという意味で、国家とは区別される。常設の軍隊や警察はなく、それを維持するのに十分な税金を徴収する官僚機構もなく、したがって、武力によって課せられる命令を発行する能力をもつ者もいない。各氏族や部族には頭《かしら》や長がいる。しかし、その意志を実行に移す専属の武装勢力がなければ、そのような氏族や部族の長は、仲間が彼に従うことを望んでいない場合に強制する力はほとんどない。氏族や部族を一体になって行動させるものは何だろうか？　1つ目は、指導者が与えられた問題を正しく決定したという氏族や部族の間の合意。2つ目は、そのような合意がない場合、その指導者に対する氏族や部族の忠誠心。そして最後に、その決定

に賛成する者と、忠誠心からその決定を受け入れる者が連携し、その決定に対して不確かな姿勢でいる者に加える圧力だ。[20]

簡単にわかることだが、無政府状態の政治秩序の利点は、無政府状態の政治秩序の不利な点と同じところから生じる。無政府状態の秩序は、徴税したり、大規模な建設事業や戦争のため人々を徴用しない秩序である。つまり、各家族や氏族には、国家の成立後には無縁の自由があり、各家族や氏族、部族は、それぞれが適切だとみなす大規模な集団的目的に参加する。その一方で、防衛は、荒っぽく統制のとれていない民兵を基盤とし、正義を達成するまでに非常な困難が伴い、宗教的慣習は自主的に維持されているだけだ。部族や氏族が共通の習慣や互いへの忠誠心を失うと、部族間の争い、不正、外国人に対する敗北などが必然的に起こり、誰も問題を正せない状態に陥る。[21]

国家は、部族と氏族という古い秩序が相対的に弱体化したところから生まれた。これは政治秩序の恒久的修正であり、部族や氏族の上位に永続的な中央政府を導入したものだ。これには、平時に解散することのない専門的な軍隊の構築、そのような武力を維持するのに十分な税金を徴収できる官僚機構、必要に応じて武力によって課される命令を発行する権限をもつ支配者または政府が含まれる。このような政府は、前例のないほどの権力を少数の個人に集中させている。その権力を用いて、外敵から部族を守り、部族間の紛争を解決するか鎮圧し、統一した宗教儀式を国家規模で制定することができる。

だが、必然的に氏族や部族の自由を奪い、彼らにこれほどの重荷を課すような国家が、いかにして

誕生することができたのか？　それには次の２つが知られている。

１つには、被支配者の協力が自発的に政府に委ねられる、自由国家の成立という可能性がある。これは、部族間の共通の絆と共通の必要性を認識する部族の連合体の長が、ネイションの常備政府を設立するために団結した場合に起こりうることだ。このような場合、部族長自身がネイションの支配者の選出に加わり、重要な決定がなされるときはその評議会の席に座る。こうして、個人の忠誠心は、親や部族、ネイションに対する忠誠心から国家に向けられるので、政府からの要請があれば、個人はこのような理由から苦しみと犠牲に耐えることになる。さらには、ある時点で政府に仕えている特定の人物や、その人たちが決定した特定の政策が、たとえ個人の意向に沿わない場合でも、こうした個人の国家への忠誠心は現れるかもしれない。ネイションへの忠誠心とその統一性を維持したいという猛烈な欲求が個人を動かして、いずれ優れた指導者や政策が登場することを期待しながら、ネイションの政府が決定した戦争で戦い、その法律を守り、引き続き税金を納めるのである。[22]

さまざまな国家の形態

このような国家が設立された事例は、歴史上数多くみられる。部族の統一により国家が設立した例として最も有名なものは古代イスラエルで、国民国家のモデルとなった。[23]アテネの国家は通常「都市国家」と呼ばれているが、実際には多くの氏族が統一されることで誕生した。したがって、これは部族国

家と認識すべきである。つまり、ギリシアの特定の部族の国家なのだ。アテネは常備政府が統治するに足るだけの結束力があったが、ギリシアの他部族からの独立も維持しており、[24] 独立した部族に分断されたままのより広いギリシアのネイションが存在していた。イスラエルとアテネの国家は、こうして全体的に自由国家として機能しており、人々のネイションと部族に対する忠誠心のおかげで存在が可能となり、国家に必要な結束力がもたらされた。また、アルフレッド大王の下で統一されたイングランド王国の成立や、ネーデルラント連邦共和国の下でネーデルラントの諸部族が国民国家としてまとまったこと、アメリカ大陸のイギリス植民地による統一国家、すなわちアメリカ合衆国が樹立されたことにも、同じことが言える。部族の指導者たちが自由国家を作ると決断したことに従って、敵対する諸部族が1つのネイションの政府の下で統一されたことにより、このような、またその他あらゆる自由国家が誕生したと見ることができる。

もう1つは、国家が専制国家として成立し、維持される可能性である。これは、氏族や部族が自由を維持するために自発的に団結したのではなく、それどころか意志に反して、征服者によって服従させられている国家のことだ。この場合、国家の支配者は、個人が相互の忠誠の絆で結ばれている部族やネイションの指導者によって選ばれるのではない。むしろ、部族の忠誠がまったく得られない、外国人や簒奪者が支配者になる。よって個人が忠誠を誓う部族からは、国家に忠誠を誓うべき理由は何ら示されないので、個人は自発的に戦争に行ったり、法律に従ったり、国家に税金を納めたりすることはない。このような結束力がない場合に必要なのは、実際は忠誠心などないのに忠誠心を抱いている

かのごとく行動するよう個人を強制する力である。真の結束力が存在しないのに、このような見せかけの結束を押しつけることができる唯一の政府形態は、暴政である。広まる異議を武力とテロによって弾圧し、大部分の国民を兵役やその他公共事業に就かせ、賄賂で動くような人に贈賄するために徴税できる国家である。

ここまで、国家がどのように誕生するかについて述べてきた。国家の成立は、あるネイション内の氏族や部族の連合によって自由に政府が樹立される場合と、征服による場合がある。実際には、国家は両者の組み合わせで成立することが多く、一部の部族や氏族は自発的に加わるが、ほかの部族は強制されて加わる。しかし、この2つの説明やそれらを組み合わせた説明は、ホッブズやロックの理論で説明される国家の成立とはいかにかけ離れているかに注目してほしい。ホッブズやロックのような哲学者たちは、国家を成立させる作用は各個人の同意であり、その同意の動機は、国家の成立によって個人の生命と財産が最適な形で守られるという目算だと主張する。だが現実には、そのような同意も目算も存在しない。征服される場合、一般個人の同意はまったく関係がない。また、ネイションの部族が統一されて自由国家が形成される場合でも、それが成立するのは、部族間の平和の構築と、外敵の脅威に直面した際に共同で独立と生命を確保することを目的として、部族長の間に相互の忠誠の絆が確立されているからだ。一般大衆の個人は、ほとんど接触できない協議の場で決定されるネイションの統一と独立に同意するようには求められず、たとえ指導者の決定に疑問があったとしても、原則として部族への忠誠心から国民国家へ忠誠を示す姿勢をとることになる。このように、自由国家の誕生に決

定的な影響を与えるのは、部族の指導者が理解しているように、部族とネイションの利益と願望なのだ。

第11章　事業と家族

トマス・ホッブズやジョン・ロックから引き継がれる政治哲学の永続的な弱点は、この1つの大いなる偽りのせいである。つまり、政治生活は主に、またはもっぱら、自分たちの安全性を高め、自分たちの財産を守り増やすものに関して同意した個人の目算に基づき、統治されると見せかけたことだ。言い換えれば、リベラリズムの哲学は、相互の忠誠心という動機を無視し、その結果、政治的事象で作用する最も強い動因を抑圧しているのである。

この偽りを政治哲学の基礎として取り入れた結果は、2つの小規模な組織を比較することで理解できる。それは企業と家族である。(25)

企業を支えるもの

物質的繁栄を促進し財産を守り増やすものに関して、主に個人の評価に基づき管理され、こうした目的を共同で達成するために他者との合意条件に継続的に同意することによって管理される組織があることに、疑いの余地はない。企業とはそのような組織である。工場や店舗、投資会社が設立される

場合、その目的は事業に加わることに同意した個人の生活と財産を養うことである。貧困状態に近い人にとって、これは最低限の衣食住を賄える賃金を稼ぐことを意味する。経済的に恵まれている人にとっては、事業拡大や新規事業起ち上げ、および教育や贅沢品、慈善事業などに使える財産を蓄えることを意味する。

当然ながら、確かに、企業はときに従業員の忠誠心を呼び起こすこともできるし、会社は1つの家族のようなものだと訴えて、その忠誠心から利益を得ようとすることも多々ある。だが、これによって、従業員の福祉と財産の向上を目的にするという合意に基づく契約としての事業の基本的性質は変わらない。そして一般に、事業に従事する者はみな、この意味で個人的に利益があるとみなしている限りは、事業に加わるのだ。これはつまり、事業に参加する者を互いに結びつける絆は、本質的にきわめて弱いということだ。たとえば従業員、あるいは企業のパートナーが、企業にとって大いに役立つ人物として長年称賛されたとしても、彼らがいないほうが成功するかもしれないと企業の経営陣が思うようになれば、感謝状さえ贈られずに企業から追い出されることもある。同じように、従業員やパートナーも、より高収入のチャンスが目の前に現れた途端に、会社を辞めることも多い。

また、事業を支える絆の弱さは、従業員の退職や解雇のしやすさだけに表れているわけではない。残った人たちは、継続中の同意に基づく人間のつながりが変化しやすく儚いことに影響を受けて、その事業に注ぎ込む自らのエネルギーや時間を制限するのだ。よって、雇用主である工場や店舗、投資会社のために自分の人生を投げ出すことをいとわない人は稀有な存在であり、それは事業の所有者に

も当てはまるだろう。ともあれ、後日損失を回収する可能性が低いことが予測される場合に、事業のために金銭的損失を被ることさえいとわないような人は、実業家でもなかなか見つからないだろうし、ましてや従業員ならなおさらだろう。

これを家族と比較してみるといい。事業と同じように、家族もまた、合意——結婚の合意——に基づいており、相互が同意して始まるものだ。また事業と同様に、家族も経済的事業として運営されており、家族を構成する者に身体的福祉と財産を提供しようとする。しかし、家族は事業とはきわめて異なる目的を達成するために構築されており、だからこそ、まったく異なる種類の人間同士の絆を築くことができる。

家族を支えるもの

家族は何のために築かれるのか？　結婚している人のほうが、未婚の人よりも、健康で豊かな生活を送っているというのは事実かもしれない。けれども、結婚すれば個人の健康と繁栄に役立つというだけで、男女が結婚して子どもを生み育て社会に送り出し、結婚生活と子どもを成人まで養育することに伴う長年の苦難と犠牲に耐えているわけではない。家族の目的は、むしろまったく別のものだ。結婚と家族は、親や先祖から受け継いだ遺産を別の世代に引き継ぐために築かれる。この遺産には、生命そのものと、おそらくはいくばくかの財産が含まれているが、生き方、信仰や言語、技術や習慣、

そして各家庭に固有でほかの家庭にはない理想や価値観の理解なども含まれている。男と女は協力して、両親や祖父母から受け継いだものを結びつけ、それぞれが受け取った最高のものを組み合わせた遺産を、彼らの子どものために編み出し、可能であればそれを改善する。こうした努力を理解するには、家族というものは、親や先祖から遺産を受け取ったという借りを彼らに返すために設けられたものであり、その借りは、遺産を受け取る新しい世代、また可能であれば次にそれを改良する新しい世代を育てることによってしか返すことができない、と考えることも1つの方法である。

　このようなことは、数年、もしくは20年でも達成できる目標ではない。親が幼年期の子どもの成長に与える影響に注目が集まりがちだが、それにはもっともな理由がある。あまり注目されていないことだが、親が子どもに授けることのかなりの部分は、子どもが25歳や35歳になるまでは、子どもに理解されないのだ。子どもが自分の子どもをもつようになると、親から得られる継承物を手に入れる必要性が、また手に入れたいという欲求が、ようやく大きくなる。親は子どもに対して責任があるだけではない。子どもの子どもが成人して、親が示した手本や会話から必要なものを見つけられない場合、あるいは見つけようとしない場合、祖父母に答えを求めることがよくある。要するに、家族という庭を耕す仕事は、死や病気のときまで、決して終わることがないのだ。

　では、これが意味することを考えてみよう。前述したように、企業で引き受けた責任は継続的な同意に基づいており、利益がコストを上回るかどうかを判断するために定期的に再評価される。この冒険的事業に参加しているすべての者は、いつでも関係終了の意向を発表し、迅速に未解決の責務の結

末をつけて、全業務を終了させることができる。これとは対照的に、子どもをこの世に生み出したことで負う責任は永久に続くのであり、わたしたちが同意するか否かにかかわらず、残りの人生の間ずっと効力が継続するのである。確かに、大概の場合、夫婦はある時点で子どもを産むことに同意した。しかし、この最初の同意から間もなくして、子どもを育てることに伴う困難は、若い恋人たちが当時同意したはずのものとは、似ても似つかないものとなる。そして、子どもを育てるというプロジェクトは、当初は想像もしなかった苦労や痛みなど、数十年の間に次々と驚きをもたらす。そのうえ、以前下したこの決断を見直すことはできず、耐えるべき苦痛と子どもがもたらす恩恵を秤にかけた最新の評価に基づいて同意を更新する機会は、両親にはない。反対に、親の同意の有無はその後継続する責任とは無関係であり、子どもを健康に育てよう、子どもに伝えようと粘り強く努力する親を動機づけるのは、同意とはまったく別物である。親を動機づけるものは忠誠心であり、親が子どもを自分自身の一部として理解しているという事実である。ある哲学者が考えるように、20年間だけではなく、残りの人生ずっと、永遠に、子どもは自分自身の一部だと親は考えるのである。

似たようなことが、夫婦の関係にも言える。確かに、あるとき2人は結婚することに合意した。けれども、彼らがともに人生で経験することは、楽しみや喜びだけでなく、2人とも夢にも思わなかった悲しみや苦難も含め、結婚当初に想像していたようなものではない。それでも2人が一緒にいるのは、数カ月や数年ごとに最初の同意が更新されることになっているからではない。むしろ、互いの忠誠心によって維持されているのだ。それは相手が自分の一部であるという認識であり、子どもが成人

するまでだけではなく――それは結局のところ、親の負担の最初の部分にすぎないのだが――その後の残りの人生もずっと自分自身の一部であるという認識である。

この事業と家族の区別は極端だと異を唱える人もいるだろう。結局のところ、ビジネスパートナーに忠誠心があるように、家族にも離婚や別居がある。理論上の話ではなく、現実の人間が置かれた特定の状況を考える場合、このような注意事項は確かに重要である。とはいえ、企業と家族がまったく異なる組織ではなく、2つの理想的なタイプの対極にある組織だということを理解しなければ、政治的領域を理解することは望めないだろう。すなわち、企業は個人の自由、計算、同意が最も役立つ人間生活の領域で活動している。家族は、忠誠心、献身、制約が最も役立つ領域で活動している。企業は、それに加わる人々だけでなく、より広範囲なコミュニティに大きな物質的利益を与えることができるので、自分が同意した以外のあらゆる制約から自由であるかのように個人が振る舞うことが奨励される起業家倫理を、わたしたちは許容する。しかし、事業の領域の過度の自由と混乱は、親と子、夫と妻、兄弟と姉妹、祖父母と孫の間の関係においては、無価値よりさらにひどいものだ。家族の領域内では、信頼できること、逆境に直面しても真実を貫くこと、何もかも一新してスタートを切りたい衝動に抗うことが主に必要とされ、その他すべての美徳の根源となる。親、妻、子どもたちを定期的に評価し、自分の利益にならないと判断したら、ほかの人ならそうするかもしれないように彼らを見捨てるという、事業に利益をもたらす原則によって家族生活を取り仕切るのは愚かなことだろう。事業で最大の繁栄をもたらすそうした態度や行動は、家族を完全に破壊するものである。

ネイションは企業か家族か

では、氏族や部族、ネイションについてはどうだろうか？　このような集団は、規模こそ大きいが、家族と同じ種類の集団だ。それにヘブライ語では、このような大きな集団は「地上の家族」と呼ばれている。[26] 家族と同じように、このような集団の目的は親や先祖から伝えられた遺産、つまり生命や財産だけでなく、生き方や信仰や言語、技術や習慣、理想や独自の理解、他者にはないものなどの遺産を、別の世代に引き継ぐことにある。やはり家族のように、このような集団は、それを構成する人々の間に築かれた強い忠誠心の絆によって発生し、維持されている。さらに、部族やネイションが自由国家として構成されており、進んで法律を守り、納税し、兵役に就くという、個人の忠節の義務を享受している場合、その個人を家族や部族、ネイションと結びつける相互の忠誠の絆があってこそ、このようなことが起きる。なぜなら、国家の法律を守り、国家に税金を納め、兵役に就くという習慣は、その家族、部族、ネイションからしか受け継いでいないからだ。そうでなければ、これは個人には考えられないような異質なものばかりだ。このように、自由国家の基礎となるものは、企業において重要になる同意という弱い絆ではなく、家族の特徴である相互の忠誠という強い絆なのだ。

　哲学者が個人の自由や目算、同意を国家の基礎にしようとする場合は、国家を大企業として見るように求めている。哲学者は、市場の行動を表すために開発された理想型を政治領域に移して、その型で経済行動が理解できるのだから、同じように政治行動も理解できると仮定しているのだ。しかし、

自由国家は企業ではない。自由国家は、実務的な目算や、構成者間で継続する同意ではなく、彼らの間に持続する相互の忠誠という家族的な絆に基づいて構成され、時を経ても存在し続けている。国家の財政業務が経済学から導き出された用語で理解され、自発的な移民や国外への移住が、国家に加わるかどうかに関する個人の選択を反映していることは、事実である。だが、こうしたことが、自由国家を企業のような組織にしてしまうことはない。家族にも、経済用語で理解しなければならない財政事情はある。家族でも、血のつながりのない者を養子にすることもあるし、疎遠になり付き合いがなくなる家族の一員もいる。しかしながら、こうしたことは、家族の基本的性質、つまり家族を構成する者の間に持続する相互忠誠の絆に基づき築かれ、時間を経ても存在し続ける性質に影響を与えるものではない。規模はさらに大きくなるが、自由国家もまた、同様に構成員間の相互の忠誠の絆によってのみ構成され存続可能となるので、この点において家族と同種の集団である。

第12章　帝国と無政府状態

ほとんどの時代や場所で、人類は無政府状態の政治秩序の下で暮らしてきた。これはつまり、常備政府や支配者が存在しない、家族や氏族、部族のゆるやかなヒエラルキーのなかで生活してきたことを意味する。しかし、大規模農業が行われるようになると、莫大な富が蓄積されるようになり、初めて専門的軍隊によりその意志を貫くことのできる常備政府の樹立が可能になった。言い換えれば、部族や氏族の秩序を、新しい種類の政治秩序、つまり国家の秩序に置き換えることが可能になったのである。その移行はすぐに生じたわけではなかった。最初の国家は「都市国家」であり、都市中心部に築かれた部族政府の下で、多くの氏族が団結していた。このような都市国家では、競合する氏族の強さをあらゆる面で感じられた。だが、こうした都市が、常備軍を指揮する支配者を支える手段をもつようになると、隣国を併合して自国を強化することをすぐに夢見るようになった。サルゴン王は、当初はわずか数千人からなる常備軍を用いて、紀元前24世紀にシュメールとアッカドの都市国家を次々と征服し、やがてメソポタミア全土を支配して「四方界の王」を宣言するまでになった[27]。その手で世界を統一支配し、世界に平和と繁栄をもたらそうとしたその他帝国の無数の王たちが、このような世界征服の野望を抱いて、サルゴン王の後に続いたのである[28]。

支配をしない国家はあるか？

では、どんな国家でも世界を支配しようとするのだろうか？　帝国同士の果てしない争いのなかで、敗戦によって決まる境界線以外に、国家が設定できる妥当な境界線はあるのだろうか？

この問いに答えるためには、個人が忠誠心を抱くと想定される集団の大きさという尺度に沿って、政治秩序の形態をいくつか並べてみるとわかりやすいだろう。一方の極には、帝国の理想があると言える。帝国には原理的に境界線がなく、帝国下の個人は、今はそうでなくても将来的には地球上の全人類を包摂するだろう集団に忠誠を抱くよう期待される。他方の極には、無政府状態がある。この場合、中央集権的な国家は存在せず、個人の忠誠心は、家族や氏族、村、荘園、ギャングなど、個人的になじみのある人々で構成された、境界のある小さな集団に向けられる。

こうした秩序形態の違いは、規模の違いだけではないことに注意されたい。本質的な違いがある。帝国の秩序と無政府の状態の秩序は、まったく異なるものに向けられた忠誠心に基づく。無政府社会の秩序や封建的な秩序は、なじみのある個人間の相互の忠誠関係の上に築かれている。[29] わたしの氏族の長や荘園領主は抽象的な存在ではなく、その寛大な振る舞いや援助に感謝して忠誠を誓う、実在の人物である。わたしは彼の必要とするもの、苦難、成功を認識しており、彼を助けるために、多少なりとも、実際に何らかの役割を果たせる。彼はわたしの要求や苦労に気づいており、何らかの方法で助けようとして介入する瞬間は、わたしにとって大きな意味がある。そして、わたしの氏族の長や荘

園領主が、その部族長や領主への忠節を撤回するような困難な日が来ても、わたしやわたしの共同体の人々のために多くのことをしてくれた、この人物への忠誠心が揺らぐことはないだろう。一方、帝国下では、わたしの忠節は、何よりも帝国そのものに、そしてそれが代表するはずの全人類にある。帝国もまた、わたしが忠節を誓った人物――皇帝、王、あるいは大統領――によって支配されている。だがこの支配者は、無政府状態の場合のように、なじみのある人物ではない。皇帝は個人としてのわたしについて何も知らず、わたし自身を皇帝に知ってもらうことも、わたし自身のことを皇帝に心配してもらうこともできない。わたしは皇帝から個人的な援助を受けているわけではないし、彼の悩みを彼にわかるような形で援助しているわけでもない。皇帝はあまりにもかけ離れた存在であり、わたしにとっては抽象的な存在にすぎない。同様に、皇帝にとっても、わたしは抽象的な存在にすぎない。そして、皇帝がその支配を広げてきた領域の人々も、わたしにとっては抽象的存在でしかない。

　無政府状態では、わたしの忠誠心はなじみのある個人に向けられるが、帝国では、わたしが忠誠を誓うのは抽象的存在である大人物である。[30] この違いから、帝国の秩序において無政府状態が最大の悪とみなされる理由が理解できる。それは、大いなる抽象概念を世界にもたらす皇帝の世界意識に、また皇帝がこのようにして提供する世界的な平和と繁栄に、膨大な数の一般大衆が自分たちの平和と繁栄を依存することが、帝国の前提だからである。帝国への忠誠よりも、自分の族長や領主という身近な個人への忠誠を優先させることで、人は事実上、世界秩序への義務と、この世界秩序から利益を得ているとされる、大勢の見知らぬ人々への義務を放棄する。このようにして、その人は、帝国だけで

なく、人類の敵となるのである。同様に、無政府状態の秩序に関与している人たちが、なぜ帝国の侵入に対してそれほどの恐怖を抱くのか、理解することができる。彼らを保護しその要求を気遣うなじみのある個人への忠誠よりも、帝国への忠誠を優先するように求めることで、こうした帝国はまさに、社会の基礎としての役割を担ってきた具体的な個人への愛着を切り離し、裏切るように要求しているのだ。

　このような観察から、帝国と無政府状態は、単に政治権力秩序が競合する形態であるだけではないことがわかる。どちらも、それぞれが根ざす道徳的秩序からその正当性を引き出す、規範的秩序の原則であるのだ。これは、帝国と無政府状態の擁護者たちが、それぞれの秩序が提供する実用的な利点だけでなく、それぞれの道徳的正当性と道徳的拘束力の観点から自分たちの見解を示すという点で、わたしたちの経験とも一致する。こうした規範的秩序の原則は、次のように考えることができる。

　無政府状態では、自分の忠誠心や政治生活そのものが、援助を受けた身近な個人への感謝という道徳的な原理に根ざしている。個人は家族や氏族の保護の下で生活する。これには、物資の入手、他人の不正で被った被害の救済、外敵からの防衛、祖先から受け継いだ技術や伝統の教育、神々に訴える儀式などが含まれる。こうしたものを与えてくれた人物への感謝と尊敬の念から、個人は、家族や氏族の長から課された奉仕をする。このようにして、個人は必要なものをすべて手に入れ、生活を築き提供してくれた人物に対するその個人の義務は、完全に果たされるのである。

道徳的根拠をもとにした行動

このような政治の道徳的根拠には説得力があり、かつ明白だが、無政府状態の秩序および封建的秩序を維持する難しさは、よく知られている。そもそも、無政府社会に生きる氏族と部族は、彼らの間でいつ戦いが生じてもおかしくないような状況にある。戦争は社会の周辺で行われていると考えがちだが、至るところで人々の生活の中心に持ち込まれる。同様に、無政府主義社会は、対立する個人や集団の主張を解決するために、巧妙な解決方法を考案できるし、現にそうしているが、そのような裁きは、戦争の脅威に訴えずに強制することが難しい場合が多く、そのため、裁き自体が氏族や部族間の力関係に束縛される。さらに、氏族を統治するとき、なじみのある個人が果たす役割は絶対的な善ではない。個人的側面が局地の支配に持ち込まれるということは、族長や領主との個人的関係の良し悪しが、生活のあらゆる面に影響を与えることを意味する。結果として、どれほど重大な問題であっても、かつて受けた侮辱的言動やその他無関係な問題から生じた偏見に基づいて決定が下されることがあり、嘆願が受け入れられる可能性もない。最後になるが、無政府状態の秩序において各氏族や部族に自由が与えられているということは、彼らが協調的な防衛行動を取ることは難しく、統一された指揮下にある常備軍をもつ侵略国家の規律ある軍事行動に直面すれば、いずれ防衛できなくなるということだ。

一方、帝国秩序においては、すべての政治生活は、見ず知らずの人類の統一という道徳的原理に根

ざしており、これは各個人が人類共通の福祉のために義務を負うということである。帝国が野蛮な領域、「戦争の領域」とみなす、氏族と部族の無政府状態の領域を征服することで、平和と繁栄の領域が生み出される。帝国は、氏族や部族の秩序の下で支配された土地を征服することによって、こうした領土から戦争をなくし、遠く離れた国境にまで戦争を追いやり、人々の間に公平で普遍的な法則を確立する。そして、この平和と普遍的な法則を用いて、帝国主義国家は広大な領域を農業、工業、貿易に開放し、万人に経済的繁栄をもたらす。この平和と繁栄こそが、帝国の法律や戦争に道徳的認可を与え、これが全人類に利益をもたらすとされている。[31]

無政府状態の秩序の場合と同様に、帝国の道徳的根拠は、少なくとも最初は説得力がある。だが、これにも難点がある。第1に、見ず知らずの人類の統一という原理が国家の中心に埋め込まれている場合、帝国の言う〝平和の領域〟を拡大するためには、必然的に征服や遠方の人々の服従、彼らの生活様式の破壊を生み出す。これは、帝国が外部の者に対して、ある時点で慈悲深いように見える場合であっても当てはまる。なぜなら、人類統一の原則は、外部の者に対していかなる礼譲も一貫して認めないからである。政治問題に対応するうちに、近隣の氏族や部族は、遅かれ早かれ、土地や資源、政策をめぐりどうしても帝国と対立するようになる。しかし、あらゆる資源は当然全人類のものとみなし、自分たちを人類の福祉のための責任者とみなす帝国の考え方によれば、反対派の氏族や部族の〝鎮定〟と、争点となる土地や資源の併合以外に、このような対立におけるいかなる結果も受け入れることはできない。このような征服は、ほかの氏族や部族から自由を奪うことになり、恐ろしいほどの人

命の犠牲を伴うことが多い。征服と荒廃という忌まわしい行動パターンが横行しても、帝国にはそれを防ぐ内部原則がないので、このパターンが繰り返されることを防ぐには、帝国が周囲にどの程度圧力をかけられるかにかかっている。

さらには、軍隊や要塞、宮殿、寺院、官僚機構の維持のために帝国が課す負担も同様に厄介である。公共事業や兵役のための課税や徴用は、災難ではないにしても、個人が背負う重荷となっている。自由と自決の生活に慣れた部族や氏族の視点からは、帝国秩序自体に人々を奴隷化する性質があるように見えるのも確かである。

加えて、帝国が課す平和と繁栄のレジームには、非常に特殊な性質がある。全人類に法則を与えると主張する帝国は、当然ながら、人間の要求と義務という抽象的なカテゴリー、つまり帝国の目からは〝普遍的〟なカテゴリーに、関心を抱いている。しかし、これらのカテゴリーは、それらが適用される特定の氏族や部族の状況や利益、伝統や願望とは、常に切り離されている。そのため、特定の氏族や部族から、帝国の法則は構想的に問題があり、不公平で、不条理だと思われることが多い。しかも、帝国が掲げる人類の要求への関心という前提は、独自の利益と野望を主張する氏族や部族に抗議する立場を与えないので、帝国の秩序は偏狭で人類全体の利益に反するという印象は避けられない。このように、理論的には崇高な人類統一の原則は、人類を速やかに2つの陣営に分ける。1つは、何が有益で正しいか判断するために帝国のカテゴリーを採用するという点で、人類の善を支持するとみなされる人々だ。そしてもう1つは、部族の慣習的なカテゴリーの視点で考えることを主張するという点

で、人類の善に反対するとみなされる人々だ。帝国は常に後者のカテゴリーを原始的で野蛮だと非難する。

人類統一への願望

帝国の法則と、部族の伝統と理想との間に生じる衝突から、わたしたちは、おそらく帝国が直面している根本的なジレンマ、すなわち、人類を統一しようとする願望が経験的人間性といかにして折り合いをつけられるかという点に注目する。これまで指摘したように、帝国では、個人は原則として地球上のすべての人間を包摂する集団への忠誠を築き、それを表明することが求められる。だが、なぜ個人は相互の忠誠の絆をここまで発展させなければならないのだろうか？　外部の脅威から集団に属する人々を守ろうとするとき、忠誠心が最も特徴的に表れることに、わたしたちは気づいた。口論していても、夫婦が逆境に直面すると、その後は一致団結して目の前の課題に立ち向かう。同じように、ネイションを構成する部族は、競い合っていても、危険が迫ったときにはともに防衛するために団結する。[32]では、地球上のその他すべての人間に対する個人の忠誠心は、何によって確立されることになるのだろうか？　統一行動を取るべき根拠となる共通の脅威がない場合、全人類を統一しようとする呼びかけは、空虚だというだけでなく始末が悪い。ある部族やネイションが、ほかの部族やネイションとの対立で直面するかもしれないまさに現実的な危険性を、偽善的な作り話としか思えない共通の大

義の名の下、軽視する事態を招いてしまう。[33]

　人間はネイションや部族に関係なく、見知らぬ人に同情を示したり、親切にしたりすることはもちろんある。だが、このような動機は、わたしたちがいくらそれを良しとしても、長くは続かない傾向があり、政治秩序の基礎となる相互の忠誠の絆にはかなわないのである。[34] それに、わたしたちが全人類への忠誠の絆に動かされて行動に移すことは、ほとんどないのが現実である。それでも、帝国はある程度の相互の忠誠の絆の上に築かれなくてはならない。そうでなければ、帝国の兵士たちは、そのために戦い、死のうとはしないだろう。帝国が何らかの形で利用している報酬も、暴力による脅しも、帝国の長期的維持のために頼れないことがわかっている。では、帝国を結びつける忠誠の絆とは何なのだろうか？

帝国の秩序のみが正しいとは言えない

　実は、有史の幕開け以来、帝国の政府と軍隊は、単一のネイションの構成員を束ねる相互の忠誠心の絆の上に築かれてきた――つまり、帝国を構成する支配的なネイションの忠誠心である。[35] これは、ペルシャ人、ギリシア人、ローマ人、スペイン人、フランス人、イギリス人も同様であり、所定のネイションがその他多くのネイションを支配する広大な帝国を築いていた。どの場合も、支配的なネイションは、征服した人々に対して、およびその後も脅威をもたらすと考えられる人々に対して、あらゆる

犠牲を払ってでも互いを守るという、個人を中心にした強固な結びつきを形成している。[36] ペルシャ人がメディア人を自国の中核部隊に加えたように、またイングランド人がスコットランド人、アイルランド人、ウェールズ人を加えたように、これを中核として、帝国は同盟を結んだ別のネイションを追加するだけでなく、その他多くのネイションから少数の人々を追加することも可能である。こうしたことはどれも、信頼できる人材の供給を拡大するうえで価値があると同時に、全人類統一の主張を裏づける普遍性があるような印象を、帝国の活動に与えている。とはいえ、このような拡大は、支配的なネイションの構成員の相互の忠誠心、言語と習慣、そして帝国の一員になることをその他ネイションに促すか強制する独自の世界観によって、帝国が最終的に結合されているという事実を、変えるわけではない。このように、帝国は自分たちの大義を全人類の究極の善と同一視したがるが、この大義は必ずと言っていいほど、他者を犠牲にした単一のネイションによる支配と密接に関連している。[37]

無政府状態と帝国はそれぞれ多大な説得力と影響力をもつ規範的原理に根ざしている。つまり、無政府秩序を特徴づける身近な個人への忠誠という原理、および帝国秩序が欲してやまない人類の統一という原理である。この原理のどちらかが間違っているとは言えない。それぞれがバランスのとれた道徳体系のなかで一定の位置を占めている。それなのに、どちらか一方がその適切な場所を越えて、政治世界の主要な秩序原則として受け入れられるとき、それはたちまち、人民の自由ではなく、人民の奴隷化をもたらすのだ。帝国が、支配的なネイションの慣習や理想に人々を隷属させる傾向があるように、無政府状態もまた、地域の権力者間の際限ない争いに人々を隷属させる傾向がある。

第13章 秩序原則としてのネイションの自由

帝国と無政府状態は、太古から人類につきまとっているジレンマの角である。旧約聖書の最初のほうに登場する政治に関わる記述のなかで、たとえばバベルの塔の物語では、バビロンの指導者が人類を1つの言語を用い1つの目的の下に集まる共同体にまとめようとした。また、ノアの箱舟の物語は、暴力的で無政府状態にある人間たちから追い出された、親しい間柄の小規模な共同体の話である——こうした話から、この2つの悪がわたしたちの先祖の思想にどれほど深い影響を与えたのか、感触が得られる。[38] そして実際に、帝国と無政府状態の問題は、ヘブライ語聖書の政治的な教えの中心となっている。イスラエルの預言者たちがこのジレンマに対応するために提案したのは、第3のタイプの政治秩序だった。それは、それぞれの最も重要なものを保持しつつ、最も危険なものを捨てることで、帝国と無政府状態のジレンマを超越しようとする、イスラエル人特有の国民国家制度である。[39]

第3の秩序についての検討

この2つの秩序に代わる第3の政治秩序について検討してみよう。帝国の下では、個人の忠誠心は

人類全体に向けられることになっており、一方、無政府状態の秩序では、政治的に独立した家族や氏族に向けられると、先に述べた。ここで提案されるのは、忠誠心が、概念的にまさしくこの中間点に位置する制度、すなわち国民国家に向けられる秩序である。

わたしがネイション（nation）と言うときは、通常は共通の言語や宗教的伝統などの共有の遺産をもち、共通の敵に対抗して団結してきた過去の歴史をもつ、複数の部族を意味する――このように団結した部族は、近隣にいるその他部族の共同体とは異なる共同体として、自分たちを認識できるという特性がある。[40] わたしが国民国家（national state）と言うときは、いかなる他国の政府の影響も受けない自律した単独の政府の下に、異質な部族が集まったネイションを意味する。

この定義は、第1に、ネイションとは共同体の一形態であり、ほかの集団とは異なると認識する集団であることを意味する。このような共同体は、国家から独立して存在することが可能であり、国家の境界線内に住むすべての個人を含む必要はない。[41] 第2に、この定義は、このようにして結ばれた部族はネイションの独立後も存在し続けるので、この統一体は常に複合体であることを意味する。[42]

帝国と無政府状態の概念的中間点に国民国家が位置するとは、どういうことだろうか？ そもそも、帝国が多数のネイションを支配するのに対し、国民国家は多数の家族や氏族を支配する。国民国家は、規模から言えば、家族や氏族と帝国との中間に位置する。

だが、それに加えて、国民国家は、無政府的・帝国的な政治秩序と質的にも異なる。ネイションは、互いに個人的に知っている個人の共同体ではないという点で、家族や氏族とは区別される。どんなに

努力したところで、個人的に知り合うことができるのは、ネイションを構成するごく一部の個人だけである。つまり、ネイションとは、身近な個人で構成されるのではなく、人間性が抽象概念であるのと同じように、非人格的な抽象概念なのである。しかし同時に、ネイションは独自の言語、法律、宗教的伝統、失敗と達成の過去の歴史をもつという点で、全人類とは一線を画している。これは、各ネイションはその他すべてのネイションとは異なるものであり、あるネイションの一員である個人にとっては、人や家族、氏族のように、具体的で身近な存在として知られていることを意味する。あるネイションの部族が団結して国民国家を樹立するとき、彼らは国家に、そのネイションになじみのある固有の特徴、言語、法律、宗教的伝統、過去の苦悩と勝利の歴史を持ち込むのである。そして、国民国家が負った重荷を背負う個人は、自分がその一員であり具体的でよく知っているネイションに対して、忠誠心からそうする。この点で、国民国家は、個人が通常は忠誠心のような結びつきをもたない帝国国家とは区別される（当然ながら、帝国を自分のものとみなす支配的なネイションの一員であるか、支配的なネイションと同盟関係にある場合を除く）。

次に、政治的忠誠心の対象として、無政府秩序での身近な個人は超えるが、人間性という崇高だが疎遠で抽象的なところまではいかず中間地点で留まるようなものを想像した場合、どのような種類の秩序原則が生じるか考えてみたい。このとき、無政府状態と帝国の間の転換点に、道徳的秩序に根ざした新しい秩序原則が見つかる。それは、ネイションの自由という原則である。この原則は、独立と自治を維持し、帝国と無政府状態の誘惑の言葉に耐える結束力と強さをもつネイションに、自らの利

益と願望に従って生きる機会を提供する。この原則は一般的には、こうした国民国家が多数存在し、それぞれが独自の目的を追求し、人間の生活について独自のビジョンを展開し、誰もが「それぞれの葡萄の木や無花果の木の下[43]」にいる世界の確立を後押しするものだ。

ネイションの自由とは

　したがって、ネイションの自由の原則は、対立する2つの原則のなかから重要で建設的なものを取り入れていると考えられる。帝国の原則からは、身近な人間よりも国家という抽象概念に向けられた忠誠心という考えを取り入れている。それが現実に及ぼす効果は、国内に広く平和を生み出すことだ。そして、身近な集団の政治に縛られない、公平な司法制度が制定される可能性もある。無政府状態の原則からは、ほかのすべての共同体とは異なる特定の共同体の固有のニーズや利益、伝統や願望に専念する支配者の理想を取り入れている。このことは、1つのネイションを統治するという政府の目的に表れている――この目的は、外国を侵略することの価値を減じ、また、自分たち以外のネイションの自由の概念を、それ自体、潜在的な善として初めて認めるものである。

　ネイションの自由について語ることは本当に可能なのだろうか？　確かに、イスラエルはエジプトの軛《くびき》から逃れて紅海で喜びを露わにしたと言われている。チェコ、ギリシャ、インド、アイルランド、イスラエル、ポーランド、セルビア、韓国、スイス、アメリカ、その他多くの国でも、毎年独立記念日

にネイションが帝国から自由になったことを祝う。[44] だが、今日《こんにち》では、ほぼあらゆる政治思想が個人の自由に焦点を当てているため、ネイションの自由という思想そのものに疑念が抱かれるようになった。自由とは、個人だけが、選択と制約の両方を経験し、〝選択する自由〟がある場合に喜びを感じる人間だけが、所有するものではないのだろうか？[45]

痛みを感じることを共有する

利害や願望、勝利と悲劇、欲望、恐怖、苦痛が個人の人生と心に織り成されるように、自由が、個人の行動と経験の側面を描写しているのは事実である。しかし、こうした用語や似たような用語は、人間の集団を述べるときにも使われる。たとえば、何人もの子どもをもつ母親が事故で負傷したり、病気になったりした場合、その家族は苦痛を受けている、と表現する。どうしてもと言うなら、この母親、その夫、2人の間の子どもたちを、それぞれ別個の個人として思い描くことはできるし、このトラウマ的な出来事が起きた結果としてそれぞれが痛みを経験していると、思い描くことはできる。だが、家族がこのような状況で経験することは、そうではない。彼らは、家族を1つの集団として、1つのまとまりとして考えることに慣れており、各自が家族のほかの者たちを自分自身の一部とみなしている。そして、彼らはこのとき、家族の痛みを経験している。つまり、家族のそれぞれが、母親だけでなく、父親、兄弟、姉妹の痛みを感じ、ほかの家族がこうして自分のために苦しんでいること

を知っている。これはすべて、1つの痛み、1つの悲しみ、1つの重荷として経験される。しかも、彼らの友人や隣人であるわたしたちは、彼らのもとを訪ねるとき、家族全体の苦しみをこのように1つの痛み、1つの悲しみ、1つの重荷として経験する。要するに、家族とは個人の集まりであるだけではないのだ。1つの集団として、全体として、それに属するある種の特性をもつ実体でもある。その特性の1つは、家族を構成する者それぞれが、家族のほかの者に起きることを、自分自身に起きることとして経験するため、それを見守る他者からは、家族が特定の経験を共有していると認識されることだ。家族が苦痛を受けている、苦悩している、ひどく打撃を受けているので回復に時間がかかると言うとき、この共有された1つの苦痛の経験を意味するのだ。[46]

痛みを感じることもあれば、家族は成功と悲劇、欲望と恐怖、利害と願望も経験する。畑を牛で耕す家族は、トラクター購入という共通の関心を抱くものだ。子どもができないのではないかと心配していた娘が出産すると、家族は喜びを分かち合う。いつか聖地を訪れたいという願望を共有し、旅に出るときは、とうとうその時が来たとみなが認識を共有する。これはどれも、個人の価値を減じるものではない。個人には、特定の場合に家族と同じように感じる傾向に抵抗する自由もある。それどころか、人は家族と完全に縁を切ることを選んでもかまわない。だが、大きな苦難に遭ったときには、家族から離れた者でさえ、兄弟のもとに戻り、やはり彼らと感情を共有していることに気づき、行動をともにしたいと願うものだ。

このようなことはどれも、氏族、部族、ネイションなど人間の大規模な集団に言えることだ。たと

えば、誰もが痛みを経験したことがあるので、ネイションがどのように苦痛を感じるか、わたしたちにはよくわかる。大統領や首相が暗殺されたり、国民の誰かが街頭で切りつけられたり、異国の地で人質に取られたり、兵士や警察官が戦闘で倒れたりしたとき、わたしたちは痛みを経験する。自らのネイションと忠誠心の絆で結ばれた個人は、こうしたことをあたかも自分の身に起きているかのように感じる。家族の場合と同じように、何百万人もがそれぞれ個人として自らの痛みを経験している、と言い表すことは、実際には適切でない。それどころか、一人ひとりが他人の痛みを同時に経験している。深く傷ついた感情と屈辱感が世間に蔓延し、国土で起きていることすべてにその感情がまとわりつく。何が起きたのか理解できない幼い子どもでさえも、痛みと恥ずかしさを感じる。傷つけられたのはネイションだ。恥をかかされたのはネイションだ。[47]

　ネイションが苦痛を受けることがあるならば、奴隷の経験もできる。ある民族が財産を没収され、その息子や娘たちが意に反して他人に仕えることを余儀なくされているとき。自分たちの言語を話すことや、宗教上の義務を果たすことを妨げられたとき。子どもたちが親から奪われたり、子どもたちが伝統的教育を受ける機会を奪われたりするとき。抵抗したために殺され、投獄され、拷問を受けるとき――このようなことが起きるとき、ネイションは奴隷の状態を経験している。ネイションが受けている直接的な迫害を何らかの理由で免れた人がいたとしても、その人もまた、それが自分自身に起きているかのように、奴隷化された感覚を共有する。

　ネイションが奴隷を経験できるならば、間違いなく自由も経験できる。ネイションの構成員は、抑

圧から自由になる経験と、解放の喜びを共有できる。さらに、彼らはその他ネイションや帝国に屈することなく、力をもつという経験を、自らを向上させ、自らの志に従って針路を決定するという経験を共有できる。必要と思える、あるいは望ましいと思える目標を達成するために多くの人たちが行動を起こす――政治に規律をもたせる目的は、そのような状況を引き起こすことだということを、思い起こしてほしい。集団が必要な、または望ましいと思える目的に向かって行けると個人が感じたとき、個人は束縛からの大きな解放を感じる。言い換えるなら、集団の自由を感じる。相互の忠誠の絆によって結ばれた家族、氏族、部族、またはネイションの自由を感じるのである。[48]

集団における自由

わたしは集団の自由に加わるとき、何でも好きなことを言う、好きなところに行くという、完全に個人のためだけの自由とは、まったく異なる何かを経験する。そのため、個人の自由と集団の自由は別物であり、政治的自由はその両方で構成されていると、つい言いたくなる。しかし、現実はそう単純ではない。個人は常に家族や部族、ネイションに対する相互の忠誠の絆に縛られているので、家族や部族、ネイションが自由でないときに政治的自由をもてると考えるのは間違いである。

たとえば、解放された奴隷の問題を考えてみよう。奴隷の身分を解かれて自分のことは自分で決める生活を送るためには、その主人から自由を買うか、こっそり逃げ出すしかないと考えがちだ。これ

は必ずしも真実ではない。妻や子どもが奴隷にされているなら、本人が個人の自由を手に入れても、そのような解放は得られない。これまで述べてきたように、個人は絶えず相互の忠誠の絆で結ばれている集団の健康と繁栄を求めている。家族ともそのような絆でつながっているので、解放された奴隷は、家族の苦悩を自分自身に起きていることとして、日々体験し続けている。彼は解放の喜びも、自らの意志に従って自分の針路を決める力も感じていない。また、奴隷にされたままの妻や子どもたちを助けることができないでいる人に、「あなたは自分の進む道を自分で決められる」と言うのは、侮辱であり愚かなことではないだろうか？　確かに、彼は残された選択肢のなかから自由に選べるかもしれない。だが、心から望む行動を選べないことに気づくだろうし、わたしたちもそれを認識しなくてはいけない。彼が心から望んでいることは、他者に課された制約により彼から奪われており、家族が自由になるまで彼が自由を味わうことはない。

　これは祖国を亡命した個人も同様である。生まれ育った部族やネイションは、専制政権により依然として迫害を受けている。そのような人物が、こうした状況下で「自分の針路を決める」ことができないのは、妻と子どもたちが人質に取られている人が、自分の針路を決められないのと同じである。同胞が苦しめられ、危険にさらされていると知りながら亡命生活を送っている間は、解放された奴隷のように、心からそうしたいと望む行動はすべて奪われている。同胞が専制政権から解放されて、自分が故郷に戻れるようになったとき、彼はようやく本当の自由を味わえるようになる。

　わたしの祖国の近代史が参考になるかもしれない。第二次世界大戦中、ヨーロッパのユダヤ人のほ

とんどは、ドイツ政府とその協力者によって殺害された。当時、アメリカやイギリス、そしてわたしの祖父母が住んでいたパレスチナなどのイギリス委任統治領には、何百万人ものユダヤ人がいた。こうしたユダヤ人は、ヨーロッパの同胞が虐殺されていることをよく知っていた。ユダヤ人の間から彼らの救出を求める声が上がった。わたしの祖父メイアもその1人だった。祖父は、ヨーロッパに軍隊を派遣するよう要求する手紙を、当局に宛てて書いた。それは祖父だけではなかった。しかし、祖父の手紙に返事はなかった。アメリカとイギリスは自分たちの利益を気にかけており、その利害はユダヤ人救助とは一致しなかった。イギリスは、ユダヤ人がパレスチナの安全な場所にたどり着かないように精力的に妨害し、難民を捕らえて海外の捕虜収容所に送還した。アメリカもまた、ユダヤ人を絶滅収容所に運ぶ鉄道の線路を爆撃することを拒否した。このように、アメリカとイギリスはそれを阻むためにさしたる行動を起こすことなく、戦中を通してユダヤ人絶滅の仕組みが作動していた。アメリカなどの大国に散らばって暮らしていた何百万ものユダヤ人は、個人的には大いに自由を享受していた。けれども、同じユダヤ人が誰からも救いの手を差し伸べられないまま虐殺されていたとき、自分たちが本当に望んだ行動の実現は不可能だと、彼らは理解した。現代のわたしたちも、そのことを理解しなくてはならない。形式的には個人の自由が与えられていたが、ネイションの自由がなかったので、彼らは自由ではなかった。ようやくネイションの自由が得られたのは、イスラエルにユダヤ人の国民国家が建設されたときで、わたしの祖父は生前それを見届けた。

この場合もその他の場合と同じように、個人の自由は、その家族、氏族、部族、ネイションの自由

に依拠すると考えられる――すなわち、個人が忠誠を誓い、その痛みと不名誉を自分のものとして経験する、集合的自由と自己決定に依拠している。集団がひどく分裂し、迫害され、脅迫され、虐待されており、目的と願望を達成する希望がまったくないならば、その集団は自由ではないし、個人も自由ではない。

第14章　国民国家の利点

自由企業の経済体制は、個人が生活や物的状況を改善したいと願っているという認識に基づいており、この強い欲求を、最も有益で最も害を与えない形で表現するように調整されている。言い換えれば、人間の本質を現実的にとらえ、そうした特性を踏まえて可能な限り最善を達成しようとしているのだ。同様に、国民国家の政治秩序は、個人が相互の忠誠の絆によって結ばれた家族や氏族、部族、ネイションの健康と繁栄を絶えず望み、積極的に追求しているという認識に基づいており、この強い欲求を、最も有益で、最も害を与えない形で表現するように調整されている。

本章では、集団の自由への人間の欲求を考慮に入れ、それが最も完全で最も健全な表現を見つけられるならば、独立した国民国家の秩序が、それと競合する無政府的・帝国的な政治秩序よりも優れていると認められる、5つの点について述べる。

1. 暴力は周辺に追いやられる。無政府状態の政治秩序の下では、集合的自己決定への欲求は、その他すべての氏族と部族からの独立を通して表現される。このような状況下では、氏族や部族に対する個人の忠誠心には、集団の利益を追求するためであれ、非暴力的な調停が失敗した場合に正義を勝

ち取るためであれ、こうした集団のために戦争をすることが求められる。実際、彼らの利益も正義も、暴力で絶え間なく威嚇しなければ獲得できない傾向にあり、生活のすべての面でその傾向が見られる。(49)

　個人の忠誠心が国民国家に向かうとき、集合的自由と自己決定への欲求も上昇する。これは、個人が自分の氏族や部族への忠誠を放棄するという意味ではない。だが、国民国家の下で部族の統合が達成された場合、氏族や部族の自由と自決への希求は、ネイションの内的統合を達成したいという強烈な欲求によって抑えられる。言い換えれば、ネイションの内的統合への欲求は、氏族や部族による利益追求の道具としての戦争を抑圧するように働き、戦争はこの領域では起こらなくなり、もっぱら国内秩序と平和というネイションのより広範な領域を守るために使われるようになる。同様に、必要に応じて氏族間や部族間の武力によって解決されていた司法行政も、特定の家族、氏族、部族の影響を受けないように、中央政府に対して責任のある法体系、警察活動、裁判所へと移される。(50)

　このようにして、国民国家は広大な領土をめぐる争いを解決する手段としての戦争を抑圧し、戦争は人間の体験の周辺に追いやられる。確かに、官吏や軍人として国家に仕える者は、国民国家間の争いと戦争に引き続き専念する。だが、暴力が個人の生活に影響を及ぼすことは、以前と比べて格段に少なくなり、戦争がほかの場所で起きても、大概は住む場所から遠いところで起きるので、家族は静かに暮らせる。家族や経済活動が暴力によってほとんど損なわれずに継続できる、このように平和な領域の創造は、国民国家の最初のイノベーションであり、これを基にしてその他多くのイノベーションが築かれる。

2. 帝国による征服に価値を見出さない。国民国家とは限られた規模の組織である。つまり、国民国家の支配者は、ネイションの境界線やその防衛の必要性が、ネイションの拡大に自ずと制限を課すとする政治的伝統を受け継いでいるため、対外征服という発想に価値を置かない傾向がある。そのような境界線をないものとする政治的伝統を継承し、支配者が何かと理由をつけてはさらなる民族を絶えず征服しようとしている帝国とは、対照的である。これまで述べてきたように、このいずれの見解も、道徳的秩序に根ざすものだ――帝国主義者は、自分たちの支配が人類に平和と経済的繁栄をもたらすのだから、領土拡大こそが正しいと主張し、ナショナリストは、正しいのはネイションの自由と自決であると強調する。どちらの主張にもある程度の妥当性はある。しかし、国民国家樹立の政治的理想の大義であり成果でもある、限りない拡大を目的とする戦争に価値を置かないとする姿勢自体が、この2つの見解の間の論争に決着をつけられるほどの大きな利点であるかもしれない。

　対外征服に対する嫌悪感は、他者への思いやりとされることが多いが、まず何よりも、それは自らのネイションの利益についての見解を表明したものだと認識することが重要である。ローマ人がそうだったように、ネイションを次々と服従させて支配下に置き、徴税対象となる経済規模を拡大し、したがって軍の規模を拡大することで自分たちは強くなるとすべての国が考えるものだ、と誤解されることが多い。しかし、それに代わるものとして、古代イスラエルから伝わる伝統がある。それは、そのような帝国を本質的に弱い国とみなし、無限の拡張は帝国に利益ではなく害をもたらすものとして、

その価値を認めないという姿勢だ。これについては、帝国主義国家の本質的な脆弱性と、対照的に国民国家の耐久性について述べたヨハン・ゴットフリート・ヘルダーが、見事に言い表している。

> それゆえ、最も自然な国家とは、1つのネイションであり、1つの国民性を備えた拡大家族である。国民性は、指導者がネイションから選ばれた場合、長年にわたって保持され、最も自然に発展する。……したがって、国家の不自然な拡大や、1つの王権の下で多種多様な人種やネイションが幅広く混在することほど、政権政府の目的に明らかに反するものはない。人間の王が握る笏《しゃく》は、このような不調和な部分をつなぐには、あまりにも弱くて細長い。そのような状態は、取り繕われた奇妙な仕組みであり、壊れやすい機械にすぎず……その構成部品は、感情の絆ではなく、機械的な仕組みによってつながれている。……このような強制的な結合や命のない怪物に不死を強いることは、運命の呪いとしか言いようがないだろう。だが、人間の誇りという道具は粘土でできており、誇りは粘土と同じように溶けるか、粉々に砕け散ることを、歴史が十分に証明している。[51]

この一節で、ヘルダーは帝国主義国家のことを、関係するすべての者にとって「呪い」以外の何ものでもないと表現している。この観点によれば、人間の政府が本来達成できることには限界があり、指導者がそのネイションから選ばれた国民国家において1つのネイションを束ねる「感情の絆」を頼る場合に限り、強力で効果を上げられるということになる。多数のネイションを1つの支配下に置く「国

家の不自然な拡大」は、そのような感情の絆に基づいていない。相互の忠誠心で結ばれていない「不調和な部分」が加わるなかで、それは国家にかかる負担や困難を増大させるだけであり、最終的には、こうした重荷にうめきながら、「取り繕われた仕組み」としてしか生き残れないのである。

　このようなアプローチの根底にあるのは、ネイションの健全性は軍事力や経済力だけではなく、同じように重要なその他側面からも評価される、という認識である。ヘルダーの言う「長年にわたって保持され、発展する国民性」とは、わたしがネイションの内的統合と文化継承と呼ぶものを指している。そして、帝国が拡大すると失われがちなのが、こうしたものなのだ。それは、征服されたネイションが各自の願望や問題、利害関係を帝国に持ち込むからだ。そして、このような多様性が増すと、国家の統治は困難になり、それまで国家を束ねていた相互の忠誠心が弱まり、知られていなかった内紛や暴力を抑えようとして注意力が散漫になり資源を浪費して、統治者は平和を維持するために抑圧的な手段を取り入れざるをえなくなる。こうなると、統治者は、遠い土地にいる直接関係のない者たちの陰謀や交渉に没頭するようになる。それによって自分自身を〝世界を股にかけた人間〟とみなせるので、彼らの虚栄心に訴える。だが実際には、彼らが平和を与えようとしている他地域のネイションに対する理解は、必ずと言っていいほど表面的な理解にすぎず、中身のない下手な真似事にすぎないため、自分たちが自由に使える浅薄な「普遍的」カテゴリーを地の果ての状況に当てはめることで、好影響と同じくらい悪影響を与える傾向がある。[52] その間に、自らのネイションの健康と繁栄に関わる問題を

持ちかけられてもほとんど関心を向けず、より大きな懸案事項に迫られているときに「内政」が割り込むことを、ひそかに腹立たしく思う。このようにして、統治者の心は国内から離れ、自分が治めんとする他地域のネイションの利害はおろか、自国民の関心事にもほとんど気づかなくなる。

以上はどれも、根強い国民国家の伝統をもつ人々にとっては戦慄を覚えざるをえない。国民国家の伝統では、自国の指導者が自国内で自らのネイションの部族を強化するのではなく、海外の帝国領土の維持と統治に没頭すべきだという考えを軽蔑する傾向がある。このような観点から、ネイションの構成員との間に相互の忠誠の絆があり、彼らの要求を自分のものとして経験できるので、統治者はそのネイションのなかから任命されるのだ。こうした忠誠が尊ばれるところでは、統治者の目は彼らのネイションの健康と繁栄を高めることに向けられる。経済力や軍事力を拡大するだけでなく、ネイションの内的統合を維持・強化し、文化遺産を確固たるものにして、その継承に気を配る。自らのネイションへの忠誠心を保つ統治者は、あたかも自分自身が着実に力をつけているかのようにこうしたことを体験し、帝国主義的な拡張政策によりその力を浪費することを恐れるものだ。確かに、戦場での敗北と並んで、異国の地を治めてネイションの力を無駄にすることへの嫌悪感は、統治者がさらなる征服によって自己を肥大化させようとするとき、それに抵抗する最大の要因となる。したがって、相互の忠誠心の絆、および統治者が自国の人民に対してもつ忠誠心の大切さを常に強調する国民国家の伝統こそが、国民国家の政治的地平に明確な制約を課し、また、ほかのすべてのネイションを次々と併合しようと試みるよりも、それらの自治を認めるほうを好む国家を打ち立てるのである。

国民国家が本質的に平和志向だと示唆しているわけではない。国民国家が直面する外敵からの危険は現実のものであり、国民国家の統治者は、この危険に対応するために武力を行使すべきか、国境沿いや国境外の状況を変えるべきか、あるいは国境そのものを変えようとするのか、判断する必要がある。このようなネイション間の戦争は数多く発生してきた。たとえばイングランド人とアイルランド人、セルビア人とクロアチア人、インドとパキスタン、イスラエルとアラブ諸国の間の戦いなどだ。このような争いにおいて、国民国家の指導者は正当化されるときもあれば、誤りを犯すときもある。隣国との戦争となると尊大なまでの自信と偏狭さが世論の大勢を占めること、およびネイションの指導者が領土的、政治的、経済的な優位性を獲得するために不必要な戦争に訴えがちになることは、否定できないだろう。

　国民国家が必ずしも平和を志向しているわけではないとしても、これにはやはりもう１つ重要な、特筆すべき点がある。対外征服に価値がないとする政治的伝統を受け継いでいるため、国民国家間の戦争は、その目的や戦争に投入される資源、戦争がもたらす破壊と惨状の規模が、比較的限られる傾向にあるのだ。これは、ウェストファリア条約後の西ヨーロッパの国民国家で浮き彫りになった。西ヨーロッパ諸国では、その後数世紀の間、政治的・経済的利益を目的とした限定的な戦争は発生したが、ほかの国民国家の完全な抹殺を目的とした、無制限の戦争への関与は避けられた[53]。

言うまでもなく、ヨーロッパは過去４００年の間に、事実上無制限に壊滅的な打撃を受ける全面戦

争を経験した。しかし、ヨーロッパを、それに世界を悩ませていた戦争は、敵対する相手よりも優位に立とうとする国民国家間の戦争ではなかった。むしろイデオロギー戦争であり、全人類に救いをもたらすとされる普遍的な教義の名の下に行われた。この普遍的な教義のために、征服された各ネイションの既成の生活秩序を覆すことを目的として、軍隊が世界に派遣され、ネイションを次々と飲み込んでいった。三十年戦争は、カトリック帝国であるドイツの覇権をヨーロッパに確立するために行われた戦争である。それは、旧来の政治秩序を覆し、ヨーロッパ大陸全土とそれ以外にも、フランスの自由主義帝国を確立しようとしたナポレオン戦争にも当てはまる。さらに、これはやはり第二次世界大戦にも当てはまり、ドイツのナチス帝国は、人類の救済をいかにもたらすべきかという邪悪な普遍的理論に従って新秩序を確立しようとした。[54]

このようなイデオロギーの大変動とは対照的に、第一次世界大戦は典型的な国民国家間の戦争として引き合いに出されることが多い。この大惨事の原因について数え切れないほどの著作が世に出されているが、今後明確な結論が出るかどうかは疑問である。とはいえ、現在、この戦争について西洋の高校で一般に教えられている内容は、まったく説得力がないと思う。確かに、セルビアのナショナリズムとオーストリア＝ハンガリー帝国との衝突は、戦争の直接的な原因であった。しかし、オーストリア＝ハンガリー帝国が支配する特定の領土を解放したいというセルビア人の願望だけでは、世界の列強の資源を最大限に動員して、４年以上にわたり、おそらく２０００万人の人間を殺害し、ヨーロッパ

大陸を物理的に破壊した戦争を動機づけることはできないし、継続もできなかったはずだ。また、その他の考察——欧州同盟制度の硬直性、紛争時の相互扶助の契約、動員スケジュールの迅速な実行——も、説明としては説得力がない。こうしたことはせいぜい、戦争がいかにして始まったかについて述べたにすぎない。犠牲者の規模が明らかになってからただちに休戦条約を結ばず、なぜこれほど長期にわたり、これほどの犠牲を払って行われたのかを説明するには至っていない。

第一次世界大戦を持続させたものは何だったのか、そしてあれほどの惨禍をもたらしたものは何だったのかを理解するためには、イギリス、フランス、ロシア、ドイツの政策を支配した帝国主義に目を向けるしかないだろう。当時多くの観測筋が強調していたように、１８７１年から１９１４年にかけて、ヨーロッパ人と日本人によるアフリカやアジア、太平洋地域を中心とした地球上の約４分の１に当たる土地の征服と併合をもたらした、帝国の海外領土の熱狂的な拡大とは、切り離して考えることはできない。とくに英仏の帝国による驚くほど積極的な拡大は、多くの人々に、なかでもドイツの人々に、ヨーロッパの国民国家制度の時代は実質的に終わりを告げたと思わせた。代わって浮上したのは、少数の〝世界国家〟間の争いであり、各国はそれぞれの個性に沿った世界を形成しようとする〝普遍帝国〟であった。これは皇帝ヴィルヘルム2世の見解だったようで、皇帝とその閣僚たちは、すでに圧倒的に世界を支配しているイギリスの世界国家に対抗するには、大陸の重要勢力であるフランスを潰して、ドイツの〝統率力〟の下で中欧と東欧の大半を統一するしかないと考えたようだ。中東全体の併合のような帝国主義的戦争目的がイギリスやフランスの意思決定で大きな位置を占めていた

ように、ドイツ帝国の世界大戦（*Weltkrieg*）の決意を後押ししたのは、ヨーロッパの政治にそのような永続的変化を引き起こす必要性だった。

第一次世界大戦が起きた原因の大部分は、ヨーロッパの国民国家が帝国主義に熱中した結果だった。そのため、イギリス、フランス、オランダなど西欧の伝統的な国民国家間で海外領土の獲得競争が続く限り、〝文明化した〟ネイション同士の関係の証しとして、ヨーロッパのなかで国民国家制度を維持することは可能だった（アフリカやアジアの〝未開の〟人々は、独立した国民国家に値するとは考えられていなかった）。しかし、新しく設立されたドイツ帝国は、国民国家の理想を掲げてはいなかった。また、ドイツ帝国の指導者にとっては、広大な帝国がヨーロッパ大陸でより簡単に、はるかに有利に建設できるのなら、アフリカでの領土拡大に資源を集中させる理由はあまりなかったのである。[55]

言い換えるなら、第一次世界大戦の原因は、ドイツがヨーロッパ大陸で帝国主義を復活させようと決意し、それによってヨーロッパの国民国家秩序を永遠に終わらせようとしたこと、およびイギリスがそれを阻止しようと決意をしたことだった。この点において、第一次世界大戦の原因は、第二次世界大戦の原因と著しい類似が見られる。どちらも主にドイツが、ドイツ皇帝の下でヨーロッパを統一するかどうかをめぐり争われた。どちらも、普遍的な願望を反映した帝国戦争だった。そして、どちらの場合も、戦争がもたらした破壊はこの目的に見合ったものであった。[56]

一般に、国民国家が抱く願望によって、その国家間の権力階層の調整あるいはその国家間の境界線

の変更を目的とした、些細な戦争が引き起こされる傾向がある。これに対し、帝国主義国家の普遍的な願望は、世界を最終的に正そうとするイデオロギー戦争を引き起こし、相応の惨状をもたらす傾向がある。国民国家の伝統が根強い人々の間で、ネイションの構成員を結びつける相互の忠誠の絆には、そのネイションが耐えている苦難と、その境界線内におけるネイションの物質的繁栄、内的統合、文化継承を強化するためにできることに統治者の注意を常に戻すことによって、国民国家が行う戦争が拡大しないようにする効果がある。これは、海外の諸ネイションの抑圧のために指揮下にある軍隊が使われること、こうした軍隊によって引き起こされるか悪化する海外領土の危機管理に、自分の任期を無駄にしていることに関して、ナショナリストの政治家にある意味有益な嫌悪感を助長する。

これについては、１８９０年代の短期間に帝国主義への熱狂が起きたあとの、アメリカ帝国主義の運命を考えることが有用だろう。[57] アメリカはウィリアム・マッキンリー大統領の下で、キリスト教と資本主義という文化遺産を世界の未開の地域にもたらすという使命を担う、世界帝国になることを決意した。この偉大なビジョンの名の下に、アメリカはフィリピン、キューバ、プエルトリコ、およびその他のスペイン帝国領の島々を征服したが、粘り強い軍事的抵抗に遭った。自分たちを解放者だと思っていたアメリカ人は、一連の植民地抑圧戦争にはまり込むことになった。[58] アメリカを誕生させる発端となった、海外の諸帝国に対する強烈な蔑視が再燃し、セオドア・ルーズベルトからウッドロー・ウィルソンに至るまでのアメリカ大統領たちは、海外進出にたちまち関心を失った。フィリピンとキューバは、すぐに独立が約束された。イデオロギーに支えられた世界大帝国という構想を実験したアメリカ人は、

国民国家の伝統に戻ったが、その選択は第二次世界大戦後まで継続した。[59]

では、ヨーロッパの国民国家はどうだろうか？　イングランドやオランダのようなプロテスタントの国民国家でさえ、当初帝国主義的野心の対象としなかったのは、ヨーロッパ大陸のみだった。カトリックのスペインは、海外の広大な領土から得た富のうえに成り立っていた。プロテスタントの新勢力とフランスは、経済的・軍事的に対抗するために自ら帝国へと向かった。国内ではナショナリストでありながら、アジア、アメリカ、アフリカの人々を征服するという点では帝国主義者という、ヨーロッパ列強のこのような二面性は、多くの点で驚愕すべきである。[60]結局、イギリス、フランス、オランダの積極的な海外進出は、ドイツ、イタリア、日本における帝国主義イデオロギーを挑発し、かつ模範ともなった。このイデオロギーは、ヨーロッパの国民国家制度全体を軽蔑するものだった。その後の２つの世界大戦とその余波のなかで、大惨事の根源に帝国主義的原因があることを認識し、最終的にナショナリストの政治秩序の原則を幅広く受け入れたのは、主にアメリカの政治家だった。[61]

3．集合的自由。人類は、相互の忠誠の絆によって結ばれた家族、氏族、部族、またはネイションの健康と繁栄を常に望み、積極的に求める。独立した国民国家の秩序の下で、人間はこのような集団的な健康と繁栄を追求する最大の自由を獲得する。その理由について解釈を加えることにしよう。

部族や氏族の秩序は、集団の自由と自己決定が非常に際立つ秩序だ。ここでは、集団の物質的繁栄、内的統合、文化継承への関心は包括的である。とはいえ、このような秩序の下で、人間が可能な限り

最大級の集合的自由と自己決定を享受できるとは言えない。国家の下で生まれ育ったわたしたちにはわからないが、こうした氏族や部族は、自立という利益を享受しているにもかかわらず、常に戦いにさらされた生活を送っていると言える。彼らの労力は絶えず生存と戦争に注がれているので、極度の貧困のなかで暮らし、芸術や産業を発展させるための資源や、先祖から受け継いだ文化遺産を発展させるために必要な配慮が不足している。このように、氏族や部族は、好きなように行動しているわけではなく、実際には戦争と無秩序の生活に隷属しており、たとえほかの状況を望んでいたとしても、この生活から逃れられない。

　こうした状況を、国民国家の下での集合的自己決定の展望と比較してほしい。このような国家では、共通の言語と宗教があり、共通の取り組みに団結してきた歴史をもつ、競合する多数の部族の間で、恒久的な平和が成立している。国民国家の保護の下では、各部族は自決の手段を放棄し、他部族の挑発に暴力で対応する選択肢を捨て、国家の干渉にさらされる。しかし、各部族は集合的自由という点で大きな利点も得ている。このような利点は、戦争が国境線に追いやられたことで、より大きな物質的な繁栄が手に入るようになったという事実に、ある程度起因するものだ。こうした新たな状況の下で、各部族は農業や芸術、工業、学問、宗教の実践と発展において、それぞれの文化遺産に応じて、それぞれの能力を高めることができる。

　だが、このようなネイションの平和によってもたらされるものには、さらに奥深いものもある。部族同盟が外敵を迎え撃つとき、個人は、自分の部族が属する部族の大規模な集合体、つまりネイション

を、常に統合された存在とみなすことができた。そのとき、ネイションに起きることは自分に起きることだ、と感じていたのである。国民国家の形成により、この状態は彼の心のなかで永続する。彼は外敵に対する部族の防御能力を大幅に向上させることや、国民国家の保護の下で物質的繁栄を追求する自由を広げることや、文化遺産を築き上げることについて考えるだけではない。彼はまた、ネイション全体の観点から考え、ネイションの内的統合を飛躍的に向上させることについても考える。さらに、ネイションが物質的豊かさを追求する力を高めることについて、文化遺産を発展させる力について考える――つまり、そもそも国民国家成立の基盤となった部族の共同文化遺産のことだ。彼は今では、ネイション全体に起きることを、めったにない部族の同盟締結期間中だけでなく、常に自分自身に起きていることとしてとらえる。また、自らの部族のことを気にしながらも、他部族から批判されたり脅かされたりしない限りは、ネイションの自立した生活を最優先に考えるようになる。つまり個人は、部族のほかの人々と同じように、それまでよりもはるかに大きな集合的自由と自己決定を経験することになる。

国民国家における集合的自己決定に関して、氏族や部族が得るこうした利点は、帝国主義国家の下でも同等かそれ以上の利点を得られると、帝国主義国家や普遍国家の擁護者は主張する。結局のところ、部族が相互の忠誠の絆でまとまり国民国家を形成できるならば、なぜネイションは同様の相互の忠誠の絆を形成し、自らを帝国としないのかと彼らは言うのだ。

だが、帝国主義国家の設立と自由な国民国家の設立との間に類似性があるとするのは誤りである。部族や氏族の秩序から国民国家への移行は、部族の集合的自己決定の可能性を大きく向上させる。氏族や部族が武装し、政治的に独立している場合、彼らの自決を阻む大きな障害となるのは、氏族や部族が間断のない戦いで容赦なく傷つけ合うことだ。国民国家は、共通の敵に対して互いを味方として守ってきた過去の歴史に加え、共通の言語や宗教など、戦争をしている部族間にすでに存在する真の相互忠誠の基盤を利用して、統合されたネイションの政府を樹立し、常時戦争に近い状態を大幅に緩和すると同時に、これらの部族が共同で自己決定する広大な場を新たに作り出す。

国民国家から帝国への移行では、このような飛躍的な改善は起こらない。国民国家は、内部に結束力があり強固である場合、戦争という暴力をすでに国境にまで追いやっている。帝国主義国家は戦争をネイションの領土から追い出せるかもしれないが、そのような変化は、実際には著しい状況改善として現れない。それどころか、そのネイションの兵士たちは自分たちの境界線を守るのではなく、故郷から遠く離れて外国人の領土の防衛に従事することになる。この首を傾げるような利益と引き換えに、言語も宗教も共有していない、大規模な戦争で同盟として一緒に戦った歴史もないその他諸々のネイションと、1つの政府の下で一緒になる。よって、真の相互忠誠の基礎は少しも存在しない。自分たちとはまったく異なる文化遺産や必要性と利益をもつ異質なネイションと一緒になるので、そのネイションの集合的自己決定は台無しになるしかない。独立した国民国家の下で部族が統合されたときに国中で感じられた自由は、間違いなく存在しない。

多数の異質なネイションと一緒に組み込まれた帝国では、ネイションは疎外されていると感じる必要はないと、よく言われる。物質的な利益を与え、人類を統合するという崇高な大義に参加する機会を与える帝国主義国家に対して、なぜネイションは忠誠心を抱かないのか、とも問われる。帝国主義国家がさらなるネイションを征服しようとするとき、帝国のおかげで大きな利益を得る人々も確かにいるかもしれない。だが、支配下に置いたネイションに恩恵を与えた帝国の恣意的権力は、同じようにやすやすとその恩恵を取り消すことができる。もちろん、各ネイションはこのようなことを歴史上何度も経験している。現実には、帝国主義国家が支配下に置いた特定のネイションの福祉に対し、永久に関心を抱くことを期待するのは無理である。帝国にはその他多くの懸念事項があり、その恩恵に与ろうとするその他多くのネイションがいる。状況が変化し、帝国がある方向に舵を切れば、別の優先順位と別の意見をもつ別の役人の影響を受ける。状況は常に変化して進むものであり、かつて恩恵を受けていたネイションは目を覚まし、隷属化されていることに気づく。もちろん、帝国主義国家の支配下にある以上、そのネイションは常に隷属していたのだが、物事がうまくいっているときには、自分が奴隷にされているという事実は、あっけなく忘れているものだ。

　帝国主義国家は自由国家にはなれない。常に専制国家である。そのときどきの状況と役人の性格によっては、善意の専制国家かもしれないし、悪意ある専制国家かもしれない。支配下に置いているあるネイションに対しては善意を示すが、別のネイションには悪意を示し、各ネイションはそれぞれ順番にその立場に立たされる。しかし、いずれにしても、帝国主義国家はネイションに自由を与えない。

ネイションの部族のなかから選ばれた個人によって統治される国民国家だけが、自由国家になれる。相互の忠誠の絆でそのネイションと結びつき、そのネイションに起きることを自分の身に起きることとして経験する統治者だけが、そのネイションの自由と自決のため永続的に身を捧げるからである。

権力の集中を避ける

したがって、複数の国民国家からなる秩序とは、各ネイションに集合的自己決定権の最大の余地を認める秩序だということになる。この結論は、自由は複数の独立した勢力が維持されている場合にのみ存在するという、よく知られたテーゼの観点から言えるかもしれない。この見解は、1つの企業やカルテルによって支配された経済圏では、よく知られている。そこでは、たとえ他者が正式な権利をもっていようとも、その他者には競争する自由がない。それはネイションの内政にも当てはまる。統治者の権力がほかの勢力によって抑制されていなければ、部族の自由も個人の自由も維持することはほぼ不可能である。同じ現象は、ネイションの秩序のレベルでも明白である。ネイションが自由と自決権を行使できるのは、いずれ必ず支配的圧力をかけることになる、帝国主義国家という唯一の勢力に支配されていない体制のなかに限られる。もちろん、複数の勢力が競い合う国民国家の秩序自体は、国民の利益に反する政策に追い込む外圧に耐えられるほどの資源を、国民国家が所有することを保証するものではない。しかし、勢力が複数存在する場合、そのような圧力に抵抗しようとするならば、

その他勢力から、原則的に支援の手が差し伸べられるものだ。たとえば、オランダがスペインからの圧力にもかかわらず、最終的に自決権を確保できたのは、イギリスとフランスに訴えたからだった。同様に、イギリスから独立を勝ち取ろうとしてできなかったアメリカも、フランスの歩兵と海軍のおかげで独立に成功した。

この点についてはエメリッヒ・デ・ヴァッテルが見事にまとめている。彼によれば、1つのネイションが力をもちすぎないように常に警戒すべきだとする、国際情勢における「力の均衡」の原則は、まさに国家制度全体にわたりネイションの自由の可能性を維持するためだという。ヴァッテルは次のように述べた。

> これが、あの有名な政治的均衡、つまり勢力均衡という観念を生み出した。これはつまり、いかなる一国も絶対的に優勢な地位を占めておらず、自らが正しいとみなすことを他国に対して強制できない状況を意味する。……最強国に立ち向かい、それが他国に対して独断的な強制力をもたないようにするためには、合従連衡するという、前述した方法に頼ること［が最善である］。これが今日《こんにち》ヨーロッパの主権国家が行っていることである。(62)

ヴァッテルはネイション間の勢力均衡の目的を、よく言われるような平和や安定の維持とはみなしていないことに留意されたい。むしろ、勢力均衡の目的は、いかなるネイションもほかのネイションに

対して「強制力をもつ」ほど強い立場にならないよう牽制することである。言い換えれば、その目的は、いかなるネイションも自分たちが正しいとみなすことを自分たちに命じること、つまり、その独立と自決権を守ることなのである。

集合的自己決定の価値は、我々の先祖はさまざまな部族や氏族からなる秩序の下で経験していたのだが、国民国家の制度の下でこそ一番良い形で表れてくる。異なる部族の間で平和を確立することが可能で、ほかのネイションを征服しても自らの秩序を押しつけることに資源を費やそうとしないネイションは、ネイションの自由という生き方の土台を作ってきた――これは、ほかのネイションや帝国に屈することなく、相互に忠誠を誓い、固有の遺産を踏まえて自分たちを高めることにエネルギーを向ける人々が共有する自由のことだ。このようにして、集合的自由と自己決定に対する人間の欲求は、保存され、培われ、できる限り悪影響を抑えながら、それによって強さと利益が増すように導かれる。[63]

また、生まれながらにネイションの言語や宗教、歴史を共有している者だけが、国民国家がもたらす集合的自由に与れるということでもない。独立した国民国家は、そのネイションへの相互忠誠の絆を築き、独自の能力を持ち込もうとする新たな部族や氏族を受け入れることが可能であり、現によく受け入れる。このようにして、イングランド人はスコットランド人、ウェールズ人、北アイルランド人を受け入れ、広くイギリス国民とした。インドで多数を占めるヒンドゥー教徒は、シーク教徒を受け入れてインド国民とし、同様にイスラエルでは、大多数を占めるユダヤ教徒は、ドゥルーズ派、ベドウィン、その他共同体を受け入れて、彼らと一緒に兵役に就く。[64] 同じことは世界中どこでも当てはま

る。小さな氏族や部族は、彼ら独自の伝統を尊重し、発展の場を提供してくれる大規模なネイションと、永続的な相互忠誠の絆を築くことを選ぶ。このように受け入れられた部族は、ネイションの自由に与り、そのネイションのほかの部族と同様に、その自由を自分たちのものとして経験できる。

自分たちのネイションの開発は帝国主義者には嫌悪すべきことだ。それを偏狭で内向きだとみなすからである。しかし、自国民の生活条件の改善や文化遺産の向上に努めることは、外地での反乱の鎮圧に駆けずり回る人生よりもよほど優れている。国民国家が自主的に課した境界線は、一見偏狭で内向きであるように思われるが、実際にはそのネイションの自由への鍵を握っており、彼らを帝国の束縛から解放しているのだ。このようにして解放された国民国家は、国家指導者のエネルギーを真に価値のあるもの、すなわち、固有の領土と個性があり彼ら自身の真実が言える人々の創造に向けることができるのだ。

4．競争的な政治秩序。 ナポレオン・ボナパルトが事実上ヨーロッパ全土に単一の法制度を確立し、彼の革命政権を手本にしない国家を容認できなかったことは、ナポレオンが帝国主義を奉じていた証拠である。立憲主義の伝統が１０００年以上も存続していた都市国家ヴェネツィアのような古くからの体制でさえ、ナポレオンにとっては、破壊せねばならない忌まわしいものでしかなかった。[65] 究極の政治的真理を把握しているのだから、万人はそれを受け入れなければならないという、これと同じ強い信念は、ウラジーミル・レーニンの思想とソビエト帝国主義の70年の歴史を特徴づけている。そしてそ

れは、わたしたちの時代にも、ＥＵの教義のなかに再び姿を現している。１つのネイションの支配に満足せずに、その官僚たちが普遍的で明白だとみなす政治的真実に従って、ＥＵはかつてないほどの均一性をすべてのネイションに課そうとしている。

この３つのヨーロッパ帝国主義国家は自らを、それぞれが独自の方法で、全人類のためにただ１つ明白な政治的真実を指示する、普遍的な理性という啓蒙主義の教義を適用していると考えていた。ネイションの自由の原則は、人類の理解力についてまるで異なる、それどころか実際には正反対の見解を前提としている。政治的真理は、理性の行使によってであれ、ほかの手段によってであれ、ただちにすべての人に明らかになるものではないという仮定を前提としているのだ。ジョン・セルデンが力説したように、人間の理性は実質的にどんな結論に到達することも可能であり、誰もが同意する唯一の政治的真理に到達したことは、いまだかつてないのである。このように、ネイションの自由は重要であり、何世紀にもわたり忍耐強い試行錯誤を通して試された各ネイション独自の目的、伝統、制度を発展させることを可能にする。ネイションの多様性が必要であり、各自がそれぞれの理解に基づいて真理を追求するという考え方は、政府や道徳に最良の原則があることを否定するものではない。否定されているのは、こうした原則は、とにかく理性を働かせてその原則にたどり着こうとする者ならば誰にでもわかる、という点だ。イギリスの偉大な哲学者であり政治家であるセルデンは、経験主義から、ネイションの多様な伝統の正当性を主張した。実際には何が最善なのか、歴史という長い時間をかけて学ぶことができるのは、多くのネイションの実験からだけである。

したがって、帝国主義政治かナショナリズム的政治かの選択は、2つの認識論を選択することに相当する。少なくとも西洋の歴史においては、帝国主義は合理主義的認識論と関連する傾向がある。人間の理性を無限に信頼するこのような理論は、偉大な普遍的真理はすでに手中にあり、その知識は今、人類にもたらされる必要があるだけだと主張する、大胆なものだ。一方でナショナリズムは、人間の理性の産物に対してほどほどの懐疑心を抱き、政治の世界で人間の理性への過信が災いしたことを念頭に置いているので、経験主義的な立場を根拠にする傾向がある。懐疑的であるがゆえに、賢明にも、多くの試みによってそれぞれが異なる真実に到達することを許容する。こうして、実験は成功するものもあれば、失敗するものもある。成功した実験はそれぞれ異なる方法で成功するので、各ネイション独自の経験が、それまで理解できなかったさまざまなことを教えてくれる[66]。言い換えれば、ナショナリズム的政治は、ネイション間に大きな議論を招き、実験と学習の世界をもたらすと言えるかもしれない。一方、帝国主義政治は、この議論があまりにも危険あるいは厄介だとして、議論は終わりだと言い放つ[67]。

合理主義的認識論と経験主義的認識論の間で繰り広げられる同様の議論は、経済学でもよく知られている。社会主義者は、必要な知識は手元にあるので、市場競争は必要ないと考えてきた。経済は、万人の利益のために行われる取引を指示する、合理的な立案者によって管理される必要があるだけだ。他方、資本主義の支持者は、こうした提案を、思い上がり、つまり人間の傲慢と愚かさの産物以外の

何物でもないと理解してきた。現実には、経済全体が万人の利益になるように正しい指示を出せる理性と知識のある人間も、人間の集団もいないからだ。むしろ、資本主義の支持者は懐疑的かつ経験的な観点から、多くの独立した経済参加者を認め、経済的産物とサービスの開発や提供において、自由に競争させるべきだと主張する。競合企業はそれぞれ異なる目的を追求し、他企業とは異なる方法で組織されているので、成功するところもあれば、失敗するところもある。しかし、成功するところは、合理的な立案者が事前に予測できなかった方法で事業を行う。彼らが発見したことは、その後ほかの人たちが真似をしたり、改良したりするために利用できる。このようにして、経済全体が競争から繁栄していく。

　政治秩序は、この点で経済秩序とよく似ている。現実には、どの人間もどの集団も、全人類にとって適切な政治構造を指示するために必要な理性も知識も備えていない。したがって、懐疑的で経験的な視点に傾いている者なら誰でも、多くの独立した国民国家と彼らの間の自由競争を認める、ナショナリスト的秩序の優位性を認識するだろう。それぞれの国民国家は異なる目的を追求し、他国とは異なる方法で組織されている。しかし、このような多様性にもかかわらず、独立した国民国家の統治者たちは、類似した国家体制の構成員と常に競争しながら、何が彼らに成功をもたらしているかを知るために、競争相手を絶えず横目で見て、他国の制度で賢明で有用で素晴らしいと思うものを真似して、自国を向上させようとしているのである。このようにして、各ネイションの統治者は、主に競争相手と比較した場合の自らのネイションの強さと地位に関心をもちながら、やはり、自分たちの大量の実

験と経験を全人類と共有することになる。

歴史のなかで、個人が科学研究や宗教、芸術で実りある成果を生み出したきわめて称賛すべき時代は、国民国家であろうと部族都市国家であろうと、他国としのぎを削る小さな独立国家体制の時代だったという事実が、このような独立国家間の競争から明らかになる。たとえば、古代ギリシアやイスラエル、ルネッサンス期のイタリアの諸国家や、プロテスタント構造確立後のヨーロッパの国民国家、とくにオランダ、イギリス、フランス、中欧のドイツの国家などだ。これについては、ジョン・スチュアート・ミルをはじめとする歴代の経験主義の哲学者たちが注目しており、ミルはヨーロッパの進歩を、その政治体制が認めていた「多様な道」に起因するとした。

> ヨーロッパの各ネイションを、人類のうちで停滞した部分ではなく改革的な部分にしたものは何だったのか？　それは、各ネイションに何らかの卓越性――それが存在する場合、それは原因ではなく結果である――が備わっていたからではなく、彼らの文化に驚くべき多様性があったことである。個人、階級、ネイションは互いにまったく異なる。彼らは多種多様な道を歩んでおり、それぞれの道が価値あるものへと通じていた。また、どの時点でも、各々は互いに対して不寛容で、自分たちと同じ道を歩むよう他者すべてに強制できればいいのにと考えてきたにもかかわらず、……それぞれが辛抱の末にやがて他人がもたらす善きものを受け入れるようになってきた。ヨーロッパは……このような多数の道からまさしく恩恵を被ってきたのである。[68]

人類の遺産のなかで独立国家制度の産物が非常に大きな割合を占めるのに対し、帝国主義国家の貢献は、それに比べて著しく少ないという事実は見過ごせない。独立した国民国家や都市国家体制における競争の時代は、その独立した国民国家や都市国家に利益をもたらす有能な個人に、最大の機会を提供するように思われる。帝国は当然ながら、まったく異なる環境を促進し、結局、有能な人間にただ1つの機会を提供する。それは、その人物を帝国という1つの大きな政治権力の欲望の型にはめ込むことだ。それに、そのような機会は、独立した国民国家や部族国家体制の下での繁栄に比べれば、ほとんどないと思われ、それぞれが互いの健康と繁栄、力と評判に嫉妬する。[69]

本書で提示する競争的な政治秩序を支持する論説は、経験的科学を発展させたと主張する経済学者にとっては、また、それぞれが独自の政策をもつ多くの独立したネイションが提供する実験の世界を歓迎する経済学者にとっては、魅力的に映るはずだ。それなのに、すべての国境線が取り除かれた単一の世界市場で経済効率が最大になるという仮説に基づいて、経済学者（と経済学を学んだ多くの人）が独立した国民国家体制に声高に反対するのを、わたしたちは絶えず耳にしている。経済学者たちは、フリードリヒ・ハイエクがかつて述べたように、国境のない世界とは、すべての利害対立が、よくまとまった連帯意識を備え、それゆえ時間がたっても頑なに変わらない地方政策を有する国民国家間で生じるのではなく、「組織構成が常に変化する集団」の間で生じる世界になると言う。[70]このように、国内経済の構造については経験主義を誇るこの経済学者――彼は自由なイノベーションによる進歩を可能

にするために独立企業間の競争を期待していた――が、世界経済となると、突然合理主義者になる。世界経済に関して、彼はほかの合理主義者と同様に、人類の経済の繁栄に必要なルールはすでに手中にあり、中央の管理機関は全人類に適した政策を決定することができ、そのような中央集権的な計画で全人類が繁栄するとして、安心しているのだ！　マーガレット・サッチャーがヨーロッパで抵抗したのはそのような合理主義論であり、中央の経済団体に全ネイションの政策決定権を与えようとする試みは、「成功した自由企業の条件」である「多様性と国家間の競争」に終止符を打つことになると、彼女は主張した。サッチャーは次のように記している。

> その狙いは「公平な競争条件」だと言われていた。この言葉には安心感を与える響きがあるが、実際には貿易に関する根本的な誤りが含まれている。自由貿易は、さまざまなネイションの企業が競争することを可能にする。しかし「公平な競争条件」は、異なる規制システムから生じる競争を止めてしまうので、実際には貿易で得られる利益を減少させる。……調和が技術上の基準などにとどまらず、労働法や社会保障、税制にも適用された場合、経済的に甚大な破壊をもたらす。企業に最も有利な国際条件を提供する各国間競争は、経済発展のための強力なエンジンだからだ。[71]

サッチャーの見解によれば、純粋に経験主義的な経済学へのアプローチは、さまざまなネイションの経済変動を促進することになる。これは、ほかのあらゆる分野と同じように、経済学にも当てはまる

はずだ。独立したネイション間の経済競争は、実験のための最大の場を提供し、試行錯誤を重ねることで、法律や規制構造、税制、国家間で締結される貿易協定の種類などに進歩をもたらし、単独の経済システムが全体に課された状況では実現できない進歩をもたらす。このようなイノベーションは、競合する独立国民国家によって行われ、最初に導入した国に利益をもたらしたことが明確に示されたときに、模倣されて、世界中に広まる。

国家間の自発的な調整は、明らかに共通の利益がある場合には、常に望ましいものだ。サッチャーはこのとき、企業が国境を越えて競争するための技術上の基準を設定する際の各国間協力に言及しているが、安全保障や環境、健康、災害救助などの問題の協力について言及しているも同然だった。このような協力は、完全に独立したネイション間の合意の枠組みのなかで厳密に行われ、国際機関の意思決定権下に置かれない限り、すべてのネイションに利益をもたらす。[72]

5. 個人の自由。独立した国民国家は、集合的自由および自己決定権を確立するためには人類が知る限り最高の制度である。だが、集合的自由と個人の自由は同じではない。アメリカ人は歴史上のかなりの期間、奴隷制度とおぞましい人種法を容認しながら、ネイションの自由と自決を表明した。フランス人は長い歴史のなかで、自分たちが不快に思う言語や宗教的慣習を弾圧することで、彼らのネイションの自由を表明してきた。ネイションの独立が個人の自由の保護につながらなかった例は、ほかにも枚挙に暇がない。[73] このことを念頭に置くと、ネイションや言語や宗教的伝統の多様性にある種の

平等が認められる帝国主義国家や普遍的な国家のほうが、個人の権利と自由は保護されやすいのではないか、とする向きもあった――1つのネイションの言語と宗教的伝統が優先される国民国家には、そのような平等は存在しないからだ。[74]

だが、帝国主義国家のほうが個人の自由の保護に適しているという仮説を裏づける歴史的証拠は、ほとんどない。それどころか、既知の帝国主義国家は、いずれも何らかの独裁体制を敷いていた。一方で、個人の権利と自由の伝統は、国民国家においてのみ発生し展開したものであり、一部の政治理論家は、国民国家こそが、自由な制度を安定させることができる唯一の環境だと指摘している。ミルは、*Considerations on Representative Government*（『代議制統治論』水田洋訳、岩波書店、1997年）のなかで、「政府の境界線がナショナリティの境界線と概ね一致することが、自由制度の必要条件である」と主張して、19世紀の一般的な見解を述べている。[75] その後1世紀半の間に起きたことは、彼の評価が間違いだとみなす理由を与えなかった。それはなぜなのだろうか?

個人の権利と自由の伝統は、モーセの律法に根ざしており、イギリスとアメリカの法律において非常に精力的に、そして成功裏に発展してきた。両国では、個人の権利と自由はそれ自体で存在したのではなく、自由な制度と呼ばれる、より大きな構造の一部として存在してきた。このような制度は次のことを定めている。(i)ネイションの法律は、王（または大統領）の意志に優先するものであり、王（または大統領）の意志に影響を受けない。(ii)王（または大統領）の権限はネイションの代表者によっ

て制限され、課税、法改正、重要人事の任命には、王（または大統領）は彼らの助言と同意を得なくてはならない。（iii）個人の権利は、法の適正な手続きを踏まえた場合しか侵害されない。（iv）法律は何よりも、個人の生命、婚姻、財産に対する権利、および言論、活動、結社、宗教の自由を守るために命じられる。（v）一部の政府役人を選任するために公職選挙が行われる。[76]

　自由な制度のこのような特徴を検討すると、イギリスやアメリカで保障される個人の自由は、個人が単に「生まれながらに」もっているものではなく、それどころか、何世紀も試行錯誤を重ねて作られた複雑な仕組みの成果であることがわかる。このような原則は、議会に集められたネイションのさまざまな部族や派閥勢力と、統治者の権限とのバランスをとることにより、また、個人への法適用の確定を任務とする独立した裁判官や陪審員の権限に対して、統治者と最大の影響力をもつ部族や派閥の権限のバランスをとることにより、広範にわたる個人の権利と自由を確立する。一見して明らかなように、この制度全体が機能するかどうかは、統治者とネイションで最も影響力のある部族や派閥が、自分たちの権限がこのように制限されることを受け入れる意志があるかどうかにかかっている。つまり、彼らは自分たちの権限の弱体化に同意し、暴力に訴えて元の状態に戻そうとすることなく、望ましくない結果を受け入れなければならない。

　どのような状況ならば、統治者や、一般にはネイション内で最も影響力のある部族や派閥の長、ならびにその他強力な部族や派閥の長が、このような権限の弱体化に同意するのだろうか？　これは、国民国家の状況下でのみ可能であり、それぞれの部族や派閥の長が、相互の忠誠の絆で結ばれている

状況でのみ可能である。そして、彼らが率いる部族や派閥も同様に互いに忠誠心を抱いている状況で可能である。相互の忠誠の絆が存在するところでは、このような煩雑な政府機構により保護された個人の自由と、その結果生じる国家の物質的繁栄とネイションの内的統合への利益は、一人ひとりが獲得した利益として経験されるのである。それらが存在するところでは、自分が嫌う政治派閥や教会の活動、無責任な扇動にあふれているとみなす新聞の活動であっても、自分たちのネイションの強さであり栄光である自由な制度の表現なのだから、ネイションの大義の推進として体験できるのである。イギリス、オランダ、アメリカの国民国家の下で生じたこのような相互の忠誠心の絆には、広範にわたる個人の権利と自由を生じさせるほどの力がある。そして、このような状況が世界中のほかの国民国家で真似され、多くは見事な成功を収めていることが知られている。

だが、帝国主義国家ではどうだろうか？　同様の政府機構を作り上げることはできないのだろうか？　それができれば、帝国に個人の権利と自由が広範に与えられるようになるのではないだろうか？　すべての帝国主義国家や普遍国家は専制国家だとすでに述べた。この種の主張はミルもしており、彼自身、帝国運営についてまったく知らないわけではなかった。当時のオーストリア＝ハンガリー帝国を観察していたミルは、帝国主義国家では、各ナショナリティが互いに忠誠を誓い合う可能性がないことを理解していた。言語も宗教も共有していない彼らは、自分たちを真に1つのまとまりだと認識することができず、むしろ、競争相手として認識し、各自が他者に脅かされている。共通の政治

的指導者は存在せず、それぞれのネイションにそれぞれの指導者がいる。同様に、出版物の共有もなく、知識が共有される共通領域もない。だが、各ネイションには独自の出版物があり、何が流通すべき知識かに関する独自の見解もある。実際、こうした対抗するネイションを結びつけているのはオーストリア＝ハンガリー帝国の武力だけであり、その武力が各ネイションの反乱鎮圧に使われている。[77] わたしならこの分析に、どの帝国も最終的には、相互の忠誠の絆により結ばれているネイションの結束力によりまとまる、と付け加えるだろう。オーストリア＝ハンガリー帝国では、これがドイツ人であり、多少なりともマジャール人の援助を受けて、帝国の支配下に置かれた他ネイションに大きな自由を与えない限り、武力による統治を行うことができた。

オーストリア＝ハンガリー帝国のような帝国主義国家は、多種多様なネイション間の相互の忠誠の絆によって団結してはいない。つまり、この帝国が勝利や失敗を経験したとき、その支配下のネイションはそれを自分たちに起きたこととしては経験しない。むしろ、ほかの誰かに起きていることとして、支配的ネイションに、ほかのネイションを出自とする帝国協力者に起きていることとして経験するのである。このような状況下では、個人の自由の付与、たとえば言論の自由が支配下のさまざまなネイションに付与されたならば、彼らはこの新たに手に入れた権利を利用して、帝国主義国家の解体をそれまで以上に強く求めるだろう。これが、オーストリア＝ハンガリー帝国末期に起きたことであり、帝国は自由制度の実験を行い、それによって自らの終焉を早めることになった。また、ソビエト連邦やユーゴスラビアのような現代のマルチネイション国家でも目にしたことだった。こうした国家は、過

酷な抑圧によって何世代もの間まとまっていただけで、前世紀末に個人の権利と自由を認める試みが導入されると、たちまち解体してそれぞれのナショナリティに分かれた。

英米の政治で伝統的に発展してきたような自由制度の確立に関心を抱くならば、一番の関心事は、ネイションの結束力であるにちがいない。言語や宗教が確実に共有され、かつて戦時中に団結したという事実に由来する、この相互の忠誠心こそが、その他すべてのものが依拠する強固な基盤である。この絆が長い年月と苦い経験を経て強固になっている場合、個人はそのネイションの集合的善のために、自分たちの一時的な政治的利益や、氏族や部族の利益を犠牲にしてもかまわないと思う。一時的な利益を捨ててもいいという気持ちは、外敵からネイションを守るために自己犠牲もいとわなくなるように、次は、個人の権利と自由の伝統を擁する、自由な国民国家制度の発展へと道筋をつける。

第15章 連邦という解決策の虚構

帝国主義とナショナリズムは、政治思想において相容れない立場にある。すべてのネイションを包括する権威をもつ単一制度に、世界全体が従属すべきだという見解を支持する人がいる。あるいは、政治秩序の最善の形態として、独立した国民国家の世界を達成しようとする人もいる。ただ、この2つの見解を同時に受け入れることはできない。

2つの秩序のジレンマ

この二分法を回避しようとして、多くの論者はこの理論の中間的な、あるいは妥協的な立場を探し求めてきた。帝国主義国家の秩序と国民国家の秩序との間で選択を迫られる場合、そのジレンマの解決策として、世界連邦政府か、国際法の下でネイションの行動に責任を課す、似たような国際体制が提案されることが多い。[78] たとえば、イマヌエル・カントの「永遠平和」の体制は、このような世界連邦によって実現するはずだった。[79] ウッドロー・ウィルソンの「人類主権」も、ネイションに独立性と自決権を与えると同時に、ネイション間の紛争を裁定し、必要に応じて強制的に統治を行う国際体制を確

立することを提案したものだった。[80] 前世紀を代表するリベラリズムの理論家であるフリードリヒ・ハイエクも同様に、ネイションの独立が戦争を引き起こし、平和と繁栄は国際的な連邦国家によってのみ達成できると主張していた。[81]

国際連邦政府の提案は、独立し自決権のある国民国家間の紛争に限られるため、このような国際連邦は、帝国主義国家からの改善だと考えられている。普遍的な連邦国家の下では、各ネイションはほぼすべての事柄において独立状態を維持すると言われている。たとえば、各ネイションは自由に独自の憲法と法律を定め、独自の言語と宗教を守り、経済活動を行い、独自の理解に基づき子どもたちを教育することができる。要するに、独自の路線を進めるということだ。国境を越えた暴力の行使だけは禁止され、紛争は国家を支配する連邦政府機関により解決される。

だが、この主張は、国際連邦国家の成立に必要とされる政治秩序についての誤解に基づくものだ。実際、これまでも繰り返し提案されてきた国際連邦政府は、重大な点において帝国主義国家と見分けがつかない。国際連邦という概念は帝国の概念にすぎない。その他すべての帝国主義の構想とともに、非難され拒否されるべきである。

紛争の解決策について

わたし自身の立場を説明する前に、わたしもネイション間の平和の実現を気にかけていることを、

ここで強調しておきたい。イスラエルの預言者たちは、わたしたちの政治の伝統が生まれたときにネイション間の平和の理想を植えつけたので、紛争を平和的に解決できる場合に流血に訴えることは言語に絶する悪であると、わたしたちは常に認識している[82]。けれども、預言者たちが語る世界は、各ネイションがエルサレムに紛争を持ち込んで自ら裁きを受ける世界だ。裁きを強制したり、力ずくで決定を押しつけたりする力をもつ国際連邦国家ではない。この2つは、次に示すように、人類がこの先目指すべきところがまったく異なっており、それぞれまったく異なる政治秩序達成の願望を反映している。

A. 任意裁定。紛争中のネイションは、紛争を裁定に付すかどうかを選択する。裁判官または裁決機関の決定に従うかどうかの選択は、当事者たる独立したネイションの手に委ねられる。

B. 強制裁定。ネイションは、国際連邦国家当局者による裁定に強制的に付される。同様に、国際連邦国家の代理人が裁決を遵守させる。

この2つのシナリオで示される条件は、わたしたちがすでによく知る、2つの異なる政治秩序形態を反映している。シナリオAの下では、紛争の任意の裁定は、独立した国民国家からなる秩序の範囲内で行われる。当事国の独立性について言うなら、こうした国に紛争の裁定を強いる国際機関は存在

せず、彼らが決定に従わないことを選択した場合、裁決条項に従うように強制できる国際機関も存在しない。一方、シナリオBでは、ネイション間の紛争を解決できる国際機関が存在するため、紛争当事者のネイションの意向にかかわらず、強制的な裁定が行われる。これはまさに帝国政治秩序をよく表す特徴である。紛争当事者である主体が「国家」と呼ばれていても、独立した、自決権のある主体ではない。ある問題が自分たちの手から取り上げられて、国際連邦政府の決定に付されるかどうかについて、彼らには選択の余地がない。そのような決定を下す権限はその国際機関にあるからだ。同様に、この問題を誰がいつ決定するかは国際連邦政府次第なので、彼らに選択の余地はない。また、国際連邦政府が下した決定に従うかどうかについても、必要とあれば力ずくで課されるので――やはり、国際連邦政府の手に委ねられた決定に従って――彼らに選択の余地はない。

　このように、この2つのシナリオの選択は必然的に、独立した国民国家の秩序と帝国の秩序の選択となる。哲学者や政治家が、体面を保つために、シナリオBを帝国主義国家ではなく「独立したネイションの連邦」と呼ぶほうを好むという事実は、提示された問題の本質に影響を与えない。加盟しているネイションが自分たちの問題をどのように取り仕切るかについての決定は、帝国主義国家のレベルで行われることになっている。

　言われているように、国際連邦の提唱者は、戦争と平和以外のことはすべて国民国家が自由を保持すると主張している。彼らによれば、連邦は成文化された憲章に基づいて運営される。国際連邦が介入できる事項を拘束力をもつ文書に列挙し、政府のその他の権限は法的権利の問題として各国に委ね

られる。だが、国際連邦政府が何らかの制約を受けて、ある規定事項にのみ干渉するという想定は、その原則自体を検討し、連邦制度の過去の所業を検討すればわかるように、誤りである。

原則に照らして、ある国家が隣国の政策や行為について国際連邦政府に苦情（または訴訟）を申し立てたとしよう。訴状の内容は、隣国が国境付近に軍事基地を設置した、隣国の軍隊や軍需産業が急速に拡大したなどに関するものだ。あるいは、外部に何度も救済を求めている民族的マイノリティや宗派への隣国による弾圧に関するものかもしれない。あるいは申し立てた国は、隣国の経済活動や、国境を越えた不法移民の奨励、もしくは国境の向こう側での麻薬カルテルやテロ組織の台頭によって、自分たちが害を受けていると考えているのかもしれない。あるいは、共同の給水資源またはその他共有資源の過剰な利用や破壊によって。選挙や内政への干渉によって。あるいは、隣国が扇動したとみなされるスパイ活動、暗殺、公序良俗の乱れによって。あるいは、隣国のメディアや学校での敵対的なプロパガンダとされるものによって。言い換えるなら、ある国家による重大な行動や政策は、軍事行動の正真正銘の動機となりうる――そうでないとしても、少なくとも軍事行動の口実となりうるということだ。何カ月もあるいは何年もの間、合意や賄賂、脅迫によってこの問題を解決しようとしたが失敗に終わった結果、申し立てた国の指導者たちは、この問題を武力で解決するという決断を下す寸前で、戦争回避のために強制的解決策を出してもらおうと、国際連邦機関に目を向けた。

では、国際連邦当局者がその苦情（または訴訟）を検討するかどうかは、誰が判断するのか？　その苦情が、憲章に従って行われる国際連邦による干渉を正当化するのかどうか、誰が判断するのか？

そして、国際連邦が紛争に干渉した場合、どちらが正しいのかを誰が決めるのか？　紛争の終結にどんな救済策が必要か、誰が決めるのか？　また、紛争当事国の一方または両方が国際連邦の決定を受け入れることを拒んだ場合、誰が強制や軍事行動により救済策を課すことになるのか？

はっきり言えることとは、こうしたことはすべて国際連邦当局により決定されるということだ。この決定が当局の手中にないならば、シナリオAに戻ってしまうからだ。つまり、各国民国家は、その問題について当局の審査に依頼するかどうかを自ら決める。国際連邦が下した決定に従うかどうかについても、各国民国家が決める。この場合、これは国際連邦ではなく、独立した国民国家間の紛争を任意で仲裁する団体にすぎないことになる。しかし、国際連邦政府当局が自ら答えを出し、彼らに解決策を押しつけるほどの強制的権限をもつのであれば、シナリオBに沿った帝国主義国家内の紛争の平和的解決を観察していることになる。

国際連邦の権限はどこまでおよぶか

だが、これが意味することに注目してほしい。国際連邦が戦争と平和の問題に「だけ」介入するという想定は、理にかなっていないことがすでに証明されている。戦争を防ぐため、あるいは戦争を終わらせるために介入するには、苦情を解決することが求められる――そしてこの苦情には、前述したように、挑発的、または刺激的とみなされる隣国の行動や政策が含まれる。したがって、戦争と平和

の問題に介入する国際連邦の権限は、現実であれ捏造であれ、各国家が作成する隣国への苦情リストと同じほど広範囲にわたる。連邦政府の介入でこうした苦情を真剣に解決しようとする試みは、糾弾された国の独立性を、そしておそらくは申し立てた国の独立性も、軍事政策や安全保障政策などの分野で、経済政策や移民政策、環境政策の分野で、宗教政策や文化政策などの分野で、最終的には憲法や法律の分野で、必然的に低下させるということだ。このすべての事項に関し、国際連邦体制下で、国際連邦による独立国家への権利侵害を唯一阻めるものは、国際連邦当局者の自制心である。人間が政府を運営する以上、国際連邦政府当局者にそのような自制が可能であることを示すものは何もない。それどころか、問題の地域に〝平和をもたらす〟という重大な任務を与えられれば、交戦当事者のネイションを、国際連邦の期待する従順な加盟メンバーのあるべき姿と一致するまで変えたいと思い、積極的に干渉するしかないと考えるようになるだろう。

部族や氏族による連邦主義

この分析は、統治の有益な手段となりうる一国内の連邦制自体への反論として解釈されるべきではない。どのネイションにもさまざまな部族が存在し、それぞれが自分たちの言語や法律、宗教などの独自の慣習をもっている。しっかり統治された国民国家は、国家全体の内的統合が脅かされない限り、各部族が独自の道を歩むためにある程度の自由を認めることも多々あり、さまざまな分野で権限を委

譲している。うまくいけば、このような政策によって、部族は格段に大きな集合的自由と自己決定権を獲得したと感じられるようになり、部族間の多様性と競争から生じるイノベーションからネイション全体が利益を得られる。言い換えれば、連邦主義とは、部族や氏族が互いに対する交戦権を備えた独立した存在として生きていくことをやめたときに、多くの部族や氏族からなる秩序に残るものである。そうした秩序は、弱体化した形だが、政治組織の原始的構造を維持するので、連邦主義はこの構造の利点を保持し、多くの場合、適度にこの構造に従うことが国民国家にとって有益である。これはやはり帝国主義国家にも当てはまる。帝国主義国家もまた、特定の分野において一定の権限を保持することを支配下のネイションに認めることが有利であると気づいており、何らかの連邦構造を設けることが多い――たとえば、ペルシャ人がユダヤ人に対しエルサレムの軍事的・法的自治権を与えたように、またイギリス人がアメリカの植民地に帝国枠内の自治権を与えたように。

だが、連邦制度の下での権限委譲は、この制度下で支配される部族やネイションに独立性を与えることにはならない。連邦構造の頂点にある政府には、適度な権限移譲を決定する責任が依然としてあるからだ。それにこの連邦政府は、移譲した権限の程度が大きすぎると考えるようになると、すぐにではなくても近いうちに、それを制限する適当な根拠を見つける。

アメリカにおける連邦の歴史

これについては、アメリカで繰り返し実証されており、連邦政府としてはおそらく最も有名な実験だろう。よく知られているように、当初はアメリカの13の植民地が、独立連合国家としてイギリスからの独立を主張していた。つまり、古代イスラエルやギリシアの都市国家制度のように、独立性は当初、各部族に残っていたのである。賢明なアメリカ人たちは、自分たちが言語や法律、宗教、歴史を共有していることを理解しており、1つの国民国家の下で旧植民地を統合することによって、旧植民地間の絶え間ない戦争状態を阻もうとした。1787年に法案が採択されたアメリカ合衆国憲法は、この統合とアメリカ国民国家の創設を許可したもので、連邦制の性質を有し、13州に広範な権限を留保したものだった。[83]だが、国家政府が設立されると、政府は必然的に、物質的繁栄や内的統合、ネイション全体としての文化遺産に対する責任があると考え、その責任に沿って行動した。たとえば、トーマス・ジェファーソンは大統領として、マサチューセッツ州とコネチカット州のプロテスタントの憲法と宗教秩序を打倒するために全力を尽くした。ジェファーソンはこれらを、ネイション全体の文化継承に対する脅威とみなしたのである。[84]エイブラハム・リンカーンはさらに踏み込んで、南部諸州の分離独立と、人間を所有し奴隷にするという、南部が主張した恐るべき権利に対して、戦争を行った。[85]歴代の連邦政府は、ユタ州でモルモン教徒の一夫多妻制の慣習と戦い、ついにそれを廃止させた。その後、連邦政府は反抗的な州の内政に介入して、黒人に対する人種法を覆し、公立学校の聖書教育や祈

禱、中絶、同性婚などの問題に関して、全国的に統一された道徳基準を課した。ほかにも枚挙に暇がないほど多くの例が挙げられる。

アメリカ政府はこうして、諸州の憲法および宗教上の伝統を、国家が許容できると考える範囲内に強制的に一致させるために、アメリカ連邦主義の歴史を通して自由に権力を行使してきた。このようにして、州単位での広範な自決権という当初の約束は、徐々に取り消されていった[86]。わたしは異議を唱えるためにこれに言及したのではない。アメリカ南部における黒人の人種的抑圧はとくに卑劣なものだと考えており、よって、その撲滅のために取られた措置については賛同する。とはいえ、アメリカ政府が、憲法と権利章典によって州に留保されていた権利と自由を漸進的に廃止したことから浮き彫りになる、連邦政府全般の本質について認識することは重要である。連邦政府の構想が、アメリカの構想よりも永続的で成功すると信じる理由はない。だが、連邦が承認した部族や下位区分（ニューイングランドの会衆派の州、奴隷保有の南部の州、モルモン教徒のユタ州など）の自決権がネイション全体の物質的繁栄、統合、文化継承に対する脅威だと認識されてからは、政府当局がそれを許可しないということを、わたしたちはアメリカの事例から学んだ。連邦制度がどれほど寛大に構築されていようとも、また憲法文書でどれほどはっきりと部族のために特定の権利を留保していようとも、最終的にその部族や下位区分にどの程度の権利と権限を委任するのかを決定するのは、連邦政府当局である――その権利と権限は、国益について政府が抱く見解に沿って、必要に応じて強制的に削減されたり、廃止されたりするのである。

連邦国家が直面する問題

アメリカの場合は、連邦構造の下で寛大な権限配分を維持するうえで、多くの点で非常に好都合だった。アメリカ連邦主義の下で統合された諸州は、英語とコモン・ローの継承、プロテスタント、そして逆境での戦いと最終的勝利の歴史を共有していたために、自分たちを相互の忠誠の絆で結ばれた１つのネイションとみなすことが比較的容易だった。それに比べて、哲学者や政治家が提唱した国際連邦は、はるかに困難な事業である。共通の言語や法律、宗教をもたず、一緒になって共通の敵と戦った歴史もないネイションを統合するために、連邦制が設立されるとしているのだ。したがって、この場合の連邦内の各ネイション間の違いは、アメリカの州を分割した違いよりも、さらに顕著になることだろう。そして、この違いが必然的に政治的対立を引き起こすとき、国際連邦政府は２つの選択肢に直面することになる。１つは、反抗的なネイションに対し、自らの意志を押しつけるために必要な資源と決意を有する場合、連邦政府は、あらゆる意味で帝国主義国家となる。もう１つは、資源と意志を押しつける決意がない場合、構成するネイションは再びバラバラになる。たとえば指導者が反体制的な州に強要しなかったならば、アメリカ連邦制は崩壊していたことだろう。

これは、国際連邦の試みとして現在最も目立っている欧州連合（ＥＵ）で起きていることである。１９９２年のマーストリヒト条約によって設立されたＥＵは、「補完性《サブシディアリティ》」の原則の下に、かつては独立独行の数十カ国を統合している――サブシディアリティとは、もともと中世のカトリックの用語で

聖書的な意味合いが強く、現在では、アメリカ的な用語である連邦主義という言葉の代わりに使われるようになってきている。[87] マーストリヒト条約では、立案者の意図が次のように述べられている。

> その排他的な権限に含まれない分野では、提案された行動の目的が加盟国によって十分に達成されず、それゆえ、提案された行動の規模や効果の理由から、本共同体が行ったほうが十分に達成される場合に限り、本共同体は補完性の原則に従い、行動を取るものとする。[88]

ここで、マーストリヒト条約は、アメリカ憲法で曖昧なままにされていたことを明示的に述べている。すなわちこのヨーロッパの政府は、条約で留保されている分野と、「提案された行動の目的が……本共同体が行ったほうが達成され［う］る」分野の両方で、従属する国民国家のために決定を下すというのだ。どの目的をヨーロッパの連邦政府が行ったほうが十分に達成されるのかという決定は、この政府当局者の手に委ねられているので、加盟国の権限の縮小を妨げるものは、政府当局者が常に自制する以外にはないのである。けれども、このような自制はなかなか働くものではなく、ヨーロッパの連邦裁判所に支援されたEU官僚機構は、経済政策、労働・雇用政策、公衆衛生、通信、教育、交通、環境、都市計画などの分野で、加盟国に対する権限を一貫して拡大してきた。よって、このヨーロッパの補完性の原則は、帝国の婉曲表現以外の何ものでもない。自律的であるとこのヨーロッパの政府が判断する限りにおいて、従属する各ネイションは自律的ということになるのである。[89]

主権の共有？

だが、このヨーロッパの連邦政府の明らかに帝国的な性格は、ＥＵが、政治制度について述べた従来のカテゴリーにもはやあてはまらない、〝トランスナショナル〟な新しい政治秩序形態を発見したとの主張によって、常に曖昧にされてきた。たとえば、ＥＵ加盟国の政治的自立性の喪失が連邦政府の設立をもたらしたことについて、ＥＵの支持者は否定することが多い。むしろ、ヨーロッパは政府をもたずに共同の〝統治〟のみを行う、「主権の共有」という新しい形態を考案したと言われている。もちろん、ヨーロッパの連邦政府が存在しないのであれば、この連邦政府が帝国主義的な政治秩序を構築したと言うことはできないのだ。

だが、これらはすべて作り話だ。プロパガンダとは裏腹に、ＥＵは強力な中央政府を擁しており、その命令はヨーロッパの各ネイションおよびＥＵ加盟国に対して法的拘束力をもっている。この政府は、大規模な立法官僚機構で構成されており、そこから発せられた命令は、ヨーロッパの連邦裁判所の管轄下にある法執行機関と司法制度を通じて、ヨーロッパの従属するネイションに課せられる。任命または選出されたさまざまな機関が、こうした法律を批准したり、批准を拒否したりする権限をもっているが、最終的な権限は、司法階層にある。[90] 確かに、このどれもが自由政府制度を想起させるものではない。しかし、確かにある種の政府ではある。帝国主義国家が歴史を通して自分たちに従属するネイションを統治するために用いてきた、官僚独裁政治のようなものだ。つまり、トランスナショナリズ

ムと主権の共有は、政治理論における素晴らしい新発見などではない。単にかつてのヨーロッパの帝国主義への回帰なのである。

とはいえＥＵは、かつてヨーロッパに君臨した帝国主義国家とは、ある重要な点で異なる。それは、外交を指揮し戦争を行う力のある強力な幹部――皇帝――がいないということだ。ＥＵがこのような幹部を欠いているのは、第二次世界大戦後、北大西洋条約機構（ＮＡＴＯ）を通じてヨーロッパの平和と安全の維持に責任を負ってきたアメリカの保護を受けていることが、主な要因である。アメリカ大統領は、言い換えればヨーロッパ軍の総司令官である――この事実は、最近のＮＡＴＯのセルビアに対する軍事行動で、再び際立った。つまり、アメリカ大統領は現在のヨーロッパにおいて、実質的に皇帝の役割を果たしているということだ。何よりこの取り決めは、アメリカ人もヨーロッパ人も、別の可能性、すなわちドイツの再軍備とドイツ皇帝という可能性に乗り気ではないという事実の帰結である。誰もが承知しているように、ヨーロッパの諸ネイションはドイツに支配されている。ＥＵは実質的にドイツ帝国である。しかしながら、ドイツが軍備増強を避け、大陸の安全保障に責任をもとうとする限り、ＥＵは依然としてアメリカの保護を受ける関係を続けるようだ――保護関係とは、やはりまさに帝国である。アメリカが保護を撤回すれば、ヨーロッパが提唱したとされる政治秩序の新形態はたちまち消えてしまうだろう。そのとき、ドイツによって強力なヨーロッパの幹部が任命され、大陸の安全保障を維持する権限が与えられることになる。すると、ヨーロッパで中世ドイツ帝国の再構築が完了し、ヨーロッパにおける独立した国民国家からなる秩序という、イギリスが発案した実験は、終わり

を迎えることになる。

ならば、帝国の秩序か独立した国民国家からなる秩序かを選択せずにすむ、「連邦という解決策」はない、というのが真実である。国際連邦政府は、帝国政府以外の何ものでもない——よって、アメリカとヨーロッパのどちらの手本に頼るほうを好むかということになる。国際連邦は、従属する各ネイションの自決権に設けるべき適切な制限について、独自の見解をもつ当局によって統治されることになる。どんなによく練られた建国の文書であっても、このような当局の意見はやがて効果的に阻めなくなる。この文書を解釈し、事態の成り行きを定める権限をもつのは、彼らだからだ。彼らは帝国主義国家の健康と繁栄のために必要なものを、自分たちの理解に照らして解釈し、無視し、文書を改変したりする——彼らは帝国の健康と繁栄を、必然的に、そして長年の伝統に従って、人類全体の健康と繁栄と同一視するのだ。

第16章　中立国家という虚構

どのネイションの構成員も地理的に分散しており、その他ネイションの住民と混在している。そのうえ、歴史と地形が国民国家の領土の保守に制約を与えている。これはつまり、現実には、国民国家はそのネイションのすべての構成員を統治していないということを意味する。また国民国家は常に、多かれ少なかれ、ほかのネイションに属する人々を統治している。ポーランド人全員がポーランドに住んでいるわけではないし、ポーランド人だけがポーランド国内に住んでいるわけでもない。アイルランドのアイルランド人、インドのインド人、トルコのトルコ人にも同じことが言える。

ユートピア的な中立国家

このような避けられない状況を前提として、独立国家の秩序が国民国家で、つまり、所定のネイションの自決権を実現する国家で構成されるべきなのはなぜかという疑問をよく耳にする。政治秩序は、よく中立国家（または市民国家）と呼ばれる、国内のさまざまなネイション、言語、宗教に対して排他的な関わり方をしない国家を中心に構築されたほうが、公正で平和ではないのだろうか？　その

ような国家は、住民の共同防衛、平和の維持、個人の権利と自由の確保にのみ関心をもつと言われる。各ネイションや部族の個々人は、やはり自己決定で集団的努力を自由に追求することが可能で、彼らが選択した範囲内で独自の言語や宗教的伝統を強化できる。しかし、国家機構はそのようなあらゆる努力に関して、厳格な中立性を維持することになる。これを支持する者たちは、アメリカやフランス、イギリスを例に挙げ、彼らはまさにこの点において中立国家として構成されているのでこれほど成功しているのだと指摘する[91]。

だが実は、中立国家は虚構にすぎない。ネイションや部族の結束がなくても国家は存在できると思い込む人々によって、この虚構は繰り返し持ち出される——実際には、絶え間ない政治的弾圧を受けることなく、独立した国家を設立し維持することを可能にするのは、ネイションや部族の結束だけである。中立国家のイメージは、社会主義者の描く経済がユートピア的であるのと同じように、ユートピア的である。社会主義者は、市場経済の下で可能となるような繁栄を望むが、この繁栄を現実に可能にする利潤動機をもたずに、その繁栄を望むのだ。同様に、中立国家の擁護者は、国民国家において可能となるような、国民の精力的な物理的防衛、法への服従、個人の自由の保障を望んでいるが、それを現実に可能にするネイションや部族の忠誠という相互の絆なしに、それを望んでいるのである。これについては何度も指摘されているので、わたし自身の見解を少しだけ付け加えるにとどめたいと思う[92]。

中立国家または市民国家の理想には、ネイションと国家の分離が含まれており、トーマス・ジェ

ファーソンが「政教分離」を呼びかけた際に思い描いたビジョンとよく似ている。[93] この分離の提案が正確に意味することは、自分の部族やネイションへの忠誠心から、国家の法律に従うこと、納税すること、軍に服務することを個人が期待されないということである。だが、この忠誠心こそが個人を国家に結びつけ、国民国家において個人がこのような義務を果たすように動かすものである。ならば、中立国家の理想について核心となる問題は、そのような重荷を背負うために個人を動かすものが部族やネイションへの忠誠心ではないとすれば、中立国家においてそのような犠牲を払おうとする個人の動機の源は、一体何だろうか？ 中立国家の提唱者もこのような動機がいくらか必要であることを認識しており、国家の憲法関連の文書と、この憲法文書が国民の心のなかで表現されるように国家当局が考案したさまざまなシンボルに対して、個人が忠実であるべきだと提案するのだ。このような「憲法愛国主義」は一般に、その最も有名な提唱者であるドイツの哲学者ユルゲン・ハーバーマスと結びつけられる。しかし、同様の提案は、現在アメリカでも聞かれるようになっている。建国文書（あるいは建国文書に含まれるとされる「アメリカの信条」）への愛情が、アメリカというネイションそのものへの愛着の代用として頻繁に持ち出されるようになっている。[94]

愛着の対象となるもの

これは可能なのだろうか？ 憲法への遍き忠誠心を理由として、法律が守られ、税金を徴収し、戦

争のために兵士を徴兵するような国家は、ありえるのだろうか？

確かに、文書への忠誠心と思われる例はいくつかある。イスラム教徒はその歴史を通して、建国文書にあたるコーランが傷つけられたり侮辱されたりしないように、自分の身を挺して守ってきた。ヒンドゥー教徒は同じようにヴェーダを崇拝し、ユダヤ教徒は、事実上彼らの憲法である巻物状のモーセ五書、つまりトーラーを崇敬している。歴史を振り返れば、キリスト教の世界でもある種の神聖な原本や肖像を損傷や冒瀆から守るために、自ら犠牲を払おうとする者が大勢いた。このような例を聞けば、憲法文書に対する尊敬の念が動機となることは十分に考えられるという印象が強まる。経験から考えるに、一般市民の憲法への敬意を純然たる宗教的畏敬の方向へ向ければ、国家の憲法文書に畏敬の念を抱くような政治的伝統が発展するのだろう。[95]

だが、このような国家の憲法文書の神聖化は、個人が特定のものを崇拝・神聖視することを学ぶ、家族や部族、ネイションの伝統という枠組みなしに行われることは不可能である。子どもの頃、わたしはシナゴーグでトーラーへの崇拝に常に触れていた。毎週3回読まれるこの巻物が運び出されるとき、大人たちが前に進み出てキスをする光景に、羊皮紙に書き写された文字が見えるようにと巻物が頭上に高く持ち上げられる光景に、わたしはこの崇敬の念を感じた。さらに、トーラーが床に落とされるようなことがあれば、会衆は罪の償いのためにひと月の間断食することを知っていたし、トーラーが持ち上げられたときにぐらつくのを見たら、わたしもその場にいた会衆とともにはっと息を呑んだ。このような点で、またその他多くの点でも、わたしは氏族の崇敬を――ユダヤ人とキリスト教

徒にとって、会衆は長年氏族に相当するものだったので――自分のものとして体験した。これはつまり、子どもたちは、家族や氏族への忠誠心と切り離せないものとして、トーラーへの敬意と忠誠心を学び、家族や氏族も、ユダヤ・ネイションへの忠誠心と切り離せないものとしてトーラーへ崇敬の念を示すということだ。キリスト教徒、イスラム教徒、ヒンドゥー教徒も、自分たちの聖典や神聖な物体に対し、驚くほど類似した畏敬の念を抱いており、各世代が同じようにしてその念を育てている。

神聖なものは、家族、氏族、部族、ネイションの習慣のなかにだけ現れる。大人になってからこうした神聖なものに愛着を覚える個人や家族も確かにいるが、ほとんどの人間にとって、神聖に対する意識は、幼少期や青年期に形成される相互の忠誠の絆とともに生まれるものだ。これはつまり、部族やネイションへの忠誠心に取って代わりうるどころか、中立国家の憲法文書は、我々が忠誠心を抱く部族やネイションが子孫に営々とその文書の神聖さを伝えていくまさにその程度にしか、あがめられないし、忠誠心の対象にはならないのだ。したがって文書はある部族やネイションの文化遺産になることもあるだろう。だが、ここでもまた、部族やネイションに対する個人の忠誠心が――部族やネイションに対する忠誠心とは関係のない文書自体に対する別個の忠誠心ではなく――中立国家を守るために個人が喜んで取るいかなる行為の源泉ともなりうるのだ。これは、当局が考案した、その他中立的とされる職務、シンボル、儀式にも当てはまる。このような文書やシンボルへの敬意は、特定の部族やネイションの伝統の所産なので、決して中立ではない。そして、これはまさに、国の大多数を占めるネイションへの相互忠誠の絆で結ばれていない、よって国の多数派ネイションに起きることを自分自身

に起きることとはみなしていない少数派ネイションや部族の、こうした文書やシンボルに対する見方である。このような文書やシンボルは、中立国家のシンボルとして敬愛されるにはほど遠いものであり、疎外された部族の少数派からは、異なるネイションや部族の疑似宗教とみなされ、彼らのために中立性が主張されるほど、偽善とみなされるだろう。

中立国家は存在しない。自由国家をまとめているのは、多数派のネイションや部族の相互の忠誠心であり、国家への忠誠心である。そのうえ、この大多数のネイションや部族は国家を安定させ強固にするために、その場限りのものであれ、戦略的な長期的同盟であれ、他者と同盟を交わす。自由国家とは、言い換えれば、ネイションのまたは部族の国家である。[96] 同様に、専制政権では、協力者と一緒になり、恐怖と賄賂で大多数を抑える1つの部族または氏族、家族により、政府は必ずと言っていいほど支配されている。

中立性という幻想

では、ネイションと国家が切り離された中立国家の虚構は、どのようにして存続するのだろうか？この虚構は、前述した主張、つまりアメリカ、イギリス、フランスなどの成功した西洋の国家が中立国家や市民国家の手本であり、こうした国家では、国を構成するネイションや部族から国家への愛情がうまく切り離されているという主張を、何にもまして拠り所とする。だが、そのような主張に根拠は

ない。アメリカ合衆国という国家は、アメリカというネイションを束ねる相互の忠誠心の絆で結びついている。アメリカというネイションは、聖書やプロテスタンティズム、共和主義、イングランドの慣習法に元来根ざす憲法や宗教の伝統をもち、英語を話すのである。[97] 何世紀もの時を経て、大きなカトリックの共同体とその他小さな共同体が編入されたことは、新しい部族がこのアメリカというネイションに受け入れられたことを実質的に意味する。だがこれは、アメリカがきわめて特徴的な1つのネイションのままであるという事実を、何ら変えるものではない。[98] 英語を話す入植者が明らかに多数を占めるようになる前に、アメリカに州として編入が認められた領土はない。アメリカ先住民やスペイン語を話す人々、またはハワイのポリネシア語を話す人々など、英語以外の言語が優勢にならないように配慮して、アメリカは常に州の境界線を定めてきた。[99] その土地の先住民族がこれまでずっと存在しているということは——たとえば、政治的に自治権を保有するナバホ族は、人口が数十万人に達し、今《こん》日《にち》に至るまで自分たちの民族の言語と伝統を用いて子どもたちを教育してきた——アメリカというネイションが合衆国内で圧倒的な支配力を握るとはいえ、アメリカというネイションはやはりその他すべてのネイションと同様のネイションだという証拠である。[100] 同じことはフランスというネイションにも言える。彼らは何世紀にもわたり、フランスのナショナリティの団結力を損なうと考えられていたオック語やその他の言語を根絶するために、攻撃的で、ときには恐ろしい組織的運動を行って、その結束力を維持してきた。また、同じことはイングランドというネイションにも言える。周辺のケルト人を追い返す何世紀にもわたる戦いによって、彼らは形成された。[101]

アメリカ、イギリス、フランスなどの国家の中立性や市民性とされるものは、このように幻想である。このような自由国家の強さと安定性は、アメリカ、イングランド、フランスが、国内で争い合うネイションや部族に対して、圧倒的な支配力を握っていた結果である——それは、何世紀にもわたり有力な競争相手を破滅させることで実現した支配である。件《くだん》の国民国家を成り立たせているのは、これらのネイションの内的結束力であり、それぞれの国家の性格を確立しているのは、これらのネイションの文化遺産である。こうした国家から学ぶべきことがあるとすれば、所定の国家内で1つのネイションが圧倒的優勢であることが、個人の権利や自由を含む自由な制度の発展を可能にしているということだ。このような自由な制度は、内部分裂した国家、つまり非国民国家では、一般的に発展も維持もできない。[102]

恣意的に国境線を引かれた新国家

前世紀、ヨーロッパの諸帝国の撤退により構築された政治秩序のなかでもとくに際立つ特徴の1つは、中東やアフリカなどで新たに誕生した独立国家の多くが、まさにこの意味での非国民国家だったことだ。つまり、イギリスやフランス、オランダは、多くの征服地を離れる際に、ネイションや部族の境界を反映した国境線を引くという彼ら自身の成功モデルのパターンに従うことを選択しなかった。これはおそらく、かつての帝国の支配者たちが、植民地の国境線の恣意的な引き直しや、国境とネイ

ションの住民を適合させる大規模な人口移動に煩わされたくなかったからかもしれない。あるいは逆に、ネイションや部族の境界線ではなく、恣意的な境界線で国家を設立するほうがいいと思ったからかもしれない。これにより領土の統治はほぼ不可能になるので、遠方からの操作や支配が容易になることを十分に認識していたのだ。しかし、理由が何であれ、帝国が設立した新国家のほとんどが非国民国家として誕生したことは、注目に値する。

このようにして、たとえばイラクは１９３２年に、フランスとの交渉で境界線が引かれて、イギリスから独立した。それ以前に「イラク」というネイションは歴史上存在していなかったが、イギリスはネイションや宗教の境界を無視して、クルド人、アッシリア人、アラブ人スンナ派、アラブ人シーア派などの部族を強制的に一緒にして、イラクというネイションを作ることができると主張したのである――彼らは、言語も宗教も、団結して行動した過去も共有していなかった。彼らは１つのネイションとされ、憲法や国旗、世界中に大使を派遣する権利を与えられ、国民国家を象徴するさまざまなシンボルも与えられた。こうしたことはどれも、この新しいイラクという国家が、イギリスやフランス、アメリカが国民国家であるのと同じように、実際に国民国家であるということを証明するために行われたのだ。だが、そのどれにも真実はなかった。実際には、アラブ人スンナ派が支配的な部族集団で、はるかに多くの人口を擁するアラブ人シーア派を容赦なく弾圧して国家をまとめていた。多くの人口を抱えるクルド人は、決してアラブの支配を受け入れなかった。１９８８年にイラクのスンナ派が毒ガスを用いてハラブジャのクルド人住民を殺害した事件は、スンナ派アラブ政権が国家の内的統合を維持す

るために必要だとして行った、言語に絶する残虐行為のなかで最もよく知られた例にすぎない。アメリカは、２００５年に個人の自由を保障するイラクの新憲法を制定し、西洋の民主主義として強制的に再構成することで救おうとしたが、すぐに失敗に終わり、イラクはひどい内戦状態に陥った。

　１９４６年にフランスから独立したシリアも同様の運命をたどってきた。それ以前の歴史に「シリア」というネイションは存在しておらず、この名称は、ギリシア人がこの地域を指してそう呼んでいたことに由来する。ところがその明白な事実に反して、恣意的に国境線が引かれた領域内のアラウィー派、ドゥルーズ派、クルド人、アッシリア人のキリスト教徒、アラブ人スンナ派は、１つのネイションだと宣言されたのだ。その結果、激しく対立し合うこうした集団の多勢の人々は、独特の教義と慣習をもつイスラム少数派のアラウィー派がついに権力を掌握するまでの20年間、慢性的に不安定な状況のなか国家による抑圧を受けて生きてきた。アラウィー派はキリスト教徒やドゥルーズ派とともに少数派同士で提携して、大多数を占めるスンナ派のアラブ系住民を恐怖政治で支配した。悪名高い所業の１つに、アラウィー派によるスンナ派の都市ハマーの破壊がある。過去10年の間、アラウィー派はアラブ人スンナ派の政権樹立を阻止し続けており、50万人の死者を出し、おそらく人口の約半分が住む家を追われた。

イスラエルの設立

こうした国家を、ほぼ同時期に設立された隣国イスラエルと比較してみよう。イスラエルは、イギリスの撤退後、ユダヤ人の国民国家として1948年に設立された。その目的は、独立宣言と多くの法律に反映されているように、ネイションとしてユダヤ人の自決を可能にすることだった。そのため、アラブの領土やイラン、中央ヨーロッパ、ソビエト連邦などから何百万人もの貧しいユダヤ人難民を受け入れた。このようなユダヤ人移民には、迫害からの自由と経済的機会が与えられ、彼らの子どもたちは、公立学校でヘブライ語やユダヤ人の歴史、聖書を学ぶことで自民族の遺産に触れることができる。言い換えるなら、イスラエルは特定の民族の国民国家として活動してきた。しかし同時に、イスラエルは自由な制度も発達させて、少数派のネイションや部族集団が自分たちの思うままに宗教的慣習を行ったり、自分たちの言語や文化遺産を用いて子どもたちを教育したりすることを認めている。実際のところ、イスラエルは現在の中東で、キリスト教徒やドゥルーズ派などが命の危険を冒すことなく自分たちの宗教を公然と実践できる、唯一の国家である。

シリアやイラクのような国家が、至極残虐な恐怖を与えることでしか安定を得られないのに、イスラエルはなぜ、少数派のネイションや部族集団を広く保護しながら、自由国家として繁栄できるのだろうか？　このような国家を区別する1つの原則がある。それは、イスラエルは建国の瞬間から国民国家として作られているということだ。これはつまり、対内的にも対外的にも実際にユダヤというネ

イションが存在することを意味する。ユダヤ人の多様な部族は、ユダヤ教と法律、ヘブライ語、そして何千年にもさかのぼり逆境に直面したときに団結した歴史を共有する。さらに、これらの部族が自発的に団結して、集合的自己決定を前進させるためにユダヤ人の国民国家を設立した。イスラエルでは建国以来、このようなユダヤ・ネイションが圧倒的多数を占めている。国家のシンボルと性格は、ユダヤ人というネイションとその宗教的伝統に由来しており、この独立国家が表現する集合的自己決定権を反映している[103]。

ここ数十年の間にナショナリズムについて書かれたものは、国民国家として構成された国家は、中立国家や市民国家と比べて、まとまりがなく、安定性が低く、抑圧的だと主張するものが多い。この主張によれば、国民国家は国内の多数派ネイションに特権を与え、それによって少数派ネイションの恨みや抵抗、暴力を引き起こすという。よって、多数派はその特別な地位を維持するために、抑圧で対応せざるをえないとされる。このようにして、断ち切ることのできない〝暴力の連鎖〟が始まるとされる。

1つのナショナリティの優位性が寛容を生む

だが、それは逆だと経験が教えてくれる。相互の忠誠という、切っても切れない絆で結ばれたまとまりのある1つのナショナリティの圧倒的な優位性こそが、むしろ自由国家に国内平和をもたらす唯

一の基盤なのである。これは、全人口が1つのナショナリティで成立しなくてはいけないという意味ではない。そのような状況は世界のどこにも存在しない。また、そのように完全な同質性が国家の結束力や安定性、成功のために必要だという証拠もない。むしろ、安定した自由な国家の構築に必要なものは、文化的優位性が疑う余地がないほど明白で、抵抗は無益だと思えるような、多数派のネイションである。そのような多数派のネイションは、少数派のネイションからの挑戦を恐れない強さをもち、国内の統合を損なうことなく、少数派のネイションに権利と自由を与えることができる。同様に、このような多数派に対抗する少数派は、自分たちが勝てないことを知りながら対立することには、おしなべて消極的である。そのため、ほとんどの場合、彼らは多数派のネイションの憲法文化や宗教文化によって築かれた期待に同化し、その言語を学ぶが、暴力に訴えることはめったにない。このような例としては、イギリスやアメリカ、フランス、その他ヨーロッパ諸国などの大きな成功を収めている国民国家が挙げられる。加えてオーストラリア、日本、韓国、タイ、トルコ、インド、イスラエルなどの国家もそうだろう。いずれの国でも、国民国家として成立していない近隣国家に比べて格段に安定し、繁栄し、寛容な国家を、圧倒的に優位性のある1つの多数派ネイションが生み出してきたのだ[104]。

国家が国民国家として構成されていない場合は、まさにその逆のことが起きる。強制的に一緒にされたネイションや部族は、共通の言語や宗教をもたず、共通の敵に対して協力して対峙した歴史もないため、相互の忠誠の絆を形成することができず、よって1つのネイションになれないのだ。彼らは、1つのネイションや部族集団が最終的に政権を握るまで、権力争いを繰り広げる。しかし、人民はネ

イションや部族という立場によって内部で分裂したままなので、このような権力の掌握は国家の根本的な不健全性を変えることはない。完全な破滅を防ぐのは、政府を掌握したネイションや部族の集団を束ねる相互の忠誠の絆と、他者すべてを恐れさせる、指導者の厳しい統率力である。このようにして、非国民国家は必然的に専制政権に傾き、最終的に、専制政権を維持できなくなった時点で崩壊する。シリアやイラクだけでなく、ソビエト連邦、ユーゴスラビア、チェコスロバキア、レバノン、イエメン、スーダン、ナイジェリア、コンゴといった国家は、その庇護下にあるさまざまなネイション間である種の中立性を主張するマルチナショナルな枠組みだったが、内戦が勃発したか、単に崩壊した。[105]

第17章　ネイションの独立の権利？

わたしは、最善の政治秩序とは独立した複数の国民国家からなる秩序であると提案してきた。この見解は、独立国民国家を明白な善であるとみなし、実現可能な場合には、そのような国家を設立すべきであると主張した、ジョン・スチュアート・ミルの見解に似ている。[106]とはいえ、このような立場は、ウッドロー・ウィルソンが指摘したように、すべての人々に適用できる、ネイションの独立と自決のための普遍的権利を支持するという、さらなるステップを踏むように求めるものではない。[107]それに実際には、そのような権利はありえないと思われる。ここでは、その理由と、それが外交政策の立案と国民国家からなる秩序の進歩にとって何を意味するかについて説明する。[108]

権利があるとはどういうことか

現代の政治的言説の大半に、個人や集団に帰属するとされるさまざまな自然権や普遍的権利の主張が取り上げられている。このような議論では、それは善だという認識から、すべての個人やネイションがその善に対する〝権利〟を有するという主張へと、安易に移行しがちである。現実には、善がすべ

ての人またはネイションに渡されるわけではない。ある善を個人が入手できる可能性は、その人が別の善を手に入れる可能性を阻む。あるいは、ほかの人々からさまざまな善なるものを奪うことになる。あるいは、今日の入手しやすさは、結果として明日の状況を深刻なまでに悪化させる。つまり、どの善が利用可能なのかは、現実の社会では試行錯誤なしには決められない、現実的な問題だということだ。このような理由から、真の権利、つまり他人に行動を起こす義務を負わせるものは、現実世界の状況での制約を考慮しないでは、計算できないのだ。たとえば、優れた政治体制とは、個人が飢えに苦しむことがなく、戦争の惨禍から守られている政治体制だと言える。だが、これを政治的に善の側面として認めることは、それらに対する権利を認めることと同じではない。飢餓を防ぐ義務は、おそらくは、そのような使命を遂行するための経済的・物流的資源を有する社会にのみ存在する。ちょうど、戦争に召集されない権利は、軍事力が十分に備わり、近隣諸国が平和で、そのような保障が正当化されることを認める社会においてだけ、潜在的に存在できるように。それを可能にする資源が存在するかどうかを考慮せずに、過去2世紀にわたり主張されてきたその他多くの普遍的権利についても、同じことが言える。それを提供するための資源が存在しないところで、役立つものを単に善だと名指しすることがなぜ権利と言えるのか、理解し難い。

　これは、ネイションの独立の普遍的権利の提案についても同様である。わたしたちが知るなかで最善の政治秩序は、独立した国民国家からなる秩序である。だが、すべてのネイションに独立する権利があるというわけではない。ネイションの願望が尊重され、人々がその意思に反して統治されることが

なくなるだろうと示したとき、ウィルソンは、何が善または最善なのかについて、ある種の見解を示していたのだ。しかし、彼はまた、人々が自分たちの意思に反して統治されないようにする権利を主張しており、したがって、この結果を保障するためにほかの人々が負担する義務も主張していたのだ。このような権利や義務の主張は、独立に値するネイションを構成するものについて明確に判断できる世界を前提としており、妥当な主張が提示されるのであればどこであれ、独立した国民国家を維持するための十分な資源が存在することを前提としている。しかし、さまざまなネイションからなる世界はそれほど明確ではない。また、妥当な主張が提示されるたびにそのような普遍的権利を付与するための資源は、まったく足りないのだ。

ネイションを構成するもの

まず、ネイションを構成するものをどのように決定するのか検討しよう。現在、世界には国家をもたないネイションが何千とある。[109] インドだけでも1700の言語が話されている。アフリカでは1500の言語、インドネシアでは700、世界中ではさらに多くの言語が話されている。こうした言語は、異なるネイションや部族によって話されており、彼らは、特定の状況下で、それぞれが独立したネイションの候補となるような独自の文化遺産をもっている。けれども、言語チャートを見て膨大な数の人々が存在することが示されても、問題の全容を把握することはできない。ネイションと呼ん

で差し支えないものの最低基準を設けることはできない。すべてのネイションは部族に分けられ、それぞれの部族は氏族に分類されうる——それぞれに方言があり、独自の宗教的・文化的継承があり、独自の歴史がある。そのどれもが、特定の状況下では、やはりそれぞれの独立と自決権を要求するはずだ。各部族や氏族が統治する権利、外交を行う権利、戦争する権利を訴えて、独立性を主張している状態は、言うまでもなく、まさにわたしたちが部族と氏族の秩序として認識しているものだ。[110]

　定義によれば、国民国家からなる秩序——部族や封建的な秩序とは異なるものとして理解される——には、そのような多くの部族や氏族が相互に結束した集合体が含まれる。この部族や氏族は、彼らが国内で平穏に過ごす、より大規模な独立した国民国家を形成するために、本来もつ統治する権利、外交政策を行う権利、戦争を行う権利を放棄している。集合的自己決定の原則は、それを主張するすべての部族や氏族にとっての普遍的な独立の権利に変換されるならば、国民国家からなる秩序とは正反対のものである。これは、それまで以上に少ないネイション、部族、氏族による国家を支持して、既存の国民国家の解体を約束し、国家の独立の原則を弱め、部族と氏族による無政府状態の秩序へと戻すことによって、最終的にはその原則を否定するものだ。言い換えるなら、すべての人にネイションの独立を与えようとすることは、結局、誰に対してもネイションの独立を与えないことになる。前世紀の政治家たちは、通貨を造幣し続けることで借金を返せると思う愚かな王のように、独立国家を作り続けることで好感を得られることに気づいた。しかし、独立は通貨と同じように、流通量が多すぎるとたちまち価値が下がり、すぐに役に立たなくなる。

集合的自己決定の原則が既存国家を崩壊させる傾向があるうえに、資源が限られているという問題もある。その独立性を維持するためには、国民国家は内部の結束力だけでなく、隙を突かれて敵対的な外国勢力に併合されたり、犯罪組織やテロ組織に蹂躙されたりしないように、強い軍事力と経済力、防衛力を備えた領土をもたなくてはならない。こうした条件が欠けている場合、独立した国民国家は存在しない。こうしたものをもたないネイションや部族は、強力な隣国との同盟を結ぶことで、つまり保護国として平和に暮らすことを願うしかできない。おそらく、誰もがこれを望むわけではないだろう。しかし、ある程度委譲された権限をもつ連邦内の自治体や保護国は、世界のほとんどの人にとって考えられる限りで最大級の集合的自己決定を達成できる。

万人のためのネイションの自決権は成り立たない

これに関連して、南北戦争中にアメリカ連合国（「南部」）が主張したネイションの自決について考えることは有用である。１７７６年にイギリスから分離したとき、アメリカ人はすべてのネイションが独立するための普遍的権利を行使していたと考えるなら、１８６１年に連合国が同じ権利を有していなかった理由を説明するのに苦労するはずだ。南部諸州は確かに、アメリカ・ネイション内の部族と見るのが一番良いだろうが、彼らには独自の公共文化はあるものの、独自の言語や宗教はない。だが、イギリスの支配に反旗を翻したアメリカのイギリス人にも同じことが言える。アメリカの独立が理に

適った努力のように見えるのは、アメリカ人がイギリス政府によって受けた比較的軽い侵害ではなく、海がアメリカ人とイギリス人を分断したという地形的事実である。南部諸州は海の向こう側にあるわけではないので、南部に奴隷を保有する独立したネイションが出現すれば、アメリカはこの地域でその後何世紀にもわたり敵対的な争いに苦しむことになると、エイブラハム・リンカーンは的確に理解していた。リンカーンが目前の未来を知るためには、イスラエル王国とユダ王国との間で起きた同胞同士の争いが最終的に両者を弱体化させ、滅亡への道を切り開いたという聖書の記述を読むだけでよかった。そして、このような未来は、奴隷制をアメリカに永遠に背負わせるという悪行とともに、アメリカ連合国の独立を認めることを正当化するものだった。したがって、アメリカの独立とアメリカ連合国の独立とを区別する理由は、「ネイション」とは何かを定義する方法や、ネイションの自決の普遍的権利の提案を表す方法には見出せない。このようなケースは、具体的事例において独立を支持するか反対するかについて、道徳的考慮と打算的考慮とのバランスのなかでのみ区別される。

　それ以外の場合も同様である。第一次世界大戦後、オーストリア＝ハンガリー帝国を解体して多数の国民国家に分割するというヴェルサイユ体制は、ロシアの崩壊後、ドイツの南と東への進出を公然と招くものだった。ウィルソン自身、ドイツが世界の人々の間に「支配の場」を求めているのではないかと疑う先見の明があったが、戦後の和解の目的は、それが起こらないことを保障するのではなく、むしろ、強国であろうと弱小国であろうと、万人のためのネイションの自決権の原則を追求することにあった。この政策はドイツが東方へ向かう姿勢を飛躍的に強化し、20年後にアドルフ・ヒトラーがこの

東方の国々を次々と壊滅させる道を開いた。[111] 同様に、ドワイト・アイゼンハワーによる中東のアラブ・ナショナリズムとネイションの自決権への支持は、イギリス帝国の名残を破壊し、それによりソビエト共産主義との闘いにおけるアメリカの最も忠実で信頼できる同盟国の1つを台無しにすることに資するものだった。それに加えて、このエジプトにおけるアラブというネイションの自決権への支持は、ガマール・アブドゥル＝ナセルの攻撃的な独裁政権を生み出した――彼はエジプトをソビエト帝国の軌道に乗せることでアメリカの親切に報いた。[112] こうした例は、チェコやエジプトの独立に対する議論を意図したものではない。しかし、これらの例は、ネイションの独立の原則がその他要因を考慮せずに適用された場合、ネイションに自由をもたらすのと同じようにその原則自体の否定とネイションの抑圧をもたらす可能性について、光を当てている。

独立国家と周辺国への影響

さらに、次の2つの例は、ネイションの自決権の原則と、国際情勢のなかで慎重を期する姿勢とのバランスについて示したものだ。よく知られているように、イギリスとアメリカの多くの政治家は、アラブとムスリムの利益を疎外することによる不利益が、ネイションの自決権についてのユダヤ人の道徳的主張を上回るとして、中東におけるユダヤ人国家の設立に長年反対していた。だが、ホロコーストがユダヤというネイションの自決権の道徳的大義をこれ以上ないほど明確に示してから、また、ユダヤ人

が戦場で軍事的勝利を収めて、外国の支援を受ければ、独立存続可能な国家を樹立できる可能性があることを示してからは、このような考慮のバランスが変化したと多くの人の目に映った。クルド人の場合も、トルコがクルド人を殺害し弾圧してきた長い歴史があるにもかかわらず、トルコを疎外したくないという懸念から、ネイションの独立に反対する者もいる。この場合も、クルド人の戦場での活躍と、イスラム過激派に対するアメリカの戦争に貢献する能力が実証されたことで、クルド人というネイションの自決権という道徳的な根拠に頼るだけではほとんどの政府にとって説得力のなかった、クルド人国家の建設を肯定する論拠が強化された。

したがって、ネイションの独立や自決の普遍的権利が存在しないことは明白である。ある人々が独立の支援を受けるべきかどうかは、対象となる人々のニーズを含む多くの要因を考慮して決定されなくてはならない。それは、内的結束力の程度と、彼らが負担できる軍事的・経済的資源、国民国家または部族国家として独立した場合に、その他ネイションの利益と幸福に恩恵をもたらす能力、そして、独立した場合に他者にもたらすおそれのある脅威などだ。このような留意事項のバランスは、国際秩序の主要な関心事は、ネイションの普遍的権利に基づいて政治を導くための普遍的な法的枠組みの構築と執行であるとする、ウィルソンの〝理想主義〟とはまるで異なる外交理論を示している。諸ネイションに権利を与え、こうした権利を行使するために必要とされる軍事力を行使できる帝国主義国家が存在しない場合、ネイションの普遍的権利に関するこのような話はすべて空虚であり、達成できることについて、さらには、彼らが達成しようとすることが正しいのかについて、政治家の判断を曇らせ

かねないだろう。

だが、外交問題の遂行に法律主義的な論法を当てはめることが不適切だということは、レゾン・デタの一派（または〝現実主義者〟）が時折提案してきたように、ネイションの自己利益だけに基づいて各ネイションの政治を進めるよう努力すべきだということにはならない。これは、わたしたちが道徳的関心事を完全に放棄することに反感を覚えるからだけではない。道徳面を考慮しなければ、権力の座に就いた殺人者は、殺された者の数に比例して、支援を受ける価値があるということになる。外交政策の唯一の動機がネイションの自己利益の原則であるならば、すべての場合において国家の最善の政策を明確に決定できないことも事実だからだ。確かに、敵に対抗できる最強の相手と同盟を組むことがネイションに必要であることが明らかな場合もあるだろう。だが、多くの場合、複数の潜在的な政策のうち、どれがそのような影響をもたらすのか、政治家にはわからないのだ。これは、どの相手が最強なのか不確かであるため、あるいは、最強の相手がきちんと同盟の目的を守るかどうか不確かであるため、もしくは、この最強の相手をさらに強化することで生じるさまざまな弊害が、最終的に自分自身や同盟その他メンバーにとっての利益を上回るのかどうかが不確かであるためである。さらに、政治家は、今は力がなくてもやがて影響力をもつようになると見込んだ相手に投資をしたり、公正な政策が国民にとってその他分野で有益であることがいずれ証明されるような、まだ権威のない相手に投資したりすることもあるかもしれない。このような、また似たような要因では、ほとんどの場合、ネイションの自己利益を計算しても、政策問題に対して曖昧な答えが返ってくるだけだということだ。

政治問題特有のこの曖昧さは、ネイションの利益を追求する政治家の責任に背くことなく、道徳的配慮が意思決定のバランスをどちらかに傾ける、実質的価値がないわけではない空間を開く。

このような理由から、ウィルソンの理想主義が世界情勢に無関係であることを心得ている政治家たちは、それでもやはり独立した複数の国民国家からなる秩序の構築に関心を抱くのかもしれない。これが政治秩序の最善の形態であることを認識する政治家は、ナポレオン・ボナパルトなどのように、地球上の至るところにこの理想を押しつけようとして、存在するものすべてを覆したりはしない。また、この秩序に、どんな場合でも適切な政策を決定する力があるとも考えていない。それでも、複数の独立した国民国家からなる秩序は、政治家が独断的な愚行に引き込まれることなく、バランスよく適度にその熟考と決定に影響を与え、善なる概念としてしっかり視野に入れるためのものとなる。これはつまり、ある特定の人々の独立がその政治家の世代では可能性がないと思われる場合、彼はこの大義の推進に資源を割かないということを意味する。また、ネイションの自決の原則を適用することが自らのネイションに害を与えたり、重要な同盟国に大きな損害を与えたり、不安定で敵対的で悪質な体制を確立したりするような場合、彼はそれに反対するだろう。同時に、彼は引き続き諸ネイションの自由を考慮すべき善とみなすだろうし、新たな国民国家の樹立または破綻した非国民国家の解体を積極的に追求することもまれにある。そして彼は、明らかな必要性と能力があり、その独立が自国と他国にとって幸いになると信頼できるようなネイションを支持して、自らの影響力の大きさをこのバランスに及ぼす機会に、喜びを覚えるだろう。

独立した複数の国民国家からなる秩序は、煙の立ち上る旧世代の廃墟の上に、高潔な行動主義者の一世代か二世代で建設される、新世界の青写真ではない。それはむしろ遠い目標であり、外交の実践に大いなる方向性と目的を与える羅針盤であり人を導く星である。政治家は各々が自分のネイションの利益と願望を当然重視しているが、何世紀もかけて生じるこの秩序のゆっくりとした大きな動きには、おそらく限定的にしか貢献できないだろう。

第18章　国民国家からなる秩序の諸原則

独立した多数の国民国家からなる秩序は、特定の慣習的原則を守ることによって維持される。だが、国民国家からなる秩序が最善の政治秩序だと認識されるようになると、それは単なる慣習的原則としては見られなくなり、自然義務として、あるいはネイションの自然法として見なされるようになる。誤解を招くような「国際法」という呼称は、実はまさにこれに端を発している――つまり、17世紀以降、多くの論者が主張してきたように、国民国家からなる秩序を維持する慣習的規則が当然の道徳規範と見られるようになったということだ。[113] その原則をいくつかここで挙げておくことにしよう。

ネイションの政治的独立性

そもそも、国民国家からなる秩序とは、「政治的独立性を確保できるほど結束し強力なネイションに政治的独立性」を与える秩序のことだ。つまり、あるネイションが、外国勢力による征服を阻止できるだけの軍事力と経済力を徐々に集めることができれば、その他多数の国民国家は、そのネイションを国民国家からなる秩序における独立したネイションとして認めることになる。同様に、ネイションを

構成する部族が、内部崩壊や慢性的な暴力を防ぐために十分な団結力をもたない場合や、外国勢力に対する防衛に十分な軍事力や経済力をもつことができない場合には、彼らは国民国家からなる秩序における独立したネイションとは認められない。

国民国家からなる秩序では、結束力があり、政治的独立性を確保できるだけの力のあるネイションは、領域内で「主権をもつ権利」があるとよく言われる。主権や権利という語は、合理主義や絶対主義の政治理論と結びついているため、現在では問題視されている。[114] これが何を意味するかというと、実は、多数の国民国家からなる秩序の第２原則と第３原則という２つの原則のことなのだ。

第２の原則は、「ほかの国民国家の内政の不干渉」である。これは、自由国家において、そのネイションが自らの理解に基づいて自らの利益と願望を追求することを認めるものだ。この原則がなければ、強力なネイションが小規模な国の内政を掌握し、国民国家からなる秩序は崩壊して、帝国主義の秩序に化すことになる。

第３の原則は、「国家内の組織的な強制力を政府が独占する」というものである。この原則によれば、各国民国家の政府は、その領土内で唯一の組織的な強制力を維持し、それを行使する権利と義務を有する。この原則がなければ、さまざまな部族や氏族が、統合された国民国家に代わって自らの意志と法を主張し、国民国家からなる秩序は崩壊して無政府状態の秩序と化すことになる。

この２つの原則は、国民国家からなる秩序の基本であり、これが広く守られなければ、国民国家は存在しえない。とはいえ、これを、あらゆる場合に適用される、絶対的権利を与えるものと考えるの

は、誤りである。たとえば、不干渉の原則は、反帝国主義の原則として理解されている。しかし、この原則を厳格に主張しすぎると、国民国家の破壊と帝国主義の台頭をやすやすともたらしかねない。独立国家の要塞化の背後で、どのような恐怖が生まれていたのか、わたしたちは知っている。たとえばフランスのナポレオン・ボナパルト、ドイツのアドルフ・ヒトラー、ロシアのヨシフ・スターリンなどが引き起こした恐怖が挙げられる。彼らが自国の民に対して犯した罪は、近隣のすべての国民国家を破壊し、その民を普遍的な帝国に組み込もうとする試みの前奏曲にすぎなかった。このような攻撃的な帝国主義の行為者に直面した場合、国民国家は政治的または軍事的手段によってその台頭を遅らせたり、阻止したりして干渉する以外の選択肢はない。このような干渉の権利は、独立した国民国家からなる秩序の性質自体に由来するものだ。この秩序を維持する不断の努力がなければ、こうした国家は次々と崩壊し、ネイションの自由は世界から失われてしまうからだ。

無政府状態が引き起こすもの

同様の制限は、国内における組織的武力を政府が独占することに関しても発生する。国民国家は、政府が要求する権限の独占性のために、武装して戦争をする能力をその境界内にいる部族や氏族から奪う。つまりこれは、部族や氏族が自衛し、集合的自己決定権を追求する能力を制限するものだ。[115] そうすることで、国民国家はまた、その境界内のすべての部族や氏族を保護する義務を負う。この義務

は同様に、国民国家からなる秩序の性質と、そのような秩序の下でのナショナルな政府の要件から生じたものだ。

　これを理解するために、次の点を検討することにしよう。国家によって保護されていない部族や氏族は、その構成員を保護するために自らを組織化するものだ。したがって、領土内のすべての部族や氏族を保護できない国民国家は、部族や氏族による無政府状態の秩序の再構築を境界内で招き、たちまち無政府状態に陥ることになる。この状態は、保護されていない部族の影響力が最も強い地域や町から始まり、やがて国家そのものの存在を脅かすまでに広がる。無政府状態はまた、保護する見返りに報酬をもらう組織犯罪にとって魅力的な場となる。そして、マルクス主義者やイスラムのテロ組織のような、国民国家に対する帝国主義的敵対者にとっても、やはり魅力的である。彼らは、自分たちの大義の信奉者を募る場所として、無政府状態は理想的だと知っている。このような脅威に直面し、まだ犯罪者やテロリストの脅迫に屈していない部族や氏族は、たいていほかの国民国家か帝国主義国家に保護を求めることになる。このようにして、ほぼすべての国家において、無政府状態は他国の帝国的関心事と願望をかき立てる働きをする。よって、ユーゴスラビア解体後の無政府状態は、アメリカを介入へと駆り立て、最終的にセルビアの空爆と、ボスニアとコソボでの外国軍の恒常的配備につながった――無政府状態が帝国主義的な反応を引き起こしたのだ。同様に、シリアとイラクの無政府状態は、アメリカ、ロシア、トルコ、イランの帝国主義的野心を煽ってきた。

　帝国秩序の下では、帝国主義国家は自らがすべての国の法律を規定し、自らの理解に従ってこの法

律を施行することが正当だと考える。多くの国民国家からなる秩序の価値は、いかなるネイションまたはネイション連合も、ほかのネイションの法を定めることが正当だとみなされないという事実に由来する。ネイションが独自の憲法や宗教的伝統を維持し育成する能力こそネイションの自由の根幹であり、それが可能となるのは国民国家からなる秩序の下においてである。ところが、ひとたびネイションの自由を獲得したからと言って、それを維持することは困難だ。政治秩序は固定されていないので、その安定性は相対的なものでしかない。ネイションは栄えたり、衰退したりする。ネイションの人口もそれに応じて相対的に増減するが、それは軍事力や経済力にも言えることで、内的結束力についても当てはまる。こうしたことは、各国民国家がほかのネイションまたはネイション連合に自由を奪われる危険性を絶えず抱えていることを意味する。この危険は常に同じような形で現れる。ほかのネイションと比べてはるかに強力になったあるネイションは、自分たちの宗教や憲法が何よりも優れているからだと考えるようになり、その他すべてのネイションにその支配を強いることが正当化されると考えるようになる。言うまでもなく、この帝国主義的ネイションは、帝国の地位を自分たちに当然与えられる正当な立場とみなすだけでなく、その宗教や憲法の優越性自体が、すべてのネイションが彼らに征服され、彼らに法律を規定されることにより利益を得られる理由だと考えている。

国家間の「力の均衡」

この絶え間ない危険性の存在から、第4の原則、つまり「複数の権力の中心を維持すること」が提案される。これは言い換えれば、各国民国家の間で〝力の均衡〟を維持しようと努めるという、おなじみの教義である。1つのネイションまたはネイション連合が、自分たちの憲法や宗教を他ネイションに命じて法制化できるほど強力になることを、各国民国家は防ごうとするものだ。国民国家体制において複数の勢力を維持する必要性は、安定や平和を目的とした工夫だとよく言われる。しかし、反対意見をすべて弾圧する帝国の秩序が、独立国家からなる秩序と同じか、それ以上に安定と平和をもたらす可能性を考えると、この説明に対する疑問は常に存在してきた。正確に言えば、この原則の目的は、個々のネイションの自由を確実にすることにある。自国の憲法や宗教を優れたものとみなし、自国にとって不都合なものや不愉快なものを根絶しようとして、ほかのネイションの問題に否応なく介入する単独の帝国主義国家に支配された秩序のなかでは、いかなるネイションも政治的自由と自決権を長く維持することはできないからだ。ヨーロッパの諸ネイションが、最初にドイツ人、次にフランス人、そして最後に共産主義下のロシア人の帝国主義的野望を封じ込める同盟を結んだのは、ネイションの自由のためであった。

ネイションの人口は相対的に増減を繰り返すと先に述べた。これは、軍事力や経済力の面でも、また内的結束力の面でも、数値的に言えることだ。やがて各国と近隣国との関係に変化をもたらすこう

した増減や浮き沈みは、ネイションの境界線を永久に固定できないことを意味している。[116] 国民国家体制全体を支えるために必要とされる、内的結束と対外的な自衛能力を国民国家が維持するつもりならば、ネイションや部族の実際の境界に適合させるために古い国境線を引き直すことが、外交手段として利用可能でなくてはならない。極端な場合には、新たな国民国家の設立と破綻した非国民国家の解体も行われなければならない。しかし、一般にこのような措置は、シリア、イラク、ボスニア、コンゴの荒廃のように、ネイションの自由と平和を実現するためには、ネイションに新たな境界線を引くことが唯一の展望となるような、切実な必要性がある場合のために、留保しておくべきだ。

だが、このような新国民国家設立や国境の再設定は、「独立国家の設立における節減化」という国民国家体制の第5の原則に従わなければならない。節減化の政策は、既存国家をどんどん小さく分割して独立国家の数をこれまでになく増やす政策とは、区別すべきである。このような思慮に欠けた政策は、国際的保護下でコソボに設立された、第2のアルバニア人国家の事例からも明らかである。節減化の政策であれば、コソボをアルバニアに併合するか、コソボをセルビアの歴史的かつ不可欠な一部として残す決議を認めていただろう。このような問題では、既存の国民国家の解体と断片化と同様に、少なくとも既存の国民国家に領土を併合し、それによってその存続可能性を高めることに、政治家は目を向けなければならない。この件については、1990年のドイツの〝再統一〟は、実際には東ドイツの西ドイツへの併合であり、ドイツ・ネイションのより大規模なネイションの自決を可能にするための国境の再設定だったことに、気づくことが重要である。ドイツの事例において望ましいとされたこ

とは、別の地域でも選択肢として考慮することができるし、考慮されるべきである。

新国家の設立と独立国家の存続

この節減化の原則は、新国家の設立が、1つまたは複数の既存国家の存続の可能性を脅かすことになる場合にも関連する。国民国家からなる秩序の第1の原則は独立国家の存続であるから、軍事的にも経済的にも、あるいはまとまりのある文化的統一体としても、その維持を著しく困難にするような新国家をその国境に設立して、1つの国民国家を危険にさらしても、何の得にもならない[117]。

国民国家からなる秩序のなかで、保護されていない少数集団の問題は、無政府状態の問題の一側面である。あらゆる少数派のネイションや部族は、国内の多数派のネイションや部族の集団とは少なくともわずかに隔たりのある利害や願望を抱いており、多くの場合その隔たりはさらに大きい。しかし、そのような少数派のネイションや部族が、国民国家の保護を受けていない場合、あるいは国家により虐待を受けている場合には、その少数派の集団は必然的に国家への不信感を募らせるようになり、国家への忠誠の絆が薄れ、国内に無政府状態の領域が発生するようになる。このように、「ネイションの政府による少数派のネイションまたは部族の保護」は、国民国家からなる秩序の第6の原則として必要になる。これは、その他の理由でも道義的な力があるが、ここでは国民国家制度の性質から生じる義務として、わたしはこの原則に関心を抱いている。この原則がなければ、国民国家からなる秩序は

存続できない。この原則から生じる義務が果たされないところでは、無政府状態や帝国が出現するからだ。この原則は、各国家の多数派のネイションや部族の集合的自己決定権に制約をかけることになるが、これは事実である。

少数派のネイションや部族の保護や受容は、すべての国民国家で同じかたちをとればいいというわけではない。少数派のネイションや部族のなかには、虐待や無視の結果としてかなりの不信感を抱いているものもあるが、その場合、国民国家は自国内に無政府状態の領域を作り出し、結果的に国民国家全体の秩序を損なうという罪を犯している。その一方で、別の国民国家や帝国により、積極的に不信感を植えつけられた少数派のネイションや部族もいる。そのような国民国家や帝国は、自らの目的のために少数派のネイションや部族の間に恐怖と怒りをかき立てる。もちろん、自分たちの国民国家と、別の国民国家や帝国の両方から、不信感を与えられる場合もあるだろう。したがって、場合によっては、当該の人々のニーズに大きな注意を払うことによって対処する必要がある。それには、許容していたよりも大きな政治的・宗教的自治を伴う場合もある。だが一方で、彼らの願望の帝国主義的・無政府主義的な要素を力ずくで奪うために、国民国家がより厳格な措置を講じるしかない場合もある。そして、両方のアプローチを一度に適用しなければならないときもある。

国際機関による国家への強制力

最後に、第7の原則として、「普遍的機関への政府の権限の非移譲」を挙げたいと思う。これは、前世紀にとりわけ急務となった問題で、普遍的な平和と繁栄の名の下に、国民国家から自主的な判断力と行動力を取り上げることを目的とした国際機関の設立を、政治家が繰り返し求めたのだ。これまで指摘してきたように、国際機関が加盟国に対して強制力をもつならば、それは帝国政治秩序の機関以外の何ものでもない。こうした機関へ権限を移譲すれば、必ず国民国家からなる秩序は崩壊して帝国秩序と化すしかなくなる。

この原則がネイションの独立と自決の理想に反しないかどうかが、問われるかもしれない。結局のところ、あるネイションが政治的独立に不満を抱き、帝国主義国家や普遍国家に支配されることを望むならば——つまり他国に支配されるほうがいいと言うならば——ネイションの自由を放棄することは、その権利であり、ネイションの自決の壮大な終幕であるように思われる。

わたしはこれをもっと複雑な問題だとみなしている。たとえば、オランダ人がドイツの連邦国家の1つの邦国または保護国になることを希望し、それが自分たちにとって最善の道であると考えるならば、素晴らしい文化遺産をもつ国民国家が世界から消え去るのを見るのは残念だが、わたしたちはそれを受け入れるしかないかもしれない。このような措置は、節減化の原則の下で正当化することができるし、理論的には、ドイツ国民国家の国境調整とみなすことができるかもしれない[118]。だが、ドイツ

が支配するＥＵに国家の権限を移すことは、これとはまったく別のことだ。ＥＵは、事実上の普遍国家であり、自然な境界線をもたず、普遍的教義の名の下に統治されており、その範囲はこの帝国がもたらすことのできる力によってのみ制限される。国民国家がそのような帝国主義国家に政府の権限を移譲するとき、オランダがドイツ連邦共和国の一員になる場合と同じように、ネイションの自由を放棄するだけではない。独立した国民国家からなる秩序の破壊にも直接加わっているのだ——制約を受けない国際国家と、その国家指導者が築こうとする帝国秩序に権限を移譲することによって。このような帝国秩序は、独立国民国家の存在を容認することはできないし、容認することはないだろう。その秩序が強化されるにともない、その他すべての国民国家の独立性を無効化し弱体化させるように働き、そうした国家が未開で原始的な時代の遺物であると宣言する。帝国秩序は、全人類の平和と繁栄のためにこうした措置をとっていると宣言しながら、必要な力をできる限り結集して、残りの国民国家を最終的に服従状態にさせようと努めるだろう。これは、ＥＵに限らず、強制力をもつ国際秩序を確立しようとするその他すべての計画にも言えることだ——それには、国連安全保障理事会を戦争と平和の問題に関して全ネイションを拘束する決定を下す権限を有する機関として確立しようとする試みが含まれる。あるいは、世界貿易機関（ＷＴＯ）を、国際貿易への参加条件として、国家経済を規制する権威ある機関としようとする試み、あるいは、国連人権理事会やヨーロッパのさまざまな裁判所を、世界中の個人の尊厳と福祉に関する問題における最高の道徳的権威者としようとする試みも含まれる。[119]

独立した国民国家からなる秩序の下で享受するようになった自由を大事にするならば、わたしたち

は、加盟国に強制的な権限を行使しようとする国際機関からの国民国家の完全な独立を主張するよりほかにない。もちろん、国民国家は自国の利益のため、そして道義的な理由から他国の状況改善に関心をもたなくてはならない。しかし、このような関心は、独立した国民国家2国間および多国間交渉によって適切に表明されるべきであり、強制力をもつ国際機関を設立することによって表明されるべきではない。わたしたちは、髪の毛1本たりとも自分たちの自由を、いかなる名目であれ外国の団体に、あるいは自分たちのネイションによって決定されていない外国の法体系に、譲るべきではない。今日は小さな譲歩にしか見えないことでも、明日には大きな譲歩になる。あるネイションが眠りから覚めて、ゆっくりと、容赦なく征服されていることに気づいたときには、永久に隷属化を受け入れるか、戦争をする以外の選択肢は残されていない。

存続可能な独立した国民国家からなる秩序を維持し、強化するためには、政治家の側に多大な巧妙さと献身が求められる。この点で、国民国家制度は、自由政府に必要とされるその他の制度、たとえば、三権分立や個人の財産権の維持と似ている。このような制度は、最大限の警戒とその保持と改善への不断の関心によらなくては、維持することはできない。当然ながら、ある制度が設立された理由がもはや知られなくなった場合には、そのような警戒と配慮はますます困難になる。わたしたちの世代は、独立した国民国家からなる秩序の美徳を教えられず、うっすらとした記憶しかないので、普遍帝国の単純さと壮大さ、いわゆる道徳的善良さとされるものへの回帰を求める声は、ますます執拗に、より切迫したものになっていくだろう。だが、わたしたちの自由がわたしたちにとって重要である限

り、それを確保するしかほかに術はない。わたしたちの先祖が築き、貴重な遺産としてわたしたちに残した独立した国民国家を維持し、強化するという困難な作業に従事しなくてはならない。

第3部

反ナショナリズムと憎悪

第19章 憎悪はナショナリズムへの反論か？

ナショナリズムへの非難で最もよく聞かれるのは、ナショナリズムは憎悪を生むというものだ。ナショナリストは、自らのネイションの福祉に最も関心を抱き、ほかのネイションとの競争で自分たちが勝つことを望む傾向がある。この自身のネイションへの関心が、他者への憎しみや暴力に表れていると言われるのだ。一方で、帝国主義者は、全人類を平等に気にかけていると主張する。人類全体を思いやることで、自分たちはナショナリストの性質を特徴づける憎悪を克服したと、帝国主義者は言うのだ。

もちろん、敵対者やライバルを憎むナショナリストがいるのは事実である。部族やネイション間の争いがあれば、それが現実であれ想像であれ、過去の不当行為に関する話が必然的に積もり積もってゆき、それが現在に影響を与え、今なお継続する恨みや偏見、暴力を煽る。

だが、ナショナリストの抱くこの憎悪が、ナショナリズムへの反論、つまり、独立した複数の国民国家を基盤とする政治秩序に反対する、ということになるのだろうか？　特定のナショナリストの憎悪がナショナリズムに対する説得力ある論拠となるためには、普遍的な政治秩序の確立を目指すことが、同じようにして憎悪を煽り立てないということを、示さなければならないだろう。結局のところ、帝

国主義政治が、ナショナリズムの政治と同じように容赦ない憎しみを煽る傾向にあるならば、ナショナリズムが生み出す憎しみのためにナショナリズムを避けるべきだという主張は、プロパガンダと大差ない。それは、国民国家とそれに忠誠を誓う人々への軽蔑を引き出そうとするのに役立つかもしれないレトリックである。だが、そこには真実という美徳が含まれていない。

　この問題を取り巻く混乱に拍車をかけているのは、憎悪と暴力の原因を、ナショナリズムだけでなく宗教にも帰せようとする現代のリベラル派の傾向である。宗教的な憎悪が呼び起こされるとして言及される主な宗教は、キリスト教とイスラム教だ。どちらも登場してからほとんどの期間、1つの帝国による支配を世界に確立しようとする普遍主義的な活動を行ってきた。この点で、同じように地球上に単一帝国の支配を確立しようとした共産主義やナチズムに似ている。当然ながら、こうした帝国主義運動はどれも、おびただしい憎悪を支持者のなかに引き起こした。普遍主義的理想は、断固とした反対に遭うと、たちまち憎しみを生み出す傾向があるからだ。断固とした反対は、問題とされている理想が、以前想定されていたほど普遍的ではないかもしれないという、彼らにとっては不要な証拠になる。

　したがって、2種類の憎悪があることがわかる。1つは、ナショナリズムの活動に見られる憎悪で、氏族や部族、またはネイションの、競合する別の氏族や部族、ネイションに対する憎悪である。もう1つは、帝国主義の活動に見られる憎悪で、帝国主義的理想を抱く人が、普遍性の主張を受け入れることを拒むネイションや部族に対して抱くものだ。問題は、ナショナリズムの活動に見られる憎悪から

ほとんど解放されたと信じているリベラルが、自分たちの教義に対する真に根深い反対と闘わなければならなかった時点から、過去のすべての普遍主義イデオロギーが示してきた延々と続く憎悪、ときには大量虐殺を引き起こした憎悪からも、解放されているかどうかである。

過去を振り返れば、ナショナリスト、個別主義者、反体制派の憎悪は、あらゆる種類の帝国主義者の間でも見られることがわかる。帝国主義者にはより大きな愛情や寛容を示す能力があるという仮説は、同じ帝国主義者が広めた作り話であるように思われる。第3部では、新しい普遍的政治秩序を支持するリベラル派に見られる憎悪を、さらに詳しく検討したいと思う。まず、広く知られている、わたしの故郷であるイスラエルという国民国家に対する反感について取り上げる。その後、議論の範囲を広げて、イギリスやアメリカのナショナリズムやその他国民国家に対する憎悪も含めて、現代のリベラル普遍主義とますます不可分になっている、類似した現象に言及するつもりだ。

第20章 イスラエルに対する誹謗中傷活動

イスラエルは数カ月ごとに、国際機関やメディア、そして世界中の大学のキャンパスで、現実であれ想像であれ、人権侵害の疑いで公然と嘲笑の的にされている。この現象について真剣に考えるきっかけとなったのは、ガザのイスラエル海軍による封鎖を突破しようとしたトルコ船への襲撃事件で、このとき船の押収に抵抗して9人の死者が出た。だが、ガザのイスラム過激派政権に対するイスラエルの行動、イラクの核計画に対するイスラエルの攻撃、イスラエルの公人の神殿の丘の訪問、ユダヤ人による東エルサレムの建物の購入と占有など、ほかにも多くの出来事が、このような活動につながっている。

繰り返されるイスラエルへの中傷

だが、表向きのテーマが何であれ、またイスラエルの政治指導者や兵士、スポークスマンが適切な方法で職務を遂行したかどうかにかかわらず、結果としてメディアやキャンパス、政官界上層部では、またもや中傷活動が展開されている。しかも、歴史的に見てもほとんどの国が経験したことのないような屈辱的な誹謗中傷活動が、定期的に行われている。このような活動のたびに、わたしたちイスラ

エル人は、国民とその自由を守る義務を果たしている民主主義国家ではなく、ある種の社会悪として自分たちのネイションが扱われているところを、再び目にしなくてはならない。わたしたちは再び、わたしたちにとって貴重なもの、公正と考えるものすべてが、わたしたちの目の前で踏みにじられているのを目の当たりにしている。かつての友人が背を向けたり、イスラエルに嫌悪感を抱く仲間からの好意をつなぎとめようと無駄な努力をして、イスラエルやユダヤ教との関係を断ち切ろうとするユダヤ人学生が現れたりするさまを、わたしたちはまた経験しなくてはならない。さらに、第二次世界大戦後に反ユダヤ主義の風潮は一時途切れたものの、その風潮が戻って来て再び高まっていると、わたしたちはまた感じている。

　このようなことは繰り返し起きており、また起きることもわかっている。実際にこの数十年の間、こうした暴挙は年を追うごとにさらに悪質で効果を増している。しかも、この傾向は今後も続くと思わざるをえない。

　このような誹謗中傷活動に対する、ユダヤ人やイスラエルの友人たちの反応は、ここ数十年の間あまり変わっていない。リベラルな友人たちは、イスラエルの政策を変えれば、このような中傷活動を防げる、あるいは、少なくともそれが及ぶ範囲を狭めることができると考えているらしい。保守的な友人たちは、イスラエルに必要なのは〝優れた広報活動〟だといつも言っているようだ。

　イスラエルは間違いなく、常に優れた政策と優れた広報活動を行うことができるだろう。しかし、わたしの考えでは、この賢明と思われる対策のいずれも、事態の改善には役立たない。どちらもイス

ラエルの正当性に対して起きていることの核心に迫るものではないからだ。イスラエルの政策はここ数十年で激しく変動しており、良くなったり悪くなったりしている。また、イスラエルがメディアや外交ルートを通して自らの主張を巧みに表現する手腕も、やはり同じように良くなったり悪くなったりしている。だが、イスラエルを中傷し、イスラエルを追い詰め、イスラエルを国際社会から追い出そうとする世界的な奮闘は、イスラエルの政策と広報活動のいく度もの浮き沈みにかかわらず、前進し、発展し、これまで以上に強力になっているのだ。

　イスラエルのガザ地区からの撤退と、その後、テルアビブ中心部から64キロ離れたところに好戦的なイスラム共和国が設立されたことほど、これを明らかにするものはない。２００５年のガザ地区撤退や、２０００年のレバノン南部の安全保障地帯からの撤退が、本当にイスラエルの利益になったのか、また、その結果ユダヤ人国家をめぐる状況は好転したのかという問題については、イスラエル人とイスラエルの友人たちの間では、やはり意見が分かれるところである。とはいえ、この撤退が、国際的にイスラエルの頭上に注がれている憎悪と中傷の流れを食い止めることに大きく貢献しているとは言い難い。イスラエルを憎む人々は、少しも減らない彼らの怒りを煽り立てる、イスラエルの別の政策を槍玉に挙げるようになった。イスラエルの権威をますます失墜させようとする趨勢を牽引しているものが何であれ、それはある時期のイスラエルの特定の政策の詳細をまったく考慮に入れずに、大きな影響を及ぼしている。

　少々異なる言い方をすれば、イスラエルの世界の舞台での受け止められ方に対して起きていること

の原因は、南レバノンの安全保障地帯の維持でも、イスラエルによるガザ地区の支配でも、海上封鎖を突破したトルコ船への襲撃でもない。イスラエル政策のこうした具体例は、イスラエルの反論者にとっては、イスラエルとその行為を見ているときに何度も浮き彫りになる、さらに深くより憎むべき何かの象徴なのだ。

進行形のパラダイムの移行

哲学者トーマス・クーンによれば、わたしたちはある概念の枠組みから世界を見るように教え込まれており、彼はその枠組みをパラダイムと呼んだ。パラダイムは、科学者が事実をどのように解釈するかだけでなく、どのような事実を解釈すべきかを決定する。科学者が議論の余地があると考える「事実」とは、優勢なパラダイムに適合しやすいもの、あるいは、パラダイムを拡張するか、パラダイムに軽微な修正を加えることで、パラダイムに適合させることができるものである。適合させることができないものは、完全に見落とされるか、重要でないものとして却下される。大量の事実があっても、科学者が世界を見ている概念的な枠組みは、そうした事実を同化することが根本的にできないので、与えられたパラダイムで訓練を受けてきた科学者の考え方を変えることはないと、クーンは指摘する。では、科学者はどうしたらその考えを変えるようになるのか？　たいていの場合、科学者は決して変えないと、クーンは主張している。古い意見をもつ人たちの偏見はきわめて深く、新しい理論を公平

に検討できるようになるには、独断的ではない新世代の科学者が必要になる[1]。

クーンの考えは、科学的事業の理解に多大な影響を与えてきた。だが、学者が事実、議論、真実をどう考えるかについてもたらした革命は、公共の場における議論の進め方にはまだあまり影響を与えていない。たとえば、イスラエルへの憎悪が公の場でどのように扱われるかについては、ある種の事実が知られさえすれば――またはもっとうまく提示されさえすれば――世論、とくに欧米でイスラエルを厳しく非難するリベラルの間でのイスラエルの評判は、飛躍的に改善されるだろうと、ほとんどの論者はいまだに思い込んでいる。

残念ながら、わたしはそうは思わない。ガザ地区沖のトルコ船をめぐるようなメディアの戦いはやむをえないかもしれないが、このような戦いの結果が、欧米の教養ある人々の間のイスラエルの評判に全般的な進展を与えるのかというと、何ら影響を与えないことを、クーンの主張は明らかにしている。この評判が過去の一世代にわたり悪化してきたのは、あれこれの事実のせいではなく、欧米の教養ある人々がイスラエルを見るパラダイムが変化したからだ。わたしたちは、独立した国民国家としてのイスラエルの正当性に関わるすべてにおいて、あるパラダイムから別のパラダイムへと移行するのをずっと目にしてきたのだ。

第21章

イマヌエル・カントと反ナショナリズムのパラダイム

古いパラダイムとは何だろうか？　そして、国際舞台が移行してきた新しいパラダイムとは？

普遍帝国からの解放

まず、イスラエルの正当性を認めた旧来のパラダイムから始めよう。現代のイスラエルは、憲法上も国際社会の理解から言っても、国民国家として、すなわちユダヤ・ネイションの国家として建国された。要するに、国際帝国の侵略から独立を主張し防衛するネイションの自由を認めた近世の政治理論から生まれたものである。[2] もちろん、国民国家は常に存在していた。[3] しかし、近代的な国民国家の理想は、イングランド、オランダ、フランスなどの国々が、普遍帝国（つまり「神聖ローマ帝国」）を自負するドイツやスペインのハプスブルク家の支配から自らを解放しようとした、長い闘争の間に強化された。エリザベス1世による1588年のスペインの無敵艦隊撃破が歴史の転換点となったのは、イングランドを支配しようとするフィリップ2世を撃退することで、全人類を支配する権利を主張するオーストリアとスペインのハプスブルク家からネイションの自由を確立したからだ。

１６４８年に三十年戦争の講和条約が結ばれ、普遍主義の理想が敗北したことが、ヨーロッパにおける政治の新パラダイムの確立につながった。復活した国民国家の概念が、ヨーロッパ大陸全土の人々に自由を提供したからだ。１８００年代頃には、このネイションの自由という概念は、全世界の秩序原則と考えられるまでに発展していた。独立した国民国家の制度は各ネイションを解放し、彼ら自身の針路を定め、それぞれが政府や法律、宗教や言語の独自の形態を決定できるようになると考えられたのだ。ギリシャは１８２２年に独立を宣言した。イタリアは１８４８年に始まる一連の戦争で統一と独立を果たした。ほかにも何十もの国民国家がそれに続いた。ユダヤ人の独立した国民国家を提案したテオドール・ヘルツルのシオニスト機構は、こうした政治的認識と適合した。１９４７年、インドが独立して数カ月後に、国連文書では「ユダヤ人国家」と呼ばれる国家をパレスチナに設立する案を、国連は3分の2の賛成で可決した。

だが、イスラエル建国以来、国民国家の思想は盛んになっていない。それどころか、大きく頓挫している。ヨーロッパ諸国は、ＥＵ設立に向けて、独立した国民国家が人類の幸福の鍵を握るとはもはやみなされないとする、新たなパラダイムを確立した。しかも、ヨーロッパの政治家や知識人の多くは今や、独立国家を計り知れない悪の根源と見ている。一方で、マルチナショナルな帝国――ジョン・スチュアート・ミルはこれを専制政治の典型と指摘した――は、ポスト・ネイション的な人間性のモデルとして、好意的に語られることが多い。そのうえ、この新しいパラダイムは、その他ネイションでも、政治言説の主流にどんどん進出している。この傾向は、アメリカやイスラエルなど、長い間このパラダ

イムとは無縁だと思われていた国でも例外ではない。

新しいパラダイムの進展

なぜ今、これほど多くのヨーロッパの人々が、自分たちの住む国家を解体し、国家を国際体制の支配と交換することに手を貸そうとしているのだろうか?

ドイツの神聖ローマ皇帝と普遍的な教会の下での国家統合が、かつてヨーロッパが抱いた夢であることはすでに述べた。啓蒙思想は、キリスト教から目を背けながらも、やはりほぼ同じ夢を抱いていた。それは、近現代に論述されたなかでも、イマヌエル・カントが1795年に著した『永遠平和のために』で、明確に宣言されている。カントは同書で、よく知られているように、ネイションの自決を野蛮人の無法な自由になぞらえて国民国家の理想を攻撃した。カントによれば、それは「野蛮」と「卑しいまでの人間性の堕落」として嫌悪されるのも当然だという。

> わたしたちは、野蛮人が無法な自由にしがみついているようすを、深い軽蔑の眼差しで見ている。彼らは法的制約に従うよりも絶え間ない争いに従事したがるだろう。……わたしたちはこれを、野蛮、粗野、卑しいまでの人間性の堕落とみなす。したがって、各自がその内部で1つの〔国民〕国家として団結している文明人が、一刻も早くこのような劣悪な状態を放棄することを、わたしたち

は期待してもいい。だが、そうする代わりに、各国家は、外部からの法的制約に従わなくてもよいことにこそ……自らの威厳があると見ており、その統治者の栄光は、何千人もの人々に自己犠牲を命じる権力から成り立っているのである。[4]

この見解によれば、政治的独立とは、「野蛮人が無法な自由にしがみついている」生活形態ということになる。文明人が理性を行使しさえすれば、「一刻も早くこのような劣悪な状態を放棄する」だろう。これは、国家の合法的な秩序に従う個人にも当てはまる。さらに、それはネイションにも当てはまる。ネイションは、同じように独立の権利を放棄しなければならず、各ネイションに対し「強制力のある公法」を定め、また「地上のすべての人々」を服従させるまで発展する「国際国家」に服従しなくてはならない。

> 戦争が蔓延する無法状態から他国と共存する国家が出現するための合理的な方法は、1つしかない。……野蛮で無法な自由を放棄し、強制力のある公法に適応し、そうすることで国際国家を形成しなければならない。それは必然的に、地上のすべての人々を包含するまで発展を続けるだろう。[5]

『永遠平和のために』のなかで、カントは次に、国際国家や帝国主義国家の樹立こそ理性が唯一命じることができるところだと主張する。自らのネイションの利益よりも帝国主義国家の指示を優先する

ことに同意しない者は、理性の支配に向かう人類の歴史的な流れに逆らっているとみなされる。ネイションの自由を主張する者は、ナショナルな規模での猛烈なエゴイズムを支持しているのであり、それは、私生活での猛烈なエゴイズムがそうであるのと同じくらい、健全な道徳を破壊することなのだ。

帝国を解体してネイションの独立を認めるということが進歩的だと固く信じられていたヨーロッパでは、本質的な不道徳を国民国家制度に押しつけるカント派のパラダイムは、長い間ほとんど受け入れられなかった。しかし、第二次世界大戦後、国民国家に起因する犯罪リストにナチズムが追加されたとき、状況は大きく変わった。ナチズムはドイツ国民国家の腐った果実として描かれ、カントは最初から正しかったように見えた。ネイションが武装し、その武力をいつ行使するか自ら決定することは野蛮であり、卑しいまでの人間性の堕落と見られるようになった。

この議論については、すでに第5章で述べた。国民国家からなる秩序は、各ネイションが独立した道を歩むことができるときに世界は最適に統治されるとみなしていることを、第5章で強調した。ナチスの視点はこれとまさに正反対だった。アドルフ・ヒトラーは第三帝国を、彼が「第一帝国」と呼んでいたものを改良したものと見ていた――第一帝国とは、ハプスブルク家の神聖ローマ帝国にほかならない。ヒトラーの夢は、ヨーロッパの国民国家体制の屍の上に帝国を築くことだった。

ところが、ヨーロッパの多くの人々は、ナチズムは多かれ少なかれ、醜悪な結末を迎えた国民国家だという見方を受け入れて、このような考え方を拒否した。マルクス主義者による西欧の国民国家への非難は、リベラルな反ナショナリズムと結びつき、カントの啓蒙主義への流れという名目で、熱心に

古い秩序に終止符を打とうと努めた。おそらくポスト・ナショナルのヨーロッパの理論家としては第一人者である哲学者のユルゲン・ハーバーマスは、この移行はドイツ人にとってとくに容易だったと指摘した――第二次世界大戦におけるドイツの役割と、戦後ドイツがいずれにせよ占領下にあり、もはや独立国家ではなかったという事実を考慮に入れたうえで。[6] ハーバーマスは、さらに次のように付け加えてもよかったかもしれない。イギリス人、フランス人、オランダ人とは異なり、中欧のドイツ語圏の人々は、統合された国民国家の下で生活したことが歴史上なかったので、そのような国家に代表される希望は、いずれにしても彼らにとってはあまり重要ではなかったのかもしれない、と。

ポスト・ナショナルの広がり

ともあれ、このポスト・ナショナルのビジョンを支持する人は、ヨーロッパ中に現れた。それからわずか一世代後の１９９２年、ヨーロッパの指導者たちはマーストリヒト条約に署名し、ＥＵを国際的な政府として設立し、それまで備えていたネイションの独立に関連する多くの権限を加盟国から奪った。当然ながら、この路線を受け入れないヨーロッパの人々もいる。とはいえ、ＥＵ設立への原動力となった新しいパラダイムには、やはり圧倒的な影響力がある。ヨーロッパでもアメリカでも、過去４００年で初めて、国民国家を自由の基礎だと認めない若者世代の増加を、わたしたちは目の当たりにしている。海外では、そのような国家をもたずにやっていくという強力なパラダイムが生まれている。しか

もそのパラダイムは、それを受け入れる者にも、受け入れない者にも、多大な影響を及ぼしているのだ。

第22章 アウシュヴィッツの2つの教訓

これまで政治や哲学、科学の分野で他国の光となってきたイギリスのようなネイションが、いつの日か世界史の舞台から永遠に降りてしまうのではないかという考えに、わたしは悩まされている。イギリス、アメリカ、オランダなどの国際社会の一角をなす一連のネイションは、独立して存在し続けることに意味があると、わたしは個人的にみなしている。とはいえやはり、わたしの第1の関心事はイスラエルであり、わたしの国がヨーロッパの人々から見た場合、どのように見えているか理解するように努めたい――厳密に言えば、ヨーロッパの非常に多くの人々に、そして今ではアメリカやその他の地域のますます多くの教養ある人々に影響を及ぼしている新しいパラダイムの視点から見た場合、イスラエルがどのように見えているか理解していきたい。

ユダヤ人にとってのアウシュヴィッツ

ここで、アウシュヴィッツ強制収容所について検討を加えたい。多くのユダヤ人にとって、アウシュヴィッツは特別な意味をもつ。独立したユダヤ人国家を現代に樹立する以外に方法はないと、世界中

のほぼすべてのユダヤ人を説得したのは、テオドール・ヘルツルのシオニスト機構ではなかった。それは、アウシュヴィッツであり、ドイツ軍とその共犯者の手によって亡くなった６００万人のユダヤ人である。アウシュヴィッツの恐怖と屈辱から、避け難い教訓が１つ浮かび上がる。このような事態を招いたのは、ユダヤ人が他者の軍事的保護に頼っていたからだということだ。このメッセージは、１９４２年11月に開かれたパレスチナのユダヤ人の国民議会で、ダヴィド・ベン＝グリオンが非の打ちどころがないほど明確に述べた。

> ナチの死の谷で何が起きているのか、どれだけのユダヤ人がすでに虐殺されているのか、正確にはわからない。……民主主義と自由と正義の勝利によって、ヨーロッパを我々の骨が散らばる広大なユダヤ人墓地としないですむのかどうかもわからない。……我々は世界で唯一、血を流すことが許されているネイションなのだ。……我々の子ども、女性……そして老人だけが、特別な措置のため区別され、自分たちが掘った墓に生き埋めにされ、遺体焼却炉で焼かれ、絞め殺され、機関銃で殺される……ただ１つの罪のために。……ユダヤ人には政治的地位がなく、軍隊がなく、独立しておらず、祖国をもたないからだ。……ユダヤ人として戦い死ぬ権利を我々に与えよう。……我々は権利を要求する……祖国と独立のための。ポーランドで我々に起きたことは、断じてあってはならないが、将来我々に起きるだろう、罪のない犠牲者は、数万人、数十万人、おそらくは数百万人は……祖国をもたないために犠牲となる。……我々は要求する……祖国と独立を。[7]

ユダヤ人の無力さという罪

この演説には、ホロコーストと、ベン＝グリオンがユダヤ人の無力さの「罪」と呼ぶものとの結びつきが力強く表れている。アウシュヴィッツの意味は、ユダヤ人が自分の子どもたちを守る方法を見つけようとして失敗したということだ。彼らは他者に、つまりアメリカやイギリスの権力をもったしかるべき者たちに頼っていたが、その者たちは時が来ても、ヨーロッパのユダヤ人を救うためにはほとんど何もしなかった。今日《こんにち》、ほとんどのユダヤ人は、あの何百万もの人々が亡くなってから本当に変わったもの――世界史のこの時期に繰り返された事柄に対する防波堤となる唯一のもの――は、イスラエルだけだとずっと信じている。

だが、アウシュヴィッツが重要な政治的象徴となっているのは、ユダヤ人にとってだけではない。多くのヨーロッパ人も、アウシュヴィッツが第二次世界大戦の教訓の中核をなすと考えている。しかし、彼らが導き出した結論は、ユダヤ人の結論とは正反対のものだ。イマヌエル・カントに倣って、彼らはアウシュヴィッツを、野蛮さの究極的な体現、卑しいまでの人間性の堕落として、つまりナショナルな排他主義として見ているのだ。この観点からすると、死の収容所は、保有する軍事力の扱いをネイションが自ら決められることがいかに害悪であるかを証明するものだ。ここから導かれるのは当然、ドイツというネイションにこのような生殺与奪の力を与えることが間違っていたという結論である。すなわち、このような悪が繰り返されることを防ぐには、ドイツをはじめとするヨーロッパの国民国家を

解体し、ヨーロッパのすべての人々を１つの国際政府の下で結びつけるしかない。国民国家をきっぱり廃絶すれば、アウシュヴィッツへの暗い道を封鎖することができる、というわけだ。

この見解によれば、アウシュヴィッツに対する答えはイスラエルではなく、ＥＵとなることに注意されたい。ヨーロッパが統合されれば、ドイツが、あるいはその他ヨーロッパのネイションが再び立ち上がり、他者を迫害することは不可能になる。その意味で、ユダヤ人の将来の平和、ひいては全人類の平和の保証人として存在するのがＥＵなのである。

2つの異なるパラダイム

次に、アウシュヴィッツの意味について相反する２つのパラダイムを挙げる。どちらも同じ事実を見ている。つまり、どちらのパラダイムも、アウシュヴィッツで何百万もの人々がドイツ軍とその協力者によって殺された、そこで行われた行為はまごうことなき悪である、そこで死んだユダヤ人とユダヤ人以外の人々はこの悪の無力な犠牲者であったと、とらえている。だが、一致しているのはここまでだ。同じ事実を異なるパラダイムで見ている人は、次に示すように別のものを見ている。

パラダイムＡ：アウシュヴィッツは、手ぶらで裸で立つユダヤ人の男女が、自分たちを守るライフルがないために子どもたちが死ぬのをじっと見ているという、言いようのない恐怖を表す。

パラダイムB：アウシュヴィッツは、自分たちのネイションの権利や利益に関する自国政府の見解だけを裏づけとするドイツ軍兵士が、他者に対して武力を行使するという、言いようのない恐怖を表す。

最初は同じことを話しているようにさえ思えないこの2つの見解は、ほぼまったく相容れない道徳的立場を述べていると認識することが重要だ。片方の見解では、悪の根源として見られるのは、殺人者の意思である。もう片方では、被害者の無力さである。この一見微妙な視点の違いは、相反する2つのパラダイムを別の方向に向けて、そのパラダイムを通してイスラエルを見るときに、溝が広がる。次に挙げるのは、同じ2つのパラダイムで、今度はイスラエルという独立国家とそれが表すものに注意を向けている。

パラダイムA：イスラエルは、ライフルを手に立つユダヤ人の男女が、その子どもたちやほかのすべてのユダヤ人の子どもたちを見守り、彼らを守っている姿を表す。イスラエルはアウシュヴィッツと対極にある。

パラダイムB：イスラエルは、自分たちのネイションの権利や利益に関する自国政府の見解だけを

裏づけとするユダヤ人兵士が、他者に対して武力を行使するという、言いようのない恐怖を表す。イスラエルはアウシュヴィッツである。

どちらのパラダイムにおいても、イスラエルの事実は、ショア〔訳注：ナチスによるユダヤ人大虐殺〕の犠牲者としてのユダヤ人のアイデンティティのために、途轍もない重要性をもつ。イスラエルの創設者たちにとって、死の収容所の生存者とその子孫に武器が与えられ、ユダヤの旗の下で兵士として訓練することが許されたという事実は、公正と正義へと向かう世界の断固とした動きのように思われた。かつて起きたことは決して埋め合わせができない。だが、それでもなお、数年前にそれが実現していたならば、愛する人たちを死と最悪の事態から救っていただろうエンパワーメントを、生存者たちに与えたことになる。この意味では、イスラエルはアウシュヴィッツとは対極にある。

同時に、イスラエルは、ヨーロッパの新しいパラダイムにおいても途轍もない重要性をもつ。イスラエルでは、生存者とその子どもたちが武器を手にして、運命を自ら決められるようになったからだ。つまり、わずか数十年前には、完全な自己放棄というカント派の理想に近かった人々が、今やアドルフ・ヒトラーの道とみなされるもの、つまりネイションの自決の道を選択したからである。これが、多くの人がイスラエルに対して抱く、限りない嫌悪感の根底にある。とくにイスラエルの自衛と関係のあるものに対しては、その活動が成功しようが失敗しようが、落ち度がなかろうが道徳的に欠陥があろうが、彼らは嫌悪感を抱く。自分たちの国民国家とその自決権を名目に武装することで、ユダヤ人は、

ヨーロッパ人をはじめとする多くの人たちが現在みなしているように、ドイツを収容所建設に導いた悪に完全に手を染めたということになるのだ。細部は異なるかもしれないが、原則は彼らの目には同じである。つまり、イスラエルはアウシュヴィッツである。

ヨーロッパから見たイスラエル

ヨーロッパ人の目を通してこれを見てみよう。現代の誇り高きオランダ人を想像してほしい。彼《か》のネイションはカトリックのスペインに対して勝利する見込みがないのに反旗を翻し、自由の灯を高く掲げて、独立戦争を80年にわたり続けたのだ。「それでもわたしはこれを諦めるつもりだ」と彼は自分自身に言い聞かせる。「より高潔なもののために、過去の栄光の夢をもつこの遺産を犠牲にし、祖先が築いた国家に別れを告げるつもりだ。最終的に全人類を包含する国際政治連合のために、わたしはこのつらい犠牲を払う。そう、わたしは人類のためにそうするのだ」。それなのに、彼に立ち向かうのは誰なのか？　文明人のなかで、道徳と理性にあふれたこの奮闘にあえて背を向けるのは誰なのだろうか？彼の受けるショックを想像してみてほしい。「ユダヤ人だ！　新秩序の到来を最初に歓迎し、人類の救済の到来を最初に歓迎すべきはずのユダヤ人が、そうするどころか、新秩序の対極に身を置き、世界と戦争しながら、利己的で小さな自分たちの国家を築いている。よくもそんなことができたものだ。啓蒙と理性の名の下に、彼らはわたしと同じ犠牲を払うべきではないのか？　アウシュヴィッツにい

た自分の両親のことを思い出せないほど、彼らは堕落しているのだろうか？　いや、彼らは思い出せないのだ――かつてわたしたちの隣国ドイツを支配していた悪に魅入られ、道を踏み外したのだ。彼らはアウシュヴィッツ側に行ってしまった」

　このように、イスラエルとその兵士がナチスと比較されているのをよく耳にするのは、偶然ではない。ここで話しているのは、恣意的に選ばれるか、芝居がかった言い回しだけで選ばれた、ただの誹謗中傷ではない。ヨーロッパをはじめ新しいパラダイムが広まっているところでは、たとえ不条理であっても、ナチスとの比較は起こるべくして起こり、避けて通れないのだ。

　これは、事実が重要とされないなどということがどうしてありえるのかという疑問に、非常に根本的なレベルで答えている。イスラエル側に正義があると簡単にわかるようなところ――自衛のために、しかも徹底的に自制心を働かせて行動しているところ――でさえ、年を追うごとにひどくなる誹謗中傷活動によってイスラエルが嘲笑の的になるなど、どうしてありえるのか。南レバノンにあるイスラエルの安全保障地帯が破壊されたあとで、イスラエルがガザ地区から撤退したあとで、イスラエルへの憎悪が激しくなる一方だなどということが、どうしてありえるのか。

　それは、確かに安全保障地帯やガザ地区、トルコ船の封鎖突破などの特定の事実に関して、イスラエルに憎悪が向けられるときもあるかもしれないが、イスラエルに対する国際的な嫌悪感やこれまで注がれた憎悪は、こうした事実によって引き起こされているわけではないからだ。イスラエルを、とくにイスラエル単独の自衛のための武力行使を、その根底に至るまで違法だとする新パラダイムの急速

な進展によって、憎悪が引き起こされているからだ。イスラエルがある重大な点でナチズムの変形だと信じているならば、イスラエルの政策や広報活動が「改善」したところで、あまり感銘を受けないだろう。改善されたアウシュヴィッツは、やはりアウシュヴィッツなのである。

こんな問いを投げかける人もいるかもしれない。もしそれが正しくて、ヨーロッパの歴史上最も悪質な政治運動とイスラエルが類似しているととらえる見方が、急速に発展する国際政治の新パラダイムに組み込まれているのであれば、このパラダイムを支持する人たちは、イスラエルには存在する権利がなく解体されるべきだという結論に達するのではないだろうか？

この問いに対する答えは明白だ。もちろん、この2つに類似性があるとする見方からは、イスラエルには存在する権利がなく、解体されるべきだという結論に達する。なぜかって？　ドイツやフランスが独立国家として存在する権利がないならば、なぜイスラエルが存在しなくてはならないのか？　それに、イギリスとオランダがついに消滅した日に、多くの人が涙を流さない覚悟ができているならば、なぜイスラエルに対しては違った感情を抱かなければならないのだろうか？　ユダヤ人やその友人たちが〝イスラエルの滅亡〟を恐れて語り続ける一方で、新パラダイムを受け入れた人々はもはやそれを恐れていない。その人たちのなかには、ユダヤ人国家の消滅を許すだろう政治的枠組みについて、すでに公然と空想にふけっている者もいる。[8]

第23章 第三世界とイスラムの非道な行為が見過ごされているのはなぜか？

最近、国際フォーラムやメディア、大学でイスラエルの威信失墜が進んでいるのは、国際関係における新たな反ナショナリズム的パラダイムが、真っ先にヨーロッパから生じたからではないかと、わたしは指摘してきた。わたしの理解では、ヨーロッパの国民国家を国際政治組織であるＥＵに従属させようとする動きは、イスラエルに本来独立した国民国家としての正当性を与えた原則に、深刻なダメージを与えている。それはネイションの自由と自決の原則のことで、国民を守る必要があるときに自主的行動を取ることを、ユダヤ人国家に認めたものだ。ヨーロッパの多くの人々は次第に、このようなネイションの独立と自助を違法と考えるようになり、イスラエルの正当性を組織的に拒絶する方向に向かっている。そのうえ、アメリカやその他の国々でも、このような見方が急速に広がっている。

なぜイスラエルへの敵意だけが増幅されるのか

これは重要な問題を提起している。イスラエルへの敵意の激化が、かなりの程度まで、独立した国民国家という概念への支持が崩壊することで引き起こされているのだとしたら、イスラエルをどこより

も激しく批判する人たちは、なぜパレスチナのアラブ人の独立国家設立を支持しているのだろうか？　なぜ彼らは、イランやトルコ、アラブの諸政権、そして第三世界の多くの国々による武力行使を批判しないのだろうか？　こうした政権の多くは、イスラエルよりもはるかに積極的に武力を使用しており、想像を絶する規模の残虐行為を行っている場合もある。国民国家のパラダイムが崩壊したのだとしたら、そのような政権の自主的な行動に対し、あからさまな支援とまではいかなくても、寛容さが見られるのはなぜだろうか？

前述したように、この問いへの回答は、イマヌエル・カントの反ナショナリズムに見つかる。思い起こしてもらいたいのだが、カントにとって、人類の歴史は未開な状態から道徳と理性が最終的勝利を得るまでの進歩的な運動であり、彼はそれを普遍国家の確立と同一視していた。この見解によれば、個人はまず、国民国家のなかで団結することによって、利己的で無法な自由を手放す。次に、国民国家も同じことをしなければならず、自国よりも普遍国家の強制力のある公法を優先することによって、利己的で無法な自由を手放すことになる。ほかの者とは異なり、カントはこのような歴史の動きが必然であるとは確信していない。だが、カントはそれを、道徳的であり理性と一致していると正当にみなせる、唯一の歴史的発展だと考える。歴史のその他の見解には、「嫌悪感で背を向けざるをえないだろう」としている。[9]

だが、このような歴史の進歩では、野蛮な状態から理性に至る道を、すべてのネイションが同じ速度で進んでいると解釈されているわけではない。それどころか、カントは、この道にはさまざまな達成

段階があり、異なる人民が異なる時期にそこに到達すると考えている。カントが１７８４年の論考 *Idea for a Universal History with a Cosmopolitan Purpose*（「世界市民的意図における普遍史のための理念」『カント全集第13巻』理想社、１９８８年）で説明しているように、人民が未開な状態を脱し、法の支配によって各自が内部統治される国民国家を形成したときに、文明のレベルに到達する。しかし、国民国家の秩序は、人類の物語の第３段階であり最終段階——まだ到達されていない——である道徳的成熟と同じではない。この最終段階を達成するためには、人類は「最終的に……」理性が決定づける「一歩を踏み出す」必要があり、普遍的な連邦国家に従う必要がある。カントはこれを、次のようなものだと述べている。

> 数々のネイションからなる連邦であり、そこではたとえ非常に小さい国家であってもあらゆる国家が、安全保障や各種の権利を、自分たち自身の権力や法的判断ではなく、ただこの偉大なる連邦からのみ、つまり統合された意志が法に基づき生み出す決断からのみ、引き出すことが期待できるのである。[10]

ここで言う「道徳的成熟」とは、何が正しいかについて自分自身の判断を放棄し、正しい行動を取る自分の力を放棄することと同じである。何が正しいかは、普遍的な国家の判断に基づき決定されることになる。普遍的な国家の「統合された力」と「統合された意志」が、何が正しいかを押しつける

のだ。

カントは、自分の時代には、どのネイションもまだこの「道徳的成熟」レベルに達していないと思っていた。だが彼は、多くの戦争によって引き起こされた痛みと苦しみによって到達せざるをえないので、ヨーロッパはおそらく最終的には到達するだろうと考えていた。[11] その間、世界のその他の地域は未開な状態のままであり、国民国家という形で団結するという最初の一歩さえ踏み出せていなかった。高みを目指す前に、彼らはまずこの最初の一歩を踏み出す必要があった。

人間の進歩の3段階

カントによる人間の進歩の3段階は、ヨーロッパの反ナショナリストが国際問題について語るような形で、ほぼ正確に再現されている。この見解によれば、ようやく「道徳的成熟」の段階に達したネイションが見つかる場所が、世界に1つだけある。ＥＵである。国民国家からなる秩序を超越しなくてはならないことを多くの人々に明々白々にしたのは、ヨーロッパだけである。ネイションの独立という理想が順調に捨て去られようとしているのは、ヨーロッパだけである。この観点から見れば、歴史的にははるかに原始的段階にいるとされる、イランやトルコ、アラブ、第三世界についてどう考えるべきかは明らかだ。彼らは、いまだに未開な状態から逃れようとし、国内法の支配下で国民国家を確固たるものにしようとしている人々だとみなされている。数百年後になるかもしれないが、彼らが国民国

家の段階に到達したら、国民国家を脱却して国際政府の下で「道徳的成熟」に到達することの合理性を、徐々に認識するようになるだろう。

このような3段階の歴史観の蔓延は、ヨーロッパの多くの指導者たちが中東と第三世界に新国家を樹立しようとする熱意と、こうした地域で行われている武力侵略と残虐行為に比較的無関心であることについて、多くのことを明らかにする。彼らの目には、このような戦争や残虐行為は、〝開発途上国〟の人々が経験しなければならない段階にすぎないのだ。子どもと同様に、彼らはほかになす術《すべ》を知らないはずであり、しばらくの間は、なす術を知らないまま過ごすだろう[12]。

もちろん、イスラエルについては、このようなことは言えない。ヨーロッパのリベラリズムの観点から考えると、ユダヤ人はムスリムや第三世界の人間ではない。ユダヤ人はヨーロッパ人として見られるべきであり、わたしたちに適用される基準は、最終的に「道徳的成熟」段階に達したヨーロッパに適用されるはずの基準である。だからこそ、ネイションの自決権を主張しているイスラエル人やユダヤ人に嫌悪感と怒りが向けられるのだ。軍事問題で一方的な行動を取ったり、法律や憲法の問題で独自の判断に頼ったりするたびに、わたしたちは「道徳的成熟」に至る道から奇怪にも背を向けた、元ヨーロッパ人と見られる。わたしたちは、分別がないからといって責任を負わされない、子どものような存在ではない。わたしたちは、分別をわきまえているはずなのに、意識的に不合理で不道徳な道を選択した、大人のようなものなのだ。

このことは、ヨーロッパの多くの人々のイスラエルに対する見方と、イランやトルコ、アラブ諸国、

第三世界に対する見方の間に不均衡がある理由を明らかにする。このダブルスタンダードは、まさにカント派の歴史の解釈から発生している。新しいパラダイムが根を下ろしたところはどこでも、イスラエルに対する道徳的要求は厳しくなる一方なのに、イスラエルの近隣のイスラム諸国に対する世間の批判は控えめか、あるいはまったく批判が起こらない。これは、イラン人やトルコ人、アラブ人が道徳と理性を理解する段階にあるとは考えられていないという、単純な理由によるものだ。カントが言うように、彼らに関する「おしなべてすべてのものは、愚行と幼稚な虚栄心で、たいていは幼稚な悪意と破壊的性質で構成されている」[13]。

もちろん、これらのネイションはどこも単純で暴力的な子どもも同然で、そのためほとんど何も期待されていないなどと言うのは、失礼であり思慮に欠けた発言である。だが、その礼儀正しい顔を一皮剝けば、人種差別の境界線上にある、相手を見下す衝撃的な視点が至るところに見つかる。イスラエル人は何しろ〝ヨーロッパ人〟なのだから、わたしたちは、アラブ人やイラン人よりも高い道徳的基準の責任を負わなければならないという主張は、表に出ない会話に絶えず現れる。ところが、このような意見を抱いている人の多くは、それが公式な記録に載らないように気をつけている。デンマークの駐イスラエル大使は例外だった。彼は最近、公の場の演説で、ちょうどこの点について指摘したが、これは多くの人がプライベートでわたしたちにたびたび話すことをよく反映している。

> ヨーロッパがダブルスタンダードを使って、差別しているという疑惑があります。……わたしたち

があなたがたを差別していると、イスラエルは主張すべきだと思います。わたしたちがダブルスタンダードを適用していると。それは、あなたがたがわたしたちの仲間だからです。……イスラエル人と話すとき、なかには「シリアで何が起きているかご覧なさい。ほかの場所で何が起きているのかご覧なさい」と言う人もいます。それは、あなたがたが現在判断されている基準ではありません。イスラエルが判断されたいと思うような基準ではないでしょう。ですから、わたしたちがダブルスタンダードを適用して、あなたがたをヨーロッパのその他国々の状況と同じ基準にすべきだと主張する権利が、あなたがたにはあると思います。[14]

第24章　イギリス、アメリカ、その他気の毒なネイション

イスラエルに対するひどい誹謗中傷活動には、次のような原因があると思われる。ユダヤ人は分別がつく〝ヨーロッパ〟人として認識されているというのに、自分たちの理解に基づいて自分たちの利益と願望を追求し、独立した国民国家として行動を続けている。しかも彼らは、「道徳的に成熟した」ネイションの在り方についてのヨーロッパの概念を受け入れずに、そのような行動を取っている。これが本当ならば、同じ理由で同じように非難されている別のネイションの事例を見つけることができるはずだ。ほかにも同じような誹謗中傷活動の対象になっているネイションはあるだろうか？　また、そのようなネイションも、もっと分別をもちうるはずだとされ、異なった基準を負わされている〝ヨーロッパ〟のネイションの事例なのだろうか？

ネイションの自決に向けられる反感

この質問に対する答えは、確かにイエスだ。１９８０年代に、こうした反感を買い道徳的な中傷を受けたネイションとしては、南アフリカのアパルトヘイト政権が真っ先に浮かぶ。１９９０年代には、

国際社会の恐怖の目はセルビアに向けられた。現在、いずれの国も激しい非難の対象から外れたことで、イスラエルを狙ってきた道義的怒りは、アメリカ、ＥＵ離脱が国民投票で決定したイギリス、そしてハンガリー、ポーランド、チェコなど、ヨーロッパの行動基準に多方面で抵抗する東欧の諸ネイションに向けられている。このような例を挙げて、こうしたまったく異なる各ネイションが道徳的に同じ範疇に属していると言っているわけではない。同じ範疇にいないことは明らかだろう。とはいえ、これらのネイションはどれも、近年イスラエルが槍玉に挙げられてきた、屈辱的な誹謗中傷活動の類いの対象になったネイションなのだ。わたしは、こうしたネイションをこれほどまで痛ましい目に遭わせているのは何なのか、そして彼らに対する嫌悪感を引き起こすものは何か、ヨーロッパのリベラリズムの観点から理解したいと思う。

まずはアメリカの事例から紹介しよう。アメリカの歴代政権が自主独立の政治姿勢を主張してきたことで浴びた憎悪は、とうてい見逃すことはできない。これは確かに、ドナルド・トランプ大統領が示すあからさまにナショナリスト的な話題にも当てはまる。ただし、多くの点から言って、これは何も新しいことではない。少なくとも冷戦が終わって以降、京都議定書から国際刑事裁判所まで、〝国際社会〟の支持を得た国際協定への〝参加拒否〟を理由に、ヨーロッパの人々はアメリカ政権を非難してきた。国連の委任を受けずに踏み切った第二次湾岸戦争のように、差し迫った安全保障上の問題を単独で解決しようとするアメリカに非難を浴びせている。実際、アメリカ人が自国軍を必ずしも〝国際社会〟のために存在しているとは考えず、世界の〝最高意思決定機関〟である国連を否定しようとし

ていることを、ヨーロッパの人々は苦々しく思っている。言い換えれば、ヨーロッパの指導者たちは、アメリカのあれこれの政策内容に悩まされるだけでなく、自国民や独自の価値観や利益のために、自らの判断に従って単独行動する権利をもつと、アメリカが自国をみなしていることに、一貫して不快感を覚えているのだ。要するに、彼らが問題にしているのは、アメリカが独立したネイションとして行動していることなのだ。

イスラエルの事例との類似性が目を引く。イスラエルの場合と同様に、押し寄せる嫌悪感と怒りは、決まってアメリカの個別の決定や政策に向けられている。しかし、個別の問題は現れては消えるが、ますます増大する嫌悪感と怒りを引き起こしているのは、そうした問題ではない。その原動力となっているのは、彼らが必要に応じて単独行動を取る権利を主張していることである。つまり、国民国家からなる従来の秩序の下で生きることへのこだわりである。ここで衝撃的なのは、イスラエルの場合と同様に、体系的なダブルスタンダードが用いられていることだ。ネイションとしての利益を追求し、自主的な判断を下しているとして、アメリカ人は罵倒され、その行動が非難されるのに対し、中国やイランが自主的判断を下し自国の利益を追求しても、あしざまに言われることはない。やはり、怒りと憎しみを駆り立てているのは、道徳的に成熟し分別をわきまえているはずのヨーロッパの人々が、ネイションの独立性を追求することなのだ。

この同様の怒りは、ネイションの独立と自決の路線への回帰を決定したことを受けて、イギリスへと向けられ、また難民再定住に関するＥＵの理論に従わずに独自の移民政策を主張する、チェコやハン

ガリー、ポーランドなどの国々にも及んでいる。こうした事例や類似の事例では、反対意見の中身よりも、ヨーロッパのネイションが自主的政策を打ち出す可能性に対する怒りのほうが勝る。[15] また、イスラエルの場合のように、こうした自主的政策はナチズムやファシズムになぞらえられる。[16]

ヨーロッパ人に求められる道徳基準

また、言葉で誹《そし》りを受けるだけではない。このような道義的非難のあとに強制的な行動が取られた事例が少なくとも2件ある。それは、南アフリカとセルビアに対して行われた権威失墜活動であり、最終的には南アフリカのアパルトヘイト体制を倒し、セルビアをコソボから強制的に追放する結果となった。南アフリカの体制が道義に反していたことや、ユーゴスラビア崩壊後の暴力行為はセルビア軍に責任があることに、疑問の余地はない。しかし、ここでわたしが興味を抱いているのは、これらのネイションが実際に犯した道義的失敗ではない。そうした問題については、異議を唱える余地はありえない。わたしが知りたいのは、その他多くのネイションが流血の惨事や弾圧、拷問で彼らに匹敵する行為をしたにもかかわらず、なぜこの2つのネイションが激しい非難を浴びたのかということである。こうしたネイションに向けられた憎悪は、彼らが犯した過ちに注目するだけでは説明できないという点を指摘したいと思う。セルビア人が、北朝鮮やイラン、トルコ、シリア、スーダン、コンゴよりもひどい人権侵害をしていたと、本当に言えるだろうか？　南アフリカの黒人への弾圧は確かにひどかっ

たが、現在のサウジアラビアでの女性への弾圧よりも声高に非難されるべきだろうか?

特別な憎悪と嫌悪感を向けられ、特別な罰を下されるために白羽の矢が立ったのは、南アフリカの白人やセルビア人がヨーロッパ人として見られ、近隣諸国のアフリカ人やムスリムに期待されるものとは別の道徳的基準に縛られているからだ。コソボの２００万人のアルバニア人が、第２のアルバニア国家の独立を認められる一方で、３０００万人のクルド人が、独立した祖国をもたないまま、トルコ人やアラブ人、イラン人によって、来る年も来る年も恐怖と迫害に苦しんでいるのはなぜなのだろうか? この２つの例の決定的な違いは、コソボを自分たちのものと思っているセルビア人は、分別がつくはずのヨーロッパ人として認識されており、一方、クルド人を抑圧し殺害を続けるトルコ人やイラン人、アラブ人は(ヨーロッパの自由主義者のパラダイムから見れば)、道徳面では事実上何も期待できない、幼稚な野蛮人と見られていることだ。

要するに、一見すると直観と相容れないのだが、考えてみれば簡明直截である。あるネイションがヨーロッパに属するものである場合、あるいはヨーロッパ人の入植者の子孫からなるものである場合、そうしたネイションに期待されるものは、ヨーロッパの基準に沿ったものになる。その基準は、とくに武力行使に関して、カント派の主張する、自主的判断と行動に対するネイションの権利の放棄を意味するようになってきている。対照的に、イランやトルコ、アラブ諸国、および第三世界は、この見解では、法の支配の下で統合された国民国家という段階にすら達していない、原始的な人民だと考えられている。つまり、ほとんどの場合において、道義的基準を彼らに適用する必要はないとされているのだ。

第25章　帝国主義者はなぜ憎むのか

〝リベラル国際主義〟は、ヨーロッパやその他の地域における国境線の消滅と国家解体を求める実際的な指針だというだけではない。それは、ナショナリズムやナショナリストがヨーロッパのどこかに、あるいはヨーロッパ文明から派生したとみなされるアメリカやイスラエルのようなネイションのどこかに現れたとき、ナショナリズムやナショナリストを攻撃し、煽り立て、それらの正当性を喪失させようとする帝国主義的イデオロギーなのである。

拒絶に対する憎しみ

リベラル界隈から発せられる憎悪は、なぜほとんど論じられてこなかったのだろうか？　カント派のパラダイムには適合しないと思われるからだろう。カント派のパラダイムによれば、理性の働きのため、人々は、国民国家の時代の特徴だった憎悪や暴力と同時に、独立した国民国家自体も捨て去るはずだと考えられるためである。この見解によれば、来るべき国際国家は理性と平和とともに誕生する。だが、リベラル帝国主義計画を支持することが、理性と平和ではなく、憎しみと暴力を生み出すと判

明した場合、リベラル帝国こそ合理的な人々が得ることのできる唯一の場所だという主張は、大きく傷つけられることになる。

言い換えれば、現代のリベラルな言説には盲点がある。普遍的な政治秩序を信奉するため、リベラル帝国主義者たちは、憎しみの原因をネイションや部族の個別主義（あるいは宗教）に帰する傾向があるが、その一方で、普遍的な政治秩序の達成という願望を実現させようとするあまり生じる憎しみを見落としたり、軽視したりしている。

これはどれも驚くに値しない。わたしたちがよく知っている歴史上の帝国の理論は、エジプトであれアッシリアであれ、ギリシアであれローマであれ、キリスト教であれイスラム教であれ、リベラルであれマルクス主義であれ、普遍的救済と平和のイデオロギーを提供してきた[17]。そのような帝国主義的イデオロギーは、それが差し出す救済に対して断固とした拒絶に遭ったとたん、その拒絶に強くしつこい憎しみで応じる。普遍主義者は、すべての人やすべてのネイションを愛することができると言うが、それは人やネイションが、思考の面でも行為の面でもすすんで普遍的であろうとするときのみだ。特定のネイションや特定の人間が自決権を主張したとたんに、事態は一変する。普遍主義者は個別主義者を嫌っており、個別主義者にあきれ、嫌悪感を抱いていることが、そのときわかる。そして、この憎しみと嫌悪感は、個別主義者があきらめずに根強く抵抗することがわかると、一層燃え上がるのだ。

それは、救済と平和という福音のメッセージを拒絶したユダヤ人に対する、キリスト教の憎しみの物語である。そしてそれは、救済と平和というＥＵのメッセージを拒絶した現代のイスラエルに対する、

ヨーロッパの憎悪の物語である。ヨーロッパの国民国家を解体して国際連邦の支配下に置こうとするイマヌエル・カントの提案は、言い換えれば、中世キリスト教の成句《トロープス》を啓蒙主義風に再現したものである。リベラル帝国の提唱者が、彼らの永遠平和の計画をイスラエルが受け入れないと知って感じる怒りは、彼らの先祖たちが、ユダヤ人が福音を拒否したことに直面したときに感じたものと、非常によく似ている。[18] ユダヤ人もまた、この憎しみが再び自分たちに注がれていることに気づいたとき、先祖たちが抱いたにちがいない感情を経験する。

そうであるならば、あるネイションの他ネイションに対する憎悪、ネイションや部族に対する憎悪の典型的な事例とされることの多い、アドルフ・ヒトラーのユダヤ人に対する憎悪について、もう一度検討すべきだろう。だが、ドイツ人は、イギリス人やオランダ人、アメリカ人とは違い、自分たちが独立した国民国家であるという旧約聖書の観念を育んだことがない。「全世界を統べるのはオーストリアである（Austriae est imperare orbi universo）」というカトリック＝ドイツの夢も、「地上の王」になるというナチス・ドイツの夢も、「国際国家は、地球上のすべての人々を包含するまで、必ず成長し続けるだろう」という啓蒙主義ドイツの夢も、地上で自決権をもつ自由なネイションをすべて消滅させ、すべての人々に単一の普遍的な救いをもたらそうという普遍的な意志でそうしたネイションを満たすことを夢見る、皇帝や帝国主義者の抱くただ1つの理想と情熱が変化したものなのだ。

このような帝国主義的な理想と情熱のため、ドイツ人は、独自の大義や契約を常に重んじるユダヤ人とは我慢ならない邪魔物だと感じるようになった。[19] このような理由から、ユダヤ人に対するドイツ

人の憎悪はネイション間の憎悪のまさに典型となり、原型となった。とはいえ、それは競合するネイション同士の憎悪の原型ではない。皇帝と帝国主義者の抱く憎悪の原型であり、彼らの普遍的意志は、どんなに少数であれ、頑なに従わない1ネイションでさえも我慢できないのだ。これをよく理解するためには、時間をかけて考える必要がある。普遍主義者の妄想に囚われている人々にとって、例外なしに純粋でなければ、真実は存在しない。よって、彼らが差し出す救いは、例外なく純粋でなければ真実ではない。それはつまり、すべてのネイションにとって、あらゆる年代のすべての男女にとって、有効でなければならないということだ。たった1つでも小さな異議を認めること、たった1つでも小さな異議を我慢することは、人類に差し出した普遍的な救済が偽りであることを意味する。それなのに、ユダヤ人は異議を唱える。

ナショナリストと個別主義者に対するこのような恐怖は、キリスト教徒の間ではいくらか薄れてきている。ヘブライ語聖書がしっかりと受け入れられているところでは、ある独自のネイションの目的や観点の個別性を大事にできるキリスト教徒と大勢出会う。そのため、アメリカとイギリスでは、ネイションの独立に真剣に取り組むことは大いに不評を招くにもかかわらず、プロテスタントであれカトリックであれ、敬虔なキリスト教徒はナショナリストの姿勢を貫いている。彼らは古代イスラエルと自分を個人的に重ね合わせており、この親近感が、独自のネイションの目的の個別性を大切にすることを彼らに教える。また、だからこそ、こうした国でイスラエルを好きな人が多いのだ。その気持ちがどこから来るのかと言えば、旧約聖書の古代イスラエル人国家との個人的一体感以外に見当たらない。

リベラル帝国主義者の視線

だが、ナショナリストや個別主義者への恐怖や、皇帝や帝国主義者の抱く憎悪は、現在、〝リベラル国際主義者〟の間で赤々と燃えている。彼らは普遍的な帝国への憧れを抱き、かつてキリスト教徒がその教えを信じたように、マルクス主義者がその教えを信奉したように、帝国に信頼を置く。リベラル帝国の擁護者にとって、彼らの前任者がそうだったように、ユダヤ人は今後も特別な怒りの対象になるだろう。しかし、リベラル帝国主義者の心には、まだまだ隙間がある。服従しない個別主義者に対する彼らの憎悪は、もっぱらイスラエルにのみ向けられてきたが、近年になり、独自の大義と視点を頑なに守ろうとするその他大勢の者たちがいることに気づいたのである。このような普遍的リベラリズムに抵抗する者は、最近、アメリカやイギリス、フランス、オランダ、デンマーク、チェコ、ポーランド、ハンガリー、ギリシャ、インド、日本、その他多くの国で見られる。そして、独自の道を自主的に歩もうとするがために、彼らも、ユダヤ人と同じように嫌われるのだ。

皮肉なことに、リベラル帝国主義者の目には、どの反対派や反対派の意見も同じに見える。[20] こうした反対派の運動やネイションは、推進しようとする単一の世界観をもたず、今後ももつことはないだろう。これらは、全人類救済のために示す普遍的な教義を共有していない。魅力的で賞賛に値する大志を抱いて、リベラル帝国に抵抗する国もある。一方で、不快な、あるいはさらに醜悪な名目で抵抗が行われている国もある。こうしたまるで異なるネイションや運動に共通するのは、良くも悪くも、

自分たちのネイションが独自の針路を定めるのを見たいという欲求だけだ。わたしは、ネイションの自由の希求から生じる個別主義的な運動のすべてを擁護することはできないし、誰であれ、そうするよう求められるべきではない。自由なネイションが必ずしも正しい選択をするとは限らない。彼らは試行錯誤しながら、自分たちの伝統と独自の観点に基づいて、自分たちの利益だとみなすものを追求することで前進していくのだ。人類の利益は、また別の世界帝国を崇めるような硬直した教義の名の下で、これらの見解を抑圧することにはない。わたしたちの関心はむしろ、可能な限り、各ネイションが独自の願望を追求できるようにすることにある。この自由を用いてそれぞれのネイションが行うことに、わたしたちが強く惹きつけられることはないだろう。しかし、ほかのネイションのやり方に寛容になることで、意見の異なる人や異質な人に対する古い帝国主義的な憎悪から解放されるはずだ。実験と革新の世界は、わたしたち自身が選択したかもしれないいかなるこれらの普遍的計画よりも、地球の各家族に大きな恩恵をもたらすかもしれないのだ。

終章　ナショナリズムの美徳

天地の主と話をするモーセが、世界征服に乗り出さずに、イスラエルのためだけに法を定めたことは注目に値する。イスラエルの預言者たちは、トーラーが全人類の向上のために与えられたということを、もちろん理解していた。だが、申命記でモーセに認められた、定められた境界内で統治する国民国家と、神の言葉を世界の各ネイションに教えようとする願望とを、ヘブライ語聖書では、永久に交わらないものとして区別している。この願望は、各ネイションがイスラエルの道を学ぶためにエルサレムを訪れたときに生じるものであり、征服とは一切関係ない。聖書に見られるこの意識は、絶えず征服に目を向け、平和と繁栄のビジョンをどんな犠牲を払ってでも各ネイションに押しつけようとする、古代帝国に見られる意識とは、どれほど違うことか！

独立した国民国家とナショナリスト

本書では、国民国家を基盤とした政治秩序を聖書が好んでいるということの背景にあるものを理解しようと努めてきた。近代において、西洋文明のプロテスタント構造を支えたのは、聖書がこうした

政治秩序を好むという事実だった。これまで示してきたように、国民国家制度には、その他周知の政治秩序形態よりも多くの利点がある。国民国家は、帝国と同様に、政治的秩序のある広大な領域の境界線にまで戦争を追い払い、平和と繁栄が根ざす保護空間を築く。だが、独立した国民国家は、帝国とは異なり、遠く離れた土地での対外征服の嫌悪感を説く。さらに、国民国家からなる秩序は、集合的自己決定を実現できる最大の可能性を提供する。この秩序は、ネイション間に生産的競争をもたらし、各ネイションは、その能力とその構成員の能力を最大限に発展させようと努める。そして、自由な制度と個人の自由を発展させる唯一知られた基盤を国家に与える。これらはかなりの利点である。こうした点を踏まえて、人類が知るなかで最高の政治秩序とは、独立した国民国家からなる秩序だと、わたしは結論づける。

　これは、わたしたちはナショナリストであるべきだということを意味する。愛国心をもち、自分のネイションに忠誠を尽くし、その利益の増進に関心をもつべきだというだけではない。むしろ、わたしが提案するのはより広い見方である。独立し自決権をもち、それぞれ独自の利益や願望を追求する諸々のネイションからなる世界に対して全人類が共有する大きな利益を認識する見方である。このような見方は、ネイションの独立に対するユートピア的で普遍的な権利を提唱するものではない。だが、それは単なる権力の蓄積を超えて、生命と善のほうを指し示し、ネイション間の政治に大いに必要とされる目的や目標を与えるものである。このような見方は、外交問題において有益である。ナショナリストは、外交問題における帝国主義的な計画や、強制力のある国際機関、実行可能な普遍的権利の

理論を警戒する。このどれもが、政治家の心を自分たちが統治する国民の要求や願望から遠ざけ、自分が思う以上に理解が及ばない異国の地での策謀に向かわせてしまうものだ。また、それは国内問題においても有益である。ナショナリストは、自分たちのネイションの物質的な幸福、内的結束力、独自の文化遺産を維持し構築するためにすべきことに、常に目を向ける——ネイションが力強く成長するためには、こうしたことすべてに熱心に気を配る必要があり、このどれもが自分たちの恵みとなり、他者の模範と刺激になる。

　わたしは、さまざまな国のナショナリストが行った多くの不正行為の正否を問うたことはない。また、国民国家からなる秩序がわたしたちをいつか聖人君子にしてくれるとも思っていない。しかし、帝国の大義に傾倒すること、そして、世界をただ1つの権威と教義の下に置くという理想に傾倒することのほうが、はるかに大きな害悪を提唱していると思う。本書で何度も指摘したが、このような帝国主義こそが、史上最悪の破壊者を生み出したのだ。たとえば近現代では、ナポレオン、ヒトラー、スターリンのような人物がいた。わたしのリベラルな友人たちは、当然ながら、自分たちの帝国主義がこれまでの帝国主義とどのように違うのか、彼らが新たな概念ツールや統治方法をどのように開発したのか、それが最終的にどのように平和と繁栄をもたらすのかを、延々と説明するだろう。しかし、過去の経験から言うと、こうした理論を推進している人たちが善人だとわかっていても、そのような理論を信用することはできない。正直なところ、彼らのほとんどは夢想家であり、目の前の抽象論への敬愛の念にあふれている。しまいには、普遍主義の前任者たちと同じように、服従しない個別主義

者に対して彼らも憎悪を燃やすことになる。最終的には、自分たちの利益のために、個人であれネイションであれ、反対する者は力ずくで普遍的な理論に従わせるしかない、と結論づけるだろう。

ナショナリズムの存在感

ナショナリズムが望ましいかどうかという問題は、２つのレベルでその存在感を示せる。第１に、最善の政治秩序は何かという大きな理論的問題がある。諸々の国民国家からなる秩序が政治秩序の最善の形態であると、わたしは本書で述べてきた。一方で、そのような秩序は、この世界で完璧になることはないし、世界がその秩序によって完璧なものになることもないので、ユートピアや完璧な政治世界を確立するための青写真とみなすべきではないとも念を押した。むしろ、ナショナリズムは、政治秩序の１つの美徳とみなされるべきである。つまり、独立した国民国家からなる世界に向かって進むにつれて、人類の生活条件は改善されるということだ。

第２に、ナショナリズムが個人にとって美徳なのか悪徳なのかという、個人レベルに踏み込んだ問題がある。ナショナリズムは人格を堕落させ邪悪にすると、これまでずっと言われてきた。これは、キリスト教徒やムスリム、リベラルやマルクス主義者から聞いた意見だが、彼らはみな、自分たちの政治的見地が指し示す政治的統一体としての地球のビジョンを育むことが、しっくり来ると言う。彼らにとってナショナリズムは悪徳である。１８９０年代にユダヤ人の国民国家を提案したときにテオドール・ヘ

ルツルが言われたように、「人と人との間に新しい区別を作ってはいけない、新たな障壁を設けるのではなく、古い障壁を消滅させるべきだ」と、彼らは信じている。[1] 当然ながら、彼らがそれぞれ言わんとしていることは、いったん障壁が取り払われてしまえば、国境のない新しい世界では、ほかの誰かの視点ではなく、彼ら自身の視点が優位に立つということだ――考えてみれば、気前の良い、あるいは親切な申し出とはとても言い難いものだ。障壁をそのままにしておくことを好み、良いフェンスが良い隣人を作ると信じているナショナリストは、彼らの目には邪悪に映る。

わたしの理解は異なる。わたしはこれまで、ナショナリストであることは美徳だと考えてきた。それは、諸々の国民国家からなる秩序が最善の政治秩序であり、このおなじみの世界をそのような政治秩序に一歩でも近づけようと打ち込むのは、賞賛に値するからという理由だけではない。それに加えて、独立した国民国家からなる秩序を目指すことは、帝国という夢に執着している限り、不可能ではないにしても達成困難な、ある種の積極的な人格的特徴への道を開くことになると、信じているからだ。この点について、もう少し説明しよう。

帝国による征服への欲求とは

これまで述べてきたように、帝国の抱く征服の欲求は、人類の救済に関する普遍的理論を通じて、長い間かき立てられてきた。キリスト教、イスラム教、リベラリズム、マルクス主義、ナチズムなどは

どれも、近年、帝国建設の原動力として機能した。このすべてに共通しているのは、地球上の各々の家族に救いをもたらす真理がついに発見されたという主張であり、今必要とされているのは、待ち焦がれた救済をもたらすただ1つの教義をすべての人が受け入れることだという主張である。

人間はもともと不寛容であり、その不寛容さを政治的、宗教的な立場のせいにするのは愚かなことだろう。しかし、この生来の不寛容さを最大限にまで辛辣に、有害なものになるように煽りたいのであれば、真の教義は1つしかなく、人類の救済は全世界がそれに服従するかどうかで決まるという世界観を広めることに勝る方法はないだろう。このような信念が帝国の燃料となる。帝国主義者であると同時に革命家でもある人々を、この信念が生み出しているからである。彼らの目の前にある普遍的な理想が万人にとって真実だと信じているので、彼らは、目の前にある救済の道を阻む個別主義者の部族やネイションの伝統を打倒することも躊躇しない。普遍的真理への愛に燃える個人ほど、有能な破壊者はいないだろう。そして、普遍的な救いの教義と、それが作り出そうとする帝国を受容するすべての者には、まだ行動に表れていないとしても知的には破壊者のようなところがある。

部族や氏族の秩序もまた、特定の氏族や部族への忠誠心という、ある種の性格を育む。独立した部族や氏族を構成する者たちは、政治的共同体の存続する可能性が、まったくと言っていいほど相互の忠誠の絆にかかっていることをはっきり認識しているものだ。このような理由から、氏族や部族は、忠誠心の名の下で達成された偉業や自己犠牲を大切に思う気持ちと、何よりも忠誠心を重んじる名誉への理解を養っている。彼らはまた、自分たちが受け継いだ部族の伝統の権威と名誉にも気を配り、そ

れを必死に守り、ときに暴力までも用いて守る。ところが、こうした伝統が真実また正しい方向に自分たちを導いているかどうかについては、ほとんどと言っていいほど気にしない。このような者たちは、自分たちの存続や慣習的信念を守るために必要だと思えば、近隣の氏族や部族の滅亡を容認することもいとわない。だが、彼らは普遍的な願望を抱いていないので、彼らが行う悪事は局地的で、対象範囲が全般に及ぶわけではない。自分の一族や部族に危険がないと確信している場合、彼らを和解させることもできる。

この２つのタイプ、すなわち普遍主義者の革命家と部族の忠誠主義者の中間に、ナショナリズムと最も相性の良いタイプが存在する。ナショナリストは、部族に属する人と同様に個別主義者であり、国民国家への忠誠心は、部族や氏族の秩序への忠誠心を想起させる。またその一方で、自分の氏族や部族の幸福よりも大きな理想、つまり諸々の独立した国民国家からなる秩序への献身という点で、ナショナリストは帝国主義者を想起させる。ナショナリストはこのように、帝国の際限なき拡大とも、無政府社会の小規模な戦争状態とも、まったく異なる政治的取り組みに参加しているのである。これにより、彼のなかに２つの点で異なる気質が生じるようになる。

１つ目は次のようなものだ。国民国家からなる秩序は、ネイションの知恵と成果に関して謙虚さを前提とする理想である。ナショナリストは、非常に大きな２つのことを承知しており、その両方が同時に心のなかにあると言ってもいい。彼は、自分のネイションの伝統とそれに対する忠誠心のなかに偉大な真理と美があることを知っている。ただし、それが人間の知識の総和ではないことも知っている。

自分のネイションにはない真実と美がほかの場所にもあるからだ。このような要因がバランスを生み出し、特定の歴史と状況の産物とされる自分のネイションから継承したものについて、適度な懐疑心をもてるようになる。そして、経験的根拠に基づいて、ほかのネイションの制度や慣習の優位性を検討しようとする意欲が生み出される。たとえば、ジョン・セルデンやエドマンド・バークの著作に見られるように、このような穏健な懐疑主義は、自分のネイションの伝統への強い忠誠心を排除しないが、必要に応じてそれを修復し、改善しようとする意欲を促す。また、このような見方は、相対主義に陥り、経験からの一般化を控えるようになるとよく言われるが、そんなことはない。正確には、過度の一般化に対する警戒心を涵養すると言ったほうがいい。自分たちのネイションではうまくいったことを、ある時点で別のネイションに適用しても、自分たちにはまだよくわからない理由で、うまくいかないかもしれないのだ。

もう1つは、以下のとおりである。ご存じのように、自由な国民国家は、多様な部族や氏族の同盟によって成立し維持されており、その指導者や伝統に対する構成員の忠誠心のおかげで、それぞれの部族や氏族は存在している。ナショナリストは、自らの部族や氏族の利益や視点に忠実でありながらも、こうした多様な部族の統合と部族間に存在する平和に計り知れない価値があることを認識している。この視点がナショナリストの性格を変え、初期段階にいる自立した部族や氏族の人々の性格とはまったく異なるものにする。ナショナリストは、ネイションを構成する部族間の争いでどこかの味方につくこともあるが、ネイション全体への関心のためどの部族からも一定の距離を保ったうえで各部族の

要求に接する。ナショナリストはこのようにして、自分の部族の見解に対し適度な懐疑心を学び、他部族の見解の長所をよく理解できるようになる。こうして、各部族の見解を考慮に入れた経験的かつ実用的政治の利点に、以前にもまして気を配るようになる。これは多くの場合、一部族がもてる展望よりも、ネイションの善をよく理解することにつながるアプローチである。

そのため、ナショナリストの精神には、次の2つのものの間の心地よい緊張感がある場合が多い。1つは、自分のネイションや部族の古来の伝統への強い忠誠心である。もう1つは、自分のネイション内の諸部族の伝統の多様性、およびほかのネイションの伝統の多様性の自覚から生じる懐疑主義や経験主義である。この緊張感はいかなる個人にとってもきわめて大きな価値があり、政治的・道徳的理解に関してこの緊張感から生まれる成果は、ほかの気質から生じるどんな成果にも勝ると言えるだろう。

もちろん、すべてのナショナリストが自分の部族への偏狭的な執着を克服できると言いたいわけではない。確かに、多くの人がそうはできない。ましてや、こうした懐疑心をもち寛容である人が、帝国主義者のなかにいないとは思っていない。彼らのなかに、合理主義的な硬直性から逃れることができた人たちが少なからずいると知って、わたしは喜ばしいことだと思った。正確に言うならば、普遍的な救済論——このうちリベラル帝国の追求が今日《こんにち》では最も大きな影響力をもつ——は、それに服従するネイションだけではなく、個人の精神においても、容赦なく画一性を築こうとし、対抗的な考察を破綻させようとする。独立したネイションの多様性を政治秩序の美徳として確立し、個人の美徳とし

てそのような多様性に対する寛容さや理解を確立し、普遍主義者のこの狂信に一貫して対抗手段を提供するのは、周知の政治的傾向のなかで、ナショナリズムだけなのである。

真の道徳的成熟

神がアブラハムを召されたとき、「あなたを大いなる国民とし……地上のすべての氏族はあなたによって祝福される」と言われたとされる。[2] だが、家長たちが地上で帝国を与えられたところはどこにもなく、イスラエルに王国が与えられただけである。いつの日か神と神の教えにたどり着くほかのネイションは、それぞれの時代にそれぞれの理解に基づいてそうするだろう。それぞれのネイションは、それぞれ独自の視点で判断する。万人のための真実をすっかり把握したと主張できる人やネイションは存在しない。

このモーセの見解は、ネイションの独立性を放棄し、ただ1つの普遍帝国を受け入れることによって道徳的成熟に到達すると主張する、カントの啓蒙された帝国主義によって示されるものとは、正反対である。だが、世界を支配してわたしたちの面倒を見て、わたしたちのために判断を下し、その判断をわたしたちに強制する、慈悲深い帝国への憧れには、道徳的成熟はない。それどころか、両親がわたしたちの世話をし、重要な問題をすべてわたしたちのために判断していた、子どもの頃の依存状態に戻るように訴えているにすぎない。真の道徳的成熟は、自分の足で立ち、周囲の人々を不必要に傷

つけることなく、自分自身を律し、自分自身を守れるようになり、可能であれば、隣人や友人にも援助の手を差し出せるようになったときに限り、達成される。また、それはネイションも同様である。自由に生きることができ、自分たちの針路を決定し、可能な場合にはほかのネイションに利益をもたらし、ただし、ほかのネイションに自分たちの支配と法律を力ずくで押しつけることを望まないときに、真の道徳的成熟に到達する。

成熟したいと願うならば、祖先から受け継いだネイションの自由と独立という重荷を背負うべきである。ネイションの自由を子どもたちに引き継ぐときが来たとき、この貴重な贈り物が無傷で残っているように、わたしたちは全力を尽くすことにしようではないか。

謝辞

本書は、スティーヴン・グロスビーの勧めで執筆した。ナショナリズムとヘブライ語聖書との関連性に関する彼の研究に、わたしは長年感銘を受けてきた。スティーヴンは何年にもわたり、こうした問題やその他多くの問題についてわたしを教え導いてくれた。彼の指導と協力、友情に感謝の意を表す機会を得られたことは幸いである。

本書の中核をなすのは、シャレムセンターでのパートナーシップにおいて、１９９４年から最初の10年の間に、わたしがオフィル・ハイヴリーとの会話で発展させた国家理論である。そのときから、わたしたちは多くのことを一緒に経験してきた。本書の至るページで感じられるように、彼がわたしの思考に与えた多大な影響がなければ、このような本を書くことはできなかっただろう。

ジョン・ロックと聖書との関係についてのわたしの論考は、ジョナサン・シルバーの知見から情報を得ている。相互の忠誠の関係のうえに成り立つ政治生活についての見解は、娘のアヴィタル・ハゾニー・レヴィとの議論を経て深まった。わたしが披露する内容は、この2人に負うところが大きい。

貴重な時間を割いて原稿の一部にコメントを寄せてくれた、次に挙げる学者の方々、ランディ・E・バーネット、ラファエル・ベン＝レヴィ、ピーター・バーコウィッツ、R・ラフィ・エイス、スティーヴン・グロスビー、オフィル・ハイヴリー、ヤエル・ハゾニー、マイケル・コチン、ニール・コズドイ、ジュリアス・クレイン、ウォルター・ラッセル・ミード、ジョシュア・ミッチェル、グレン・ムーツ、ポール・レイヒ、R・R・リノ、R・ミッチ・ロッ

クリン、エリック・シュリーサー、ジェリー・ウンターマン、ジョシュア・ワインスタイン、ジョナサン・ユーデルマンに、感謝申し上げる。

ここ数年は、わたしにとってもわたしの家族にとっても試練の時だった。あらゆる方法で援助の手を差し伸べてくれた友人に恵まれたおかげで、ここまで無事にたどりつくことができた。とくに、バリーとレイニー・クレイン、セスとニーリー・フィッシャー、ロジャーとスーザン・ハートグ、デビッドとハイラ・ブログ、R・アーノルド・シャインバーグ、マイケル・マレー、ジョン・チャーチルとジョン・テンプルトン財団のアレックス・アーノルド、R・ジェイ・マーカス、R・メナケム・ズプニク、バート・バウム、ジャック・バーガー、ステファニー・ディシャル、ロン・ハーシュ、ニコラス・クーリ、ファーン・ベイカー、メイラブ・ジョーンズに、心からお礼を言いたい。

幸運にも、わたしのエージェントのアンドリュー・スチュアートには、ひらめきとスキルの両方が備わっていた。出版社であるベーシック・ブックスのララ・ハイマートは、どの局面にあっても賢明な助言と熱心なサポートをしてくれた。ベーシック・ブックスのダン・ガーストルは、本書をさらに良いものにするために、あらゆる方法で素晴らしい感性と知性を注いでくれた。ジャベリン社のキース・アーバーン、ジョナサン・ブロニツキー、フランク・シェンバリ、そしてベーシック・ブックスのベッツィー・デヘスとキャリー・メイジャーは、優れたマーケティング・キャンペーンを計画し、メリッサ・ヴェロネージは巧みに制作を担当した。彼らの尽力のおかげで、この企画はわたしが当初考えていた以上に有意義なものになった。彼らには感謝の念に堪えない。

わたしの部族の一員であり、妻のヤエルとわたしがこの世に生み出し育ててきた子どもたちに、本書を捧げる。子どもたちに教えながら、多くのことを学んだ。その一部は本書に織り込まれている。

【巻末解説】グローバリズムを乗り越えるための必読書

施 光恒（政治学者、九州大学大学院教授）

新しい保守主義のマニフェスト

本書『ナショナリズムの美徳』は、グローバル化の必要性が叫ばれ続け、また同時にグローバル化が各国で格差拡大や国民の分断などさまざまな問題を引き起こしている現代世界において必読の書物である。

著者のヨラム・ハゾニー氏はイスラエルの政治哲学者、聖書研究家である。１９６４年にイスラエルで生まれたが、米国で育ち、プリンストン大学を卒業し、ラトガーズ大学で政治哲学の博士号を得ている。

中野剛志氏によるもう一篇の解説にもあるとおり、本書は、現代の米国の保守思想に大きな影響を

与えている。たとえば、トランプ政権の国家安全保障会議（ＮＳＣ）の報道官を務めたマイケル・アントン氏は、２０１９年4月に「トランプ・ドクトリン――政権内部の人間が大統領の外交政策を説明する」（"The Trump Doctrine: An Insider Explains the President's Foreign Policy"）という論説を外交誌『フォーリン・ポリシー』に発表したが、そのなかでトランプ政権の外交政策の基盤とされ、再三、引用されたのが本書だった。

また、政治ジャーナリストのダニエル・ルーバン氏も、ネオコン（新保守主義）や新自由主義に代わる新しい保守主義の潮流の中心的人物として、ハゾニー氏を挙げ、本書を「右派知識人のマニフェスト」の位置にあるものだと論じている（"The Man Behind National Conservatism," *The New Republic*, July 26, 2019）。ルーバン氏はまた、ハンガリーのオルバーン・ヴィクトル首相のような欧州のいわゆるポピュリズムの指導者にも、ハゾニー氏は影響を与えていると示唆している。

新しい保守主義の潮流とは、一言でいえば、新自由主義（市場原理主義）に基づくグローバリゼーションの猛威から、国（ネイション）や地域社会の伝統や文化、あるいは庶民の生活を守ろうとするものだ。これは、ナショナリズムと親和性が高い。グローバリゼーションから人々の生活を保護するため、国民国家の役割を重視するからである。米国におけるトランプ大統領の登場や英国のＥＵ離脱（ブレグジット）、あるいはフランスの「黄色いベスト運動」など反グローバリズムの動向の背後にある思想だとも言える。

たとえば、トランプ大統領は２０１９年9月の国連総会の演説で次のように語った。本書の影響が

色濃く表れているとみてよいだろう。

「愛する我が国と同様に、この会議場に代表を送っている各々の国はそれぞれの歴史と文化と伝統を慈しんできました。それらは守り、祝福するにふさわしいものですし、我々に並外れた可能性や強さを与えるものでもあります。

自由な世界は、各国の基盤を大切にしなければなりません。国々の基盤を消し去ったり置き換えたりしようなどと試みてはなりません。

……あなたがたが自由を欲するならば、祖国を誇りに思いなさい。民主主義を欲するならば、あなたがたの主権を大切にしなさい。平和を欲するならば、祖国を愛しなさい。賢明なる指導者たちはいつも自国民の善と自国を第一に考えます。

未来はグローバリストたちのものではありません。愛国者たちのものなのです。主権をもち独立した国々こそ、未来を有するのです。なぜならば、このような国々こそ自国民を守り、隣国を尊重し、そして各々の国を特別で唯一無二の存在にしている差異というものに敬意を払うからです」

2つのビジョン

本書の内容をごく簡潔に紹介していこう。

第1部「ナショナリズムと西洋の自由」では、著者のハゾニー氏は、西洋の政治の伝統には、理想的世界の在り方について、大別して2つのビジョンが常に存在してきたと述べる。

1つは、「多数の国民国家からなる世界」である。それぞれが自分たちの伝統や文化、言語を大切にし、それを基盤とした国をつくる。そうした多数の国々からなる世界である。

もう1つは、「帝国」の伝統である。合理的で普遍的な道徳や法を世界にあまねく行き渡らせ、それに基づいて統治が行われる世界である。人類全体が1つの共同体に統合されるという世界像である。

ハゾニー氏は、グローバル化を礼賛する現代の風潮は、後者の帝国の伝統に含まれると見る。つまり、グローバリズムは帝国主義の現代的形態だとみなす。

この2つのビジョンは、西洋の伝統には常に存在してきたが、時代によってどちらが優勢であったかは異なる。「多数の国々からなる世界」の源流は旧約聖書である。旧約聖書には、イスラエル、アモン、モアブなど、さまざまなネイションが登場し、それぞれが自分たちの神を抱き、独自の掟やルールを守って暮らした。

「帝国」が強くなったのは、キリスト教が国教化されたローマ帝国の時代に始まる。ローマ帝国は周辺のさまざまなネイションや部族（tribe）を統治下に置いた。「帝国」の時代は、形を変えつつも中世まで続く。

「国民国家」の伝統が復活したのは、宗教改革以降のプロテスタントの興隆の時代である。第二次世界大戦までの近代欧州は国民国家の時代だった。第一次世界大戦後にウッドロー・ウィルソンが「ネイ

ションの自決」（national self-determination）を、追求すべき理想に掲げたことからもわかる。それぞれのネイションが独立国家をつくることが、自由や平等などの進歩的理念の実現、および近代化への道だと考えられたのだ。

だが、第二次世界大戦中のナチス・ドイツの蛮行がナショナリティの評価を一変させる。ナチスの蛮行はドイツのナショナリズムに由来するものだと欧米の知識人が受け取ったためである。ハゾニー氏は、ナチス・ドイツを動かしたのは「第三帝国」という表現に表れているように「帝国」のビジョンと見るべきだと論じる。しかし、欧米知識人の大半はナショナリズムこそナチスの蛮行の要因だと解釈してしまった。そのため、現在に至るまで第二次世界大戦後の欧米では（日本でもそうだが）「帝国」のビジョンが優勢で、たとえば、欧州では国民国家を廃し、ＥＵを創設することが人類の希望だと見るようになった。

国民国家体制の利点

第2部「国民国家とは何か」では、国民国家の擁護論が展開される。

ハゾニー氏は、現在の政治理論の主流であるリベラリズムの前提を疑うところから議論を始める。リベラリズムの理論の前提にある個人主義的な人間観に疑問を呈するのだ。人間は社会的存在であるということを強調し、家族、氏族、部族、ネイションといった共同体を常に形成するものだととらえ

る。

家族が集まって氏族を作り、氏族がまとまり部族となる。そして部族の集まりをネイションとみなす。ネイションが政府を樹立し国民国家となる。国民国家は、自己利益を望む個人が結びついたものではない。家族がそうであるように、個々人は集団の目的を自分の目的とし、集団に忠誠心を抱くと同時に、他の構成員と互いに結びつくことができる。ハゾニー氏は、ネイションは、家族や氏族、部族と同様、そうした性格をもつという。ネイションを構成する人々は相互に忠誠心や連帯意識をもつ。連帯意識があるゆえ、防衛や福祉政策など共同の事業も行いやすい。

国民国家の利点を説明する際、ハゾニー氏は、一方に「無政府状態」、他方に「帝国」を置く。そのうえで、その中間に位置する国民国家こそ、平和と安全を実現し、人々を最も自由かつ幸福にできると論じる。

ナショナリストへの憎悪と国民の分断

第3部「反ナショナリズムと憎悪」も興味深い。ナショナリズムは憎悪を生み出すと非難されることが多い。だが、ハゾニー氏は、「帝国」思想も負けず劣らず憎悪を生み出すと指摘する。「帝国」のビジョンに従わず、「多数の国々からなる世界」という理想を手放さない者を野蛮で後ろ向きの者と蔑み、憎悪するというのだ。

この憎悪は、ＥＵや国際機関などを信奉する地球市民的意識をもったエリート層が、国民国家という枠組み、あるいは自国の文化や言語への愛着やこだわりを捨てない庶民層を馬鹿にするといった形で現れることが多い。たとえば、英国のジャーナリストのデイヴィッド・グッドハート氏は、現代の先進国で見られる深刻な国民の分断現象を、高学歴・高収入で地球市民的意識をもち、大都市に暮らす「エニウェア族」と、学歴や収入がさほど高くなく、国や地域社会に強い愛着とこだわりをもつ「サムウェア族」の対立として描き出す（D. Goodhart, *The Road to Somewhere: The New Tribes Shaping British Politics*, Penguin, 2017）。そして、「エニウェア族」が「サムウェア族」を見下す傾向を問題視している。

実際、こうした国民の分断は、現代世界のさまざまなところで見出すことができる。たとえば、英国のＥＵ離脱の国民投票の直後、大手マスコミの多くは、ＥＵ離脱に賛成した人々をひどく罵った。また、この原稿を書いているのは、２０２０年12月半ばだが、今秋の米大統領選やその後の報道を見る限り、トランプ支持者とそうでない者との間の対立は非常に大きい。ジャーナリストや大学教員といったいわゆる知識人が、トランプ大統領を人格攻撃も辞さないほどけなすのは珍しくない光景だ。さきほど見た国連総会の演説でも明らかだったが、トランプ大統領はナショナリストであり、「帝国」に反対し、「多数の国々からなる世界」を支持する者である。それゆえ、ハゾニー氏が指摘するように、地球市民的信条をもつ者が多い知識人層から蛇蝎の如く嫌われるのかもしれない。

「グローバル化」に対置すべきは「国際化」

本書の意義は数多くある。すでに述べたように、欧米の新しい保守主義を理解するのに資するであろうし、先進各国で進む国民の分断現象を考察する際にも有益な視角を与える。

本書のさまざまな意義のうち、わたしがとくに指摘したいのは、本書の議論が、現行のグローバル化の問題点を認識し、それを克服しうる「ポスト・グローバル化」（グローバル化以後）の世界の在り方を考えるうえで必要な認識の枠組みを与えるという点だ。

現在では、グローバル化やグローバリズムを批判すれば、周囲の者から「孤立主義者」「鎖国主義者」「排外主義者」「極右」「内向き」といったレッテルを貼られてしまうことが少なくない。

しかし、本書の議論のように、グローバリズムを、国境線を取り払うことを目指す「帝国」思想の一形態だと認識し、それに対置すべきものとして「多数の国民国家からなる世界」があることを念頭に置けば、議論の幅が広がる。「グローバル化」「グローバリズム」の反対は、「孤立主義」や「鎖国」ではなく、いわば「国際化」「国際主義」、つまり多様な異なる国々からなる多元的な世界をつくり出すことだと考えることができる（この点について、わたしは以前、新聞の論説に書いたことがある。「脱・グローバル化の世界構想を」『産経新聞』２０１９年10月2日付）。実際、ブレグジットを推進した英国の市民団体は、ＥＵからの離脱は孤立主義を意味するのではなく、国民主権の回復にほかならないと訴えていた。

このように、本書は、グローバル化の問題点や、その克服を目指し、グローバル化以後の世界の在り方を考えるうえで、我々の視野を拡大するのに大いに寄与するはずである。

＊＊＊

なお、最後に、本書で用いている「ネイション」（nation）という言葉について説明しておこう。英語のnationは、日本語に非常に翻訳しにくい言葉である。nationは、一国の「人々の集まり」としての側面を指す言葉である。他方、国の制度的・機構的側面はstateである。nationは、訳語を当てるとすれば「国民」（または「国民集団」）となるだろうが、日本語の「国民」よりも広い含意を有する。日本語で「国民」といえばすでにstateをもち、独立国家として認められている人々のみを指す。だが、英語のnationは、スコットランド人やクルド人、カタルーニャ人などstateをもたず独立国家として認められない集団も含む。また、nationに「民族」という言葉を当てることもあるが、「民族」では文化的集団としての意味合いが強すぎる。米国の国民集団、フランスの国民集団は英語ではそれぞれAmerican nation、French nationと言って差し支えないが、日本語で米国民族、フランス民族というと違和感がある。

したがって、本書では、nationは「ネイション」とカタカナ書きにすることにした。

ちなみに本書でハゾニー氏は、nationとは「共通の言語や信仰をもち、防衛やその他大規模な事業のために一丸となって活動した過去を共有する、多数の部族（tribe）」（32頁）からなる集団のことだと定義している。読者のなかには「信仰」という言葉を気にする方もいるかもしれないが、ここでは「信

仰」は「なんらかの文化的価値」程度のものだと幅広く受け取っていただいてかまわない。

また、ネイションが首尾よくstateをもち、独立国家として認められる地位を得たものがnational state（国民国家）である。これを指すときにnation-stateという言葉を使うことが英語では一般的だが、ハゾニー氏は、序章の注9に記されている理由からnational stateという言葉のほうを好んでいる。

ナショナリズムの美徳

2021年4月8日発行

著　者――ヨラム・ハゾニー
訳　者――庭田よう子
解説者――中野剛志／施　光恒
発行者――駒橋憲一
発行所――東洋経済新報社
〒103-8345　東京都中央区日本橋本石町1-2-1
電話＝東洋経済コールセンター　03(6386)1040
https://toyokeizai.net/

装　丁…………秦　浩司
ＤＴＰ…………アイランドコレクション
印刷・製本……リーブルテック
編集協力………パプリカ商店
編集担当………渡辺智顕
Printed in Japan　　ISBN 978-4-492-44460-3

【著者紹介】

ヨラム・ハゾニー（Yoram Hazony）

イスラエルの哲学者、聖書研究家、政治理論学者。エルサレムのヘルツル研究所所長。公共問題研究所のエドマンド・バーク財団会長。研究機関シャレムセンター創設者。『ウォール・ストリート・ジャーナル』『ニューヨーク・タイムズ』『ニュー・リパブリック』などに寄稿多数。著作に、*The Jewish State: The Struggle for Israel's Soul*（『ユダヤ人国家――イスラエルの魂を求めて』）、*The Philosophy of Hebrew Scripture*（『ヘブライ語聖書の理念』）などがある（いずれも未邦訳）。エルサレム在住。

【訳者紹介】

庭田 よう子（にわた ようこ）

翻訳家。慶應義塾大学文学部卒業。主な訳書に、ファン・デル・クナープ編『映画『夜と霧』とホロコースト』（みすず書房）、ゲーノ『避けられたかもしれない戦争』（東洋経済新報社）、ストームほか『イスラム過激派二重スパイ』（亜紀書房）などがある。

【解説者紹介】

中野 剛志（なかの たけし）

評論家。1971年、神奈川県生まれ。元・京都大学大学院工学研究科准教授。専門は政治経済思想。1996年、東京大学教養学部（国際関係論）卒業後、通商産業省（現・経済産業省）に入省。2000年よりエディンバラ大学大学院に留学し、政治思想を専攻。 2001年に同大学院より優等修士号、2005年に博士号を取得。2003年、論文“Theorising Economic Nationalism”（*Nations and Nationalism*）でNations and Nationalism Prizeを受賞。著書に山本七平賞奨励賞を受賞した『日本思想史新論』（ちくま新書）、『TPP亡国論』『世界を戦争に導くグローバリズム』（ともに集英社新書）、『国力論』（以文社）、『富国と強兵――地政経済学序説』（東洋経済新報社）、『目からウロコが落ちる奇跡の経済教室【基礎知識編】』『全国民が読んだら歴史が変わる奇跡の経済教室【戦略編】』（ともにベストセラーズ）などがある。

施 光恒（せ てるひさ）

政治学者、九州大学大学院比較社会文化研究院教授。1971年、福岡県生まれ。英国シェフィールド大学大学院政治学研究科哲学修士（M.Phil.）課程修了。慶應義塾大学大学院法学研究科後期博士課程修了。博士（法学）。著書に、『リベラリズムの再生』（慶應義塾大学出版会）、『英語化は愚民化 』（集英社新書）、『本当に日本人は流されやすいのか』（角川新書）などがある。

原 注

序 章：ナショナリズムへの回帰

1. ロナルド・レーガンの「新ナショナリズム」については、次を参照。Norman Podhoretz, "The New American Majority," *Commentary* (January 1981); Irving Kristol, "The Emergence of Two Republican Parties," *Reflections of a Neo-Conservative* (New York: Basic Books, 1983), 111.
2. ユダヤ人のナショナリズムに関する著者の見解は、次を参照。Yoram Hazony, *The Jewish State* (New York: Basic Books, 2000); "Did Herzl Want a Jewish State?" *Azure* 9 (Spring 2000); "The Guardian of the Jews," *Azure* 13 (Summer 2003); "Character," *Azure* 14 (Winter 2003).
3. 著者のナショナリズムの定義は、ジョン・スチュアート・ミルが示した政治思想を用いている。ミルは、「一般に、政府の境界がナショナリティの境界とおおよそ一致していることが、自由な制度の必要条件である」と主張した。John Stuart Mill, *Representative Government*, in *Utilitarianism, on Liberty, and Considerations on Representative Government*, ed. Geraint Williams (London: Everyman, 1993 [1861]), 394.（同書収録のジョン・スチュアート・ミル著『代議制統治論』）同様に、マッツィーニは「イングランドとフランスを除いては、［神の］計画に一致した境界線のある国はおそらく1つもないだろう。……自然な分割と人々に生来備わる自然な傾向が、邪悪な政府が認めた恣意的な分割に取って代わるだろう。ヨーロッパの地図は描き直されることになる。自由な国家が……登場する」と主張した。Guiseppe Mazzini, "The Duties of Man," in *A Cosmopolitanism of Nations*, eds. Stefano Recchia and Nadia Urbiniti, trans. Stefano Recchia (Princeton, NJ: Princeton University Press, 2009 [1859]), 93. ナショナリズムとこの種の見解との従来の関連性は、学術界で進んだ新定義の拡散によって混乱している。そのなかで、おそらく従来の見解に最も近いのは、アーネスト・ゲルナーの見解だろう。ゲルナーは、ナショナリズムとは「政治的原理であり、政治的単位とナショナルな単位は一致すべきである」とする。Gellner, *Nations and Nationalism* (Oxford, UK: Blackwell, 1983), 1.（アーネスト・ゲルナー著『民族とナショナリズム』加藤節監訳、岩波書店、2000年）
4. Charles Krauthammer, "Universal Dominion: Toward a Unipolar World," *The National Interest* (Winter 1989–1990), 46–49. チャールズ・クラウトハマーは、「我々は領土を渇望していない」ので、アメリカを帝国とは呼ばないと述べている。Charles Krauthammer, "Democratic Realism: American Foreign Policy in a Unipolar World," Irving Kristol Annual Lecture, American Enterprise Institute, February 10, 2004. だが、帝国主義が領土の渇望を表現すると考えるのは誤りであ

る。むしろ、ほかのネイションを支配したいという渇望の表れである。それは多くのアナリストが考えているように、領土併合を必要としない空爆やその他の方法を用いて現代では達成されうる。同様の見解は、ウィリアム・クリストルとロバート・ケーガンの“Toward a Neo-Reaganite Foreign Policy,” *Foreign Affairs* 75: 4 (July–August 1996), 18–32に見られる。彼らは「善意あるグローバルな覇権」を提唱し、覇権を「領域内のその他すべての人に対する圧倒的な影響力と権威」と定義している (p. 20)。

5. マーガレット・サッチャーの見解に関しては、1988年9月20日の欧州大学院大学での講演(「ブリュージュの演説」)、Margaret Thatcher, *Statecraft* (New York: HarperCollins, 2002), 320–411を参照。

6. 帝国主義者の間でこの用語の使用を躊躇することに関して、トマス・ドネリーは「それについて公然と語る人はそういない。……多くのアメリカ人にとってそれは不快なものである。そこで彼らは、『アメリカは唯一の超大国だ』というような、間接的表現を用いる」と述べている。Thomas E. Ricks, “Empire or Not?” *Washington Post*, August 21, 2001. とはいえ、2001年9月11日のアルカイダによるアメリカへの同時多発テロ発生後、賛成派も反対派も、帝国についてはそれ以前よりもはっきり語るようになった。次を参照のこと。Max Boot,“The Case for American Empire,” *Weekly Standard*, October 15, 2001; Stephen Peter Rosen, “An Empire If You Can Keep It,” *National Interest* (Spring 2002); Stanley Kurtz, “Democratic Imperialism: A Blueprint,” *Policy Review* (May 2003); Herfried Münkler, *Empires*, trans. Patrick Camiller (Malden, MA: Polity, 2007 [2005]); Niall Ferguson, “America as Empire, Now and in the Future,” *The National Interest* (June 23, 2008). さらに重大な取り組みとしては、次のようなものがある。Andrew Bacevich, *American Empire* (Cambridge, MA: Harvard University Press, 2002); Michael Ignatieff, “The American Empire,” *New York Times Magazine*, January 5, 2003; John Judis, *The Folly of Empire* (New York: Scribner, 2004).「帝国」という言葉を使っていない普遍的政治秩序の論述に関しては、とくに次を参照。Alexander Wendt, “Why a World State Is Inevitable,” *European Journal of International Relations* 9 (2003), 491–542; Anne-Marie Slaughter and John Ikenberry, *Forging a World of Liberty Under Law* (Princeton, NJ: Woodrow Wilson School, Princeton University, September 27, 2006).

7. 独立国民国家からなる秩序、もしくはそのような秩序の側面を擁護する近年の著作として、次の著作が挙げられる。Roger Scruton, “In Defense of the Nation,” in *The Philosopher on Dover Beach* (New York: St. Martin's Press, 1990), 299–328; David Miller, *On Nationality* (Oxford, UK: Oxford University Press, 1992).(デイヴィッド・ミラー著『ナショナリティについて』富沢克・長谷川一年・施光恒・竹島博之訳、風行社、2007年); Gertrude Himmelfarb, “The Dark and Bloody Crossroads:

Where Nationalism and Religion Meet," *The National Interest* 32 (Summer 1993), 53–61; Margaret Canovan, *Nationhood and Political Theory* (Northampton, MA: Edward Elgar, 1996); Lenn Goodman, "The Rights and Wrongs of Nations," in *Judaism, Human Rights, and Human Values* (Oxford, UK: Oxford University Press, 1998), 137–161; John Bolton, "Should We Take Global Governance Seriously?" *Chicago Journal of International Law* 1 (2000); David Conway, *In Defense of the Realm* (Hampshire, UK: Ashgate, 2004); Jeremy Rabkin, *Law Without Nations?* (Princeton, NJ: Princeton University Press, 2005); Pierre Manent, *A World Beyond Politics?* (Princeton, NJ: Princeton University Press, 2006); Natan Sharansky, *Defending Identity* (New York: PublicAffairs, 2008); John Fonte, *Sovereignty or Submission* (New York: Encounter, 2011); Dani Rodrik, *The Globalization Paradox* (New York: Norton, 2011)（ダニ・ロドリック著『グローバリゼーション・パラドクス——世界経済の未来を決める三つの道』柴山桂太・大川良文訳、白水社、2013年）; Bernard Yack, *Nationalism and the Moral Psychology of Community* (Chicago: University of Chicago Press, 2012); Amitai Etzioni, "The Democratisation Mirage," *Survival: Global Politics and Strategy* 57 (July 2015), 139–156.

8. 次を参照。John Breuilly, *Nationalism and the State* (Chicago: University of Chicago Press, 1982), 8.
9. わたしは「nation-state」という用語を避けている。これは、所定の国（state）で生活する個人で構成されるネイション（nation）を意味すると理解されることが多い。nation と stateの関係については、第9章と第10章を参照されたい。
10. ここでは、そして本書を通して、わたしはリベラリズム（liberalism）を、人間は本来自由で平等な存在であり、国家やその他制度に対する義務は個人の同意によって生じるという前提に基づく、合理主義的な政治理論だととらえている。リベラリズムは合理的な理論なので、その原則は普遍的であり、あらゆる時代と場所に当てはまると考えられる。さらに、人間の政治的動機は生命と財産を守ることに大いに関係があるとする「古典的自由主義」について、とくに言及することが有用なときもある。

第1部　ナショナリズムと西洋の自由

第1章：世界秩序の2つのビジョン

1. 1957年に調印されたローマ条約は、「ヨーロッパの人々の間に一層緊密な基盤を構築するという断固たる決意」を表したものである。1983年の欧州連合に関する厳粛なる宣言（「シュトゥットガルト宣言」）では、ヨーロッパ10カ国の政府が、「ヨーロッパ人とヨーロッパ共同体の人々と加盟国の間に一層緊密な同盟を結ぶこと」に

ついて合意した。また、欧州連合設立を定めた1992年のマーストリヒト条約では、「本条約は、ヨーロッパの人々の間に一層緊密な結びつきを築く過程において、新たな段階に進んだことを示す」(第1編第A条)とした。

2. 海外領土をもつ帝国としてのアメリカという考えは、1890年代の一時期アメリカの政治指導者によって取り上げられたが、すぐに不評を招いた。独立国民国家としてのアメリカの立憲的立場と、その地位が外交関係に及ぼした影響に関しては、次を参照。Rabkin, *Law Without Nations?*, 98-129.
3. Yoram Hazony, *The Philosophy of Hebrew Scripture* (Cambridge, UK: Cambridge University Press, 2012), 103-160; Rabkin, *Law Without Nations?*, 9-11.
4. 第1部の注23を参照。
5. 次に引用がある。Harold Nicolson, *Monarchy* (London: Weidenfeld and Nicolson, 1962 (原著), 20).
6. G. R. Driver and John C. Miles, trans., *The Code of Hammurabi* (Oxford, UK: Clarendon, 1955); James B. Pritchard, ed., *Ancient Near Eastern Texts* (Princeton, NJ: Princeton University Press, 1969), 163.
7. 「奴隷の家」に関しては、旧約聖書の出エジプト記の第13章3節と第20章2節、申命記の第5章6節を参照。
8. 本書では、「nation」と、nationを構成する「tribes」と「clans」とを区別している。「people」については、これよりも広義で、その規模に関係なく、ネイション・部族・氏族の集団を指すものとする。この考察については、第9章を参照のこと。
9. 古典的な国民国家としての古代イスラエル王国については、次を参照。Hans Kohn, *The Idea of Nationalism* (Toronto: Collier, 1944), 27-30; Steven Grosby, *Biblical Ideas of Nationality* (Winona Lake, IN: Eisenbrauns, 2002); Anthony Smith, *Chosen Peoples* (Oxford, UK: Oxford University Press, 2003)(アントニー・D・スミス著『選ばれた民――ナショナル・アイデンティティ、宗教、歴史』一條都子訳、青木書店、2007年); Aviel Roshwald, *The Endurance of Nationalism* (Cambridge, UK: Cambridge University Press, 2006), 14-22; David Goodblatt, *Elements of Ancient Jewish Nationalism* (Cambridge, UK: Cambridge University Press, 2006), 21-26; Doron Mendels, *The Rise and Fall of Jewish Nationalism* (New York: Doubleday, 1992). 聖書に書かれたイスラエルの歴史は、国民国家を理想として描いていない。神が最初に望んだのは、イスラエルのナショナルな統合が部族と氏族の秩序の下で、政府をもたずに達成されることだった。神が国家の樹立を容認するようになったのは、士師記に描かれているこの秩序の失敗によるものだ。士師記のとくに第17章から第21章、サムエル記第1章8節、Hazony, *The Philosophy of Hebrew Scripture*, 144-154を参照のこと。
10. 王については、申命記第17章15節、エレミヤ書第30章21節を参照。預言者につ

いては、申命記第18章15節と18節を参照のこと。王に教える聖職者に関しては、申命記第17章18節から20節を参照。ヘブライ語聖書の翻訳は、すべて著者による。

11. 申命記第2章4節から6節、9節、19節。

12. イスラエルの分断された部族を自分たちの政府の下で統合することを求める声には、イザヤ書第11章13節と14節、エレミヤ書第3章18節、第30章21節、第50章4節、エゼキエル書第34章23節、第37章15節から24節、ホセア書第2章2節が挙げられる。イザヤ書第9章21節、およびエレミヤ書第33章24節と比較のこと。他国の自由に関しては、エレミヤがモアブ（第48章47節）、アモン（第49章6節）、エラム（第49章39節）の復活を要求する言葉、またダニエル書第11章41節を参照のこと。イザヤ書第15章5節と第16章11節でモアブに対する嘆きが述べられていることにも注目されたい。イザヤ書第19章23節から25節で、イスラエルの復興はエジプトおよびアッシリアとの友好にあると記されている。

13. 申命記第17章14節から20節。

14. 「人種（race）」という用語は、19世紀後半まで、現在のような厳格な生物学的意味はなかった。第二次世界大戦後、ナチスの人種論と結びついて傷ついたこの用語に代わり、「民族（性）《エスニシティ》」（ethnicity）や「民族集団《エスニック・グループ》」（ethnic group）などの用語が作られた。Azar Gat, *Nations* (Cambridge, UK: Cambridge University Press, 2013), 27.

15. 出エジプト記第12章38節、民数記第11章4節で、ユダヤ人以外の人々もエジプト出国時にイスラエルに加わったと言われている。エテロについては民数記第10章29節、ルツについてはルツ記第1章16節を参照。モーセの「破門（karet）」という、人々から「切り離される」罰は、イスラエルの民族性の最も基本的側面である割礼（創世記第17章14節）、ヨム・キプルの断食（出エジプト記第12章15節、19節）、性的純潔の維持（レビ記第18章1節から29節）を守らない人々をとくに対象にしている。民数記第15章31節、ミシュナーのケリトット第1章1節、および安息日と過越祭などを含んだ広範な項目を示した、Maimonides, *Commentary on the Mishna* for Keritot 1.1も参照されたい。

第2章：ローマ教会と帝国としてのビジョン

16. Polybius, *Histories*, 5.104（ポリュビオス著『歴史〈1〜4〉』城江良和訳、京都大学学術出版会、2004〜13年）。マケドニアのフィリッポスは対照的に、「わたしに去れと求めるギリシアとは何だ？」と軽蔑の念を込めて言い放ったという（18.5）。ギリシアというネイション全体への忠誠心は、とくにヘロドトスとイソクラテスに見られる。Roshwald, *The Endurance of Nationalism*, 26–30を参照。だが、ギリシア国民国家もそのような統合国家を描いた哲学や文学作品も、これまで誕生していないようだ。古代のエドム、アラム、アルメニアの国民国家に関する考察について

は、Grosby, *Biblical Ideas of Nationality*, 120-165を参照のこと。中東とアジアの古代国民国家に関してはAzar Gat, *Nations*, 89-110に広範な調査がある。

17. ローマの政治家で哲学者のマルクス・トゥッリウス・キケロが語ったように、「ローマやアテネで異なる法律があるのではなく、現在と未来で異なる法律があるのでもない。永遠で不変の1つの法律が、すべてのネイションと時代にとって有効なのである」。*On the Commonwealth*, 3.33. キケロー著（『キケロー選集〈8〉哲学I——国家について 法律について』岡道男訳、岩波書店、1999年）ストア哲学は、犬儒学派のディオゲネスに端を発した「世界市民主義」、つまりコスモポリタニズムの思想と密接に関係している。次を参照のこと。Malcolm Schofield, *The Stoic Idea of the City* (Cambridge, UK: Cambridge University Press, 1991); Julia Annas, *The Morality of Happiness* (Oxford, UK: Oxford University Press, 1993), 159-179.

18. ローマの普遍帝国の追求と、キリスト教によるこのローマ帝国の目的の導入に関しては、Anthony Pagden, *Lords of All the World* (New Haven, CT: Yale University Press, 1995), 11-62を参照。ヨーロッパのキリスト教の秩序、および「キリスト教的平和」の追求に関しては、Garrett Mattingly, *Renaissance Diplomacy* (New York: Dover, 1988) を参照。

19. オスマン帝国のスルタン、メフメト2世が述べたように、1453年にイスラム勢力がコンスタンティノープルを占領後、「世界には唯一の帝国、唯一の信仰、唯一の主権しか存在しないにちがいない」ようだった。Franz Babinger, *Mehmed the Conqueror and His Time*, trans. Ralph Manheim (Princeton, NJ: Princeton University Press, 1978 [1953]), 112. コンスタンティノープル陥落後、ロシアが「第3のローマ」と全キリスト教の保護者として名乗り出た。これはまた、その後長い伝統となるロシアの普遍帝国を誕生させた。次を参照のこと。Smith, *Chosen Peoples*, 98-106 (アントニー・D・スミス著『選ばれた民』); Henry Kissinger, *World Order* (New York: Penguin, 2014), 51-59. (ヘンリー・キッシンジャー著『国際秩序』伏見威蕃訳、日本経済新聞出版社、2016年)

20. キリスト教が広まったヨーロッパで国民国家が発展したことと、イスラム勢力下でそのような国家が誕生しなかったことに関しては、Grosby, *Biblical Ideas of Nationality*, 6, n. 17を参照。

21. ヘイスティングズが記したように、「旧約聖書はパラダイムを提供した。各ネイションは相次いでそれを適用し、その過程でアイデンティティを強化した」。Hastings, *The Construction of Nationhood*, 196. フランスに関しては、Joseph Strayer, "France: The Holy Land, the Chosen People, and the Most Christian King," in *Medieval Statecraft and Perspectives of History*, eds. John Benton and Thomas Bisson (Princeton, NJ: Princeton University Press, 1971), 300-314を参照。チェコについては次を参照。Howard Kaminsky, *A History of the Hussite Revolution*

(Berkeley: University of California Press, 1967); Derek Sayer, *The Coasts of Bohemia* (Princeton, NJ: Princeton University Press, 1998).

22. ヘンリー8世の国王至上法について、ロバート・ジャクソンによれば、これは「単に……ヘンリーと教皇の間の対立ではなかった。もっと根本的なものだった。世界市民主義的な神学的・政治的基盤の上に組織された公共生活の概念と、国民国家を予告する、独立した王国の基盤の上に構築された別の概念との間の対立だった」。Robert Jackson, *Sovereignty* (Malden, MA: Polity Press, 2007), 44-48, esp. 47. その後続いたヨーロッパのナショナリズムの規範としてのイングランドについては、次を参照。Hastings, *The Construction of Nationhood*, 35-65, 96-97; Liah Greenfield, *Nationalism* (Cambridge, MA: Harvard University Press, 1992).

23. ヘブライ語聖書が西欧の独立国民国家に与えた影響は、次に挙げる重要な研究で考察されている。Hastings, *The Construction of Nationhood*; Philip Gorski, "The Mosaic Moment," *American Journal of Sociology* 105 (2000), 1428-1468; Grosby, *Biblical Ideas of Nationality*の随所に、とくに217〜231ページ; Fania Oz-Salzberger, "The Jewish Roots of Western Freedom," *Azure* 13 (Summer 2002), 88-132; Smith, *Chosen Peoples* (アントニー・D・スミス著『選ばれた民』); Anthony Smith, "Nation and Covenant," *Proceedings of the British Academy* 151 (2006), 213-255; Arthur Eyffinger, "Introduction" to Petrus Cunaeus, *The Hebrew Republic*, trans. Peter Wyetzner (Jerusalem: Shalem Press, 2006); Arthur Eyffinger, "How Wondrously Moses Goes Along with the House of Orange! Hugo Grotius' 'De Republica Emendanda' in the Context of the Dutch Revolt," in *Political Hebraism*, eds. Gordon Schochet, Fania Oz-Salzberger, and Meirav Jones (Jerusalem: Shalem Press, 2008), 57-71; Eric Nelson, *The Hebrew Republic* (Cambridge, MA: Harvard University Press, 2010); Glenn Moots, *Politics Reformed* (Columbia: University of Missouri Press, 2010); Diana Muir Appelbaum, "Biblical Nationalism and the Sixteenth Century States," *National Identities* (New York: Routledge, 2013), 1-16; Meirav Jones, "Philo Judaeus and Hugo Grotius's Modern Natural Law," *Journal of the History of Ideas* 74 (July 2013), 339-359; Ofir Haivry, *John Selden and the Western Political Tradition*; Yechiel Leiter, *John Locke's Political Hebraism* (Cambridge, UK: Cambridge University Press, forthcoming); また『Hebraic Political Studies』誌に掲載されたさまざまな研究。この雑誌の研究については次のサイトで入手できる。www.hpstudies.org/20/Issue.aspx.

24. どれも、のちに「太陽王」ルイ14世が自身の普遍帝国を追求することを妨げることはなかった。Franz Bosbach,"The European Debate on Universal Monarchy," in David Armitage, ed., *Theories of Empire, 1450-1800* (New York: Routledge, 1998), 81-98.

第3章：西洋のプロテスタント構造

25. 1648年11月26日の回勅『ゼロ・ドムス・デイ』。翻訳は著者による。

26. 3つのウェストファリア条約は、新たな政治秩序を公表したわけではない。彼らはいまだにヨーロッパをキリスト教の共和国（*respublica Christiana*）と呼んでいる。この点について、この条約が主権国家の「ウェストファリア」体制の誕生に責任があるという解釈は、1863年にピエール＝ジョゼフ・プルードンが指摘するまで、国際関係の文献で見過ごされていたとして、デレク・クロックストンが詳細に論じている。Derek Croxton, *Westphalia* (New York: Palgrave MacMillan, 2013 ed.), 339–362. もちろんエメリッヒ・デ・ヴァッテルは、ヨーロッパにおける「対等な」「主権」国家制度と考えられると、ウェストファリア条約から1世紀後の1758 年に書き残しているが、クロックストンの指摘は基本的に正しい。後世にウェストファリア体制と呼ばれるものだけが、三十年戦争時に出現した秩序について考えうる見解ではない。

27. ジョン・セルデンの弟子であり、コモン・ローに精通したイギリスの弁護士マシュー・ヘイルは次のように書いている。神は十戒を「ユダヤ教人の会という特定の一ネイション」に与えたが、「彼らが丘の上の篝火になるように、世界の真ん中に設置された、当然の正義を支える壮大な柱になるように、それが何世紀にもわたり、大勢の異邦人の目を引き明白にわかるようにと、合図や不可思議な現象、目に見える神意によって、その国を全世界に知らしめ、目立たせ、人目を引くようにした」。Matthew Hale, *Treatise of the Nature of Laws in General*. Richard Tuckの*Natural Rights Theories* (Cambridge, UK: Cambridge University Press, 1979) の163ページにこの引用がある。

28. ヨーロッパの国民国家は領土をめぐって戦争をしたが、「互いの主権を消滅させることはなかった」。Jackson, *Sovereignty*, 66を参照。

29. オータンのホノリウスの『スマ・グロリア』(Summa Gloria) は、1123年の叙任権論争を受けて書かれ、カトリック教会が国家の不当な行為に反対する権利は、預言者サムエルのサウルの王国建国に由来するとし、イスラエルが聖なる王に支配されてからも、その支配は絶対的ではなく、神の正義によって制限されたとした。R. W. Carlyle and A. J. Carlyle, *A History of Medieval Political Theory in the West* (Edinburgh: William Blackwood, 1950), 4:286–289を参照。1159年、ソールズベリーのジョンは、申命記でユダヤ人の統治者たちに課せられた制限を引き合いに出して、万人は「全世界の恐怖の対象である大王が王子たちに課した法律に従うべきである。……この［法律］は間違いなく神聖で、何の罰も受けずに退けることはできない」と述べた。確かにこの法律は神のものであり、軽視して却下することはできない。John of Salisbury, *Policraticus*, ed. and trans. Cary Nederman (Cambridge, UK: Cambridge University Press, 1990), 35–36.

30. John Fortescue, *In Praise of the Laws of England*, in *On the Laws and*

Governance of England, ed. Shelley Lockwood (Cambridge, UK: Cambridge University Press, 1997); Ofir Haivry and Yoram Hazony, "What Is Conservatism?," *American Affairs* (Summer 2017), 221–225. ジョン・フォーテスキューの作品は1470年頃に書かれ、1543年頃、ヘンリー8世の時代に出版された。

31. 「古来の慣習と特権」という文言は、1581年のオランダ独立宣言、統治権否認令に現れる。Oliver J. Thatcher, ed., *The Library of Original Sources* (Milwaukee, WI: University Research Extension Co., 1907), 5:190. 同様に、1628年のイングランドの権利の請願は、「臣民の権利と自由」について述べており、この文言は「王国の法律と自由な慣行」に見られる。
32. セルデンに関しては、次を参照。Haivry, *John Selden and the Western Political Tradition* ; Haivry and Hazony,"What Is Conservatism?," とくに225–230.
33. Hazony, *The Philosophy of Hebrew Scripture*, 151–152.

第4章：ジョン・ロックとリベラル構造

34. 憲章のなかで、フランクリン・ルーズベルトとウィンストン・チャーチルは、「両国は、すべての人民が、自分たちの政府の形態を選択する権利を尊重し、主権と自治を強制的に奪われた人々にそれが回復することを望む」と宣言した（第3条）。だが、大西洋憲章は、「差し迫る……より広範で恒久的な一般的安全保障制度の確立」（第8条）と言及していることから、同憲章を独立した国民国家の秩序の終わりの始まりと見ることもできる。ルーズベルトはウッドロー・ウィルソンと同様に、旧式の帝国主義を「集団的安全保障」の形式に置き換えることができたならば、新しい帝国主義秩序の確立を何とか回避できるだろうと考える傾向があった。チャーチルは、ヨーロッパ以外ではイギリス帝国をあからさまに擁護していたので、世界安全保障制度の概念は、彼の見解と一致しやすかった。キリスト教に対するルーズベルトの見解に関しては、Franklin Roosevelt, "Radio Address on the President's Sixtieth Birthday," January 30, 1942を参照。
35. 『統治二論』は全体として、ヘブライ語聖書の解説として読むことができる。ロックの聖書主義についての考察は、次を参照。Joshua Mitchell, *Not by Reason Alone* (Chicago: University of Chicago Press, 1993), 73–97; Leiter, *John Locke's Political Hebraism*. とくに、リベラルな社会契約論は、ヘブライ語聖書の契約の解釈である。Roshwald, *The Endurance of Nationalism*, 16; Michael Walzer, *Exodus and Revolution* (New York: Basic Books, 1985), 83–84.（M・ウォーザー著『出エジプトと解放の政治学』荒井章三訳、新教出版社、1987年）このいずれも、リベラルな社会契約が聖書の教えの解釈としてとくに健全だと言っているわけではない。
36. ジョン・ロックは経験主義者として知られているが、彼のこのような思想観は、経験主義心理学に影響を与えた、*Essay Concerning Human Understanding* (Oxford, UK: Oxford University Press, 1975 [1789])（ジョン・ロック著『人間知性論〈1～

4〉』大槻春彦訳、岩波書店、1972〜77年）に主に基づいている。だが、彼の『統治二論』は、これと同じように、国家理論に経験的な立場を持ち込もうとしているわけではない。ロックは、当時政治思想を著した人物のなかで、歴史的経験に基づいて論じなかった数少ない著者の1人である（Trevor Colbourn, *The Lamp of Experience* [Indianapolis, IN: Liberty Fund, 1998], 5–6）。『統治二論』は、国家の歴史的・実証的研究から知りうるものとは何の関係もない一連の原理から始まり、(i) 政府が樹立される前の人間は、「自然状態」にあり、その状態では、(ii)「万人は当然、完全に自由な状態にある」と同時に、(iii)「完全に平等な状態にあり、当然ながら他人に対する優位性や支配権は存在しない」と主張する。さらに、(iv) この自然状態には、「それを支配する自然法がある」。そして、(v) この自然法とは、たまたまであるが、人間の「理性」そのものであり、「理性に耳を傾けようとするすべての人間に教える」。この普遍的な理性こそが、人間を、自由な同意によって、(vi) 自然状態を終了させ、「互いに合意して、1つの政治体に入るという同意」に導くのである（次を参照。John Locke, *Second Treatise*, sections 4, 6–7, 15)（ジョン・ロック著『完訳　統治二論』加藤節訳、岩波書店、2010年、など）。こうした原理から、ロックは続いて、世界中の全ネイションのために適切な政治秩序を推論する。ロックの合理主義に関して、アンソニー・クイントンは次のように正確に結論づける。「ロックにおいては、認識一般の経験主義的説明は、自明の自然権というロック理論の基礎である、合理論的な道徳的認識論と結合している。『道徳的認識は数学と同様に真に確実性のもてるものだ』とロックは言う。道徳的真理は、幾何学の定理のように証明可能なものだと、彼はみなす。この立場は*Essay on Human Understanding*（ジョン・ロック著『人間知性論』）[とくに4.3.18を参照] の第4巻で示され、その主張は驚くほど弱いのだが、そこに至るまでに、第1巻において「実践的諸原理の生得性」の否定によって暗に知らせた道徳的可謬論はすっかり忘れられている。ロックの政治理論の基本はこの倫理的合理主義であり、それは激しく独断的なリベラリズムの支援にはうってつけである」。Anthony Quinton, *The Politics of Imperfection* (London: Faber and Faber, 1978), 41.（アンソニー・クイントン著『不完全性の政治学　――イギリス保守主義思想の二つの伝統』岩重政敏訳、東信堂、2003年）

37. 「すべての人間は……自然に自由であり……何ものも人間を地上の権力に服従させることは [でき] ないが、それをなすのは自分の同意だけである」。Locke, *Second Treatise*, section 119.（ジョン・ロック著『完訳　統治二論』）

38. Locke, *Second Treatise*, sections 55–69.（ジョン・ロック著『完訳　統治二論』）ロックは同様に、子どもたちが成人してからは、親と子どもの間の義務を正当化することはできないので、彼の義務体系を機能させるためには（section 66）、「あなたの父と母を敬いなさい」（出エジプト記第20章12節、申命記第5章16節）というモーセの指示に頼らなくてはならない。

39. 「人間が団結して共同体になり、政府の下に置かれることの最大の目的は、財産の保護である」。ロックの言う「財産」とは、政府に加わる個人の「生命、自由、資産」を意味するとされる。Locke, *Second Treatise*, sections 123–124.（ジョン・ロック著『完訳　統治二論』）sections 87, 173, 222も参照。ロックは、国家が成立する前には、氏族や部族、ネイションは存在しないと認識している。ロックにとって唯一関心のある集団は、「自然状態にある何人かの人々が社会に入り、1つの最高の政府の下で1つの国民、1つの政治体を作る」人民またはネイションである（section 89、強調は著者による）。これは、ジョン・セルデンやエドマンド・バークのような経験主義者とは対照的に、ロックにはネイションという政治的概念がまったくないということを意味している。この点は、次の文献において強調されている、Uday Singh Mehta, “Edmund Burke on Empire, Self-Understanding and Sympathy,” in *Empire and Modern Political Thought*, ed. Sankar Muthu (Cambridge, UK: Cambridge University Press, 2012), 181; Ethan Alexander Davey, “Constitutional Self-Government and Nationalism,” *History of Political Thought* 35 (Autumn 2014), 458–484.

40. 1794年4月18日の『モーニング・クロニクル』紙で報じられた。Richard Bourke, *Empire and Revolution* (Princeton, NJ: Princeton University Press, 2015), 683で引用されている。バークとロックの関係については、Ofir Haivry, *The “Politick Personality,”* doctoral dissertation at University College London, 2005で徹底的に取り上げられている。

41. Jean-Jacques Rousseau, *On the Social Contract* (1762)（ジャン＝ジャック・ルソー著『社会契約論』作田啓一訳、白水社、2010年、など）; Immanuel Kant, “Perpetual Peace,” in *Political Writings*, ed. H. S. Reiss, trans. H. N. Nisbet (Cambridge, UK: Cambridge University Press, 1991 [1795]), 93–130; Ayn Rand, *Atlas Shrugged* (New York, Signet, 1996 [1957])（アイン・ランド著『肩をすくめるアトラス』脇坂あゆみ訳、ビジネス社、2004年）; John Rawls, *A Theory of Justice* (Cambridge, MA: Harvard University Press, 1972).（ジョン・ロールズ著『正義論　改訂版』川本隆史・福間聡・神島裕子訳、紀伊國屋書店、2010年）わたしの説明は、ルソーをロックの批判者として提示するレオ・シュトラウスやその他の人たちの説明とは異なる。確かにルソーは、社会の結束の維持に必要であり、共同体の防衛で戦うために必要な、ある種の美徳への回帰を主張している。しかし、シュトラウスが *Natural Right and History* (Chicago: University of Chicago Press, 1953), 252.（レオ・シュトラウス著『自然権と歴史』塚崎智・石崎嘉彦訳、筑摩書房、2013年）で主張するように、「近代の最初の危機」を引き起こしたとして、これをトマス・ホッブズやロックとの断絶とみなすのは大げさである。現在、政治の近代性とみなされているものは、実は、ジョン・フォーテスキュー、エドワード・コーク、セルデンというイギリスの保守的伝統と、イギリスにおける絶対主義者とピューリタ

ンによる絶対主義理論に対する闘争から生じている（Quinton, *The Politics of Imperfection*, 21［アンソニー・クイントン著『不完全性の政治学』］）。近代政治思想の第1の危機は、この保守的伝統に対する、ホッブズ、ロック、ルソーの合理主義的政治理論によって開始されるものだ（Quinton, *The Politics of Imperfection*, 29–31［前掲書］）。ルソーは、政治思想の起点としてロックの公理体系に固執しており、合理主義の伝統のなかにロックを正確に位置づけている。「民衆」は国家によって確立されるまで存在しないという彼の指摘や、国家の必要性によって定義された「市民宗教」（Rousseau, *Social Contract*, 1.6, 4.8［ジャン＝ジャック・ルソー著『社会契約論』］）の提案は、ロック派の合理主義の世界に代わって創造したものであり、ルソーの思想はその世界に閉じ込められたままである。

42. ロックは、自然法によれば、「人間は1つの共同体であり、その他被造物とは異なる1つの社会」を構成している。実際、人間は自分たちの邪悪さによってのみネイションに分かれる。「堕落した人間の腐敗と悪意がなければ、人間はこの偉大で自然な共同体から分離する……必要はなく、積極的合意によって、より小さく分割された集団にまとまる必要はなかった」（Locke, *Second Treatise*, section 128［ジョン・ロック著『完訳　統治二論』など］）。ロックはこのように、全人類の自然な共同体と、生命と財産を守るための積極的な合意によって作られた「小さく分割された」集団とを区別している。このような小さな集団の政府参加が「どんな人数でも」行うことができるのは、「他者の自由を害することはない」からである（Locke, *Second Treatise*, section 95, 89［前掲書］も参照）。したがって、ロックの政治理論に関する限り、人類を独立したネイションに分割することについては、本質的に何ら有益でも望ましいことでもなく、政府が人類の共同体を分割し、その間に境界線を設ける方法は、無関心の問題である。国境線は、どこにでも引くことができるし、どこにも引くことができない――したがって、ロック派の国家の性質は本質的に束縛されていない。社会契約理論と国家の非拘束性との関係については、Scruton, "In Defense of the Nation," 320を参照。

43. リベラル派の論者たちは、ヘンリー8世の治世からアメリカ独立革命までの240年の間のイングランド、スコットランド、オランダ、フランスのナショナリズムに注目してこなかった。リベラルな歴史学がナショナリズムに注目するようになったのは、18世紀末のアメリカ独立革命とフランス革命のあとからだ。こうした歴史学の論文では、これらの革命を、伝統的な国家憲法が終焉する前触れとみなし、理性に基づく普遍的な憲法、つまりリベラルな憲法への転換とみなすことが多い。そのため、リベラリズムとナショナリズムの結合は、19世紀の大半においてと20世紀に入ってからも人気があった。なかでも最もよく知られているのはおそらくジュゼッペ・マッツィーニだろう。だが、フリードリヒ・ハイエクは1930年代の著述で、ナショナリズムとリベラリズムの間にこのような結びつきを起こしたのは「歴史的事故」であるとみなした。「リベラリズムが最初にナショナリズムと手を結

ぶようになったのは、歴史的な偶然によるもので、19世紀にアイルランド、ギリシャ、ベルギー、ポーランド、そしてのちにイタリア、オーストリア＝ハンガリーで、リベラリズムが反対したものと同じ種類の抑圧と戦った」。Friedrich Hayek, “The Economic Conditions of Interstate Federalism,” *New Commonwealth Quarterly* 5 (September 1939), 131–149.

44. このように国民国家を不要とする傾向は、モンテスキューにも明らかに見られた。彼は、商業に関しては、「全世界は……1つの国家から成り立っており、全社会がその構成員である」とした。Montesquieu, *The Spirit of the Laws*, 20.23.（モンテスキュー著『法の精神』井上堯裕訳、中央公論新社 、2016年、ほか）

45. ルートヴィヒ・フォン・ミーゼスは、「その名に真にふさわしい世界の超国家は……各ネイションが求める平和を保障することができるだろう」と主張する。Ludwig von Mises, *Liberalism in the Classical Tradition*, trans. Ralph Raico (San Francisco: Cobden Press, 1985 [1927]), 150.

46. ハイエクによれば、「国家主権の廃止と実効性のある国際的な法秩序の創造は、対となる必要があり、リベラルなプログラムの論理的終結である。……国家間連合の考え方は、リベラルな視点が一貫して発展したもの［である］」。Friedrich Hayek, “The Economic Conditions of Interstate Federalism.”

47. わたしが念頭に置いているのは、John Rawlsの*A Theory of Justice*（ジョン・ロールズ著『正義論　改訂版』川本隆史・福間聡・神島裕子訳、紀伊國屋書店、2010年）と、Robert Nozickの*Anarchy, State and Utopia* (New York: Basic Books, 1974)（ロバート・ノージック著『アナーキー・国家・ユートピア――国家の正当性とその限界』嶋津格訳、木鐸社、1992年）との間の政治理論のような議論である。あるいは、John Maynard Keynes, *General Theory of Employment, Interest and Money* (New York: Houghton Mifflin Harcourt, 1964 [1936])（ジョン・メイナード・ケインズ著『雇用、利子、お金の一般理論』山形浩生訳、講談社、2012年）と、Friedrich Hayek, *The Constitution of Liberty* (Chicago: University of Chicago Press, 1960)（ハイエク著『ハイエク全集Ⅰ-7 自由の条件 Ⅲ――福祉国家における自由』西山千明・矢島鈞次監修、気賀健三・古賀勝次郎訳、春秋社、2007年）との間の経済理論のような議論である。もしくは、Herbert Hart, *The Concept of Law* (Oxford, UK: Oxford University Press, 1961)（H・L・A・ハート著『法の概念』矢崎光圀監訳、みすず書房、2019年）とRonald Dworkin, *Taking Rights Seriously* (New York: Gerald Duckworth, 1977)（ロナルド・ドゥウォーキン著『権利論　増補版』木下毅・小林公・野坂泰司訳、木鐸社、2003年）との間の法理論のような議論である。大学が、現代の政治理論をロールズとノージックの間の議論として提示していることは特筆に値する。両者の理論は、ロックの自然状態における自由で平等な個人と、彼らの自由な同意から生じるとされる社会契約に基づいているからだろう。Russell Kirk, *Rights and Duties* (Dallas, TX: Spence, 1997), 98を参照。

48. 「正しい歴史の側」としてのリベラルな構造のこの視点は、ビル・クリントンによって広まった。Bacevich, *American Empire*, 32–38; David Graham, "The Wrong Side of the 'Right Side of History,'" *Atlantic*, December 21, 2015を参照のこと。クリントンのあとに大統領に就任したジョージ・W・ブッシュとバラク・オバマはこのレトリックを受け入れ、たとえばブッシュは、「自由が歴史の向かう方向だと信じている」と述べた。2003年11月6日にワシントンD.C.の全米民主主義基金で行った演説。

第5章：不信を抱かれたナショナリズム

49. 第14章、2番目の方法を参照。
50. 皇帝ヴィルヘルム2世の「通達」が、捕虜の所有物から見つかった。Charles Andler, *Pan-Germanism* (Paris: Armand Colin, 1915), 81.
51. アドルフ・ヒトラーは、リベラルな社会契約国家と、言語や歴史に基づき異なる部族を統合して築かれた国民国家をきっぱり退け、そうした国家を「卑しむべき奇怪なもの」と呼んだ。ヒトラーの見解では、国家は、国民国家とはまったく異なる目的をもっていた。その目的とは、第1に、「基本的な人種的要素のなかで最も価値あるストックを集めて保存する」ことによって、「肉体的にも精神的にも同質な生物の共同体が保存され発展すること」だった。次に、その種族が「支配民族」と「地球の主」になるまで、「支配的な地位」に引き上げることだ。Adolf Hitler, *Mein Kampf*, trans. Ralph Manheim (New York: Houghton Mifflin, 1971 [1925]), 393, 396, 398.（アドルフ・ヒトラー著『わが闘争〈上・下〉』平野一郎・将積茂訳、角川書店、1973年）したがって、自分たちを苦しめた「人種の毒」にドイツ人がしっかり対処した場合は、「いつか地球の主になるにちがいない」のである。Hitler, *Mein Kampf*, 688.（前掲書）
52. アンソニー・スミスは、ナチズムは、多くの独立国民国家の存在とは相容れない「生物学的帝国主義」を内包しているとして、ヒトラーのナチズムと、ナショナリズムとの「根本的相違」を正しくとらえている。Anthony Smith, *Nationalism in the Twentieth Century* (Oxford, UK: Martin Robertson, 1979), 78–80.（アンソニー・D・スミス著『20世紀のナショナリズム』巣山靖司監訳、法律文化社、1995年）あるドイツ人学者が書いているように、ヒトラーの一貫した目的は「国民国家制度を破壊し、帝国秩序へと戻ること」であった。Münkler, *Empires*, 144. その証拠に、ヒトラーがイギリスについて賞賛していたことといえば、イギリスが帝国であることだった。Niall Ferguson, *Empire* (New York: Basic Books, 2002), 279–282.（ニーアル・ファーガソン著『大英帝国の歴史〈上・下〉』山本文史訳、中央公論新社、2018年）
53. Konrad Adenauer, *World Indivisible with Liberty and Justice for All*, trans. Richard and Clara Winston (New York: Harper and Brothers, 1955), 6–10.（K・

アデナウアー著『海外名著全集〈第4〉世界は一つ――万人に自由と幸福を』庄野満雄訳、鳳映社、1958年); Jean Monnet, *Memoirs* (London: Collins, 1978), 285-286(ジャン・モネ著『ジャン・モネ――欧州統合の父回想録』近藤健彦訳、日本関税協会、2008年)も参照。40年後のドイツ首相ヘルムート・コールとも比較されたい。「欧州の統合は、現実には21世紀の戦争と平和の問題である。……わたしたちは昔の国民国家に戻ることを望んでいない」。*The Times*, February 3, 1996. David Conway, *With Friends like These* (London: Civitas, 2014), 105に引用されている。

54. マーガレット・サッチャーが首相退任直後に述べたように、「[欧州]共同体のなかではドイツが圧倒的に優位に立っているため、ドイツの意向に反して大きな決定を下すことは実質的にできない。このような状況では、共同体はドイツの力を抑えるのではなく、むしろ増大させる」。Margaret Thatcher, *The Path to Power* (New York: HarperCollins, 1995), 614.(マーガレット・サッチャー著『サッチャー私の半生〈上・下〉』石塚雅彦訳、日本経済新聞出版社、1995年)
55. 第21章と第23章の著者の考察を参照。

第6章:帝国主義としてのリベラリズム

56. リベラリズムとマルクス主義の間の道徳的な区別を見失わずに、両者の類似点を慎重に検証した研究として、Ryszard Legutko, *The Demon in Democracy* (New York: Encounter, 2016) がある。また、リベラリズムと帝国主義の歴史的つながりを検証する研究も、次第に関連性が高まっており、それには、Uday Singh Mehta, *Liberalism and Empire* (Chicago: University of Chicago Press, 1999); Jennifer Pitts, *A Turn to Empire* (Princeton, NJ: Princeton University Press, 2006) などが挙げられる。
57. ジョージ・H・W・ブッシュは新世界秩序を幻想的な言葉で表現した。「100もの世代にわたり、このとらえどころのない平和への道を探し求めてきた。…… 現在、その新しい世界が生まれようともがいている。これまで知っていた世界とはまったく異なる世界だ。法の支配が、ジャングルの支配に取って代わる世界だ」。George H. W. Bush, "Address to a Joint Session of Congress on the Persian Gulf Crisis and the Federal Budget Deficit," September 11, 1990.
58. ユルゲン・ハーバーマスは、このような「トランスナショナリズム」を「平和維持と人権擁護を推進する権限をもつ世界組織の枠組みに組み込まれた……世界政府なき世界内政」と表現する。Habermas, *The Divided West* (Malden, MA: Polity Press, 2006), 136.(ユルゲン・ハーバーマス著『引き裂かれた西洋』大貫敦子・木前利秋・鈴木直・三島憲一訳、法政大学出版局、2009年)Rabkin, *Law Without Nations?*, 41-43.
59. Ludwig von Mises, *Liberalism in the Classical Tradition*, 150.

60.　ジョアン・カルロス・エスパーダは、「ヨーロッパの民主主義は」、英米の経験主義、伝統主義、常識との関連性から切り離された、「独断的な合理主義的計画を示すものとして主に認識されている」とする。そのため、ヨーロッパの教育は、英米の伝統は自由民主主義体制が不完全な形で現れたものとみなし、彼らの伝統を広く無視している。「自由民主主義体制が正式に策定されるようになったのは、1789年のフランス革命が初めてだった」。João Carlos Espada, *The Anglo-American Tradition of Liberty* (New York: Routledge, 2016), 10, 109, 187–188. だが、このヨーロッパの見解は、イギリスとアメリカでも次第に受け入れられるようになってきている。

61.　第3部の考察を参照のこと。

62.　近代ヨーロッパの多元主義に関しては、Kissinger, *World Order*, 35.（ヘンリー・キッシンジャー著『国際秩序』）を参照。

第7章：リベラリズムに対するナショナリストからの代案

63.　冷戦終結後のアメリカの世界政策に関しては、Bacevich, *American Empire*を参照。アンドリュー・ベースヴィッチは次のように結論づける。「1つではなく、いくつかの地政学的にきわめて重要な地域で支配権を握り、自分たち以外の政治的・経済的原則の正当性を軽視し、既存秩序を不可侵とし、自衛目的ではなく強制目的で構成された世界展開する戦力を用いて、紛れもない軍事的至上主義を主張すること。これは、帝国統治に関わるネイションの取る行動である。…… 好むと好まざるとにかかわらず、現代のアメリカはまさにローマである」(p. 244)。トーマス・フリードマンが言うように、「新興のグローバルな秩序には執行者が必要だ。それがアメリカの背負う新たな重責である」。Thomas Friedman, "A Manifesto for a Fast World," *New York Times Magazine*, March 28, 1999. また、とくに次も参照のこと。Thomas Friedman, *The Lexus and the Olive Tree* (New York: Picador, 1999), 465–468（トーマス・フリードマン著『レクサスとオリーブの木――グローバリゼーションの正体〈上・下〉』東江一紀・服部清美訳、草思社、2000年）; Francis Fukuyama, *The End of History and the Last Man* (New York: Free Press, 1992)（フランシス・フクヤマ著『歴史の終わり〈上・下〉』渡部昇一訳・特別解説、2005年、三笠書房）; Shimon Peres, *The New Middle East* (New York: Henry Holt, 1995)（シモン・ペレス著『和解――中東和平の舞台裏』舛添要一訳、飛鳥新社、1993年）

64.　イギリスの政治論の保守主義（または「伝統主義」）派に関しては、次を参照。Quinton, *The Politics of Imperfection*（アンソニー・クイントン著『不完全性の政治学』岩重政敏訳、東信堂、2003年）; J. G. A. Pocock, *The Ancient Constitution and the Feudal Law* (Cambridge, UK: Cambridge University Press, 1987 ed.), esp. 30–55, 148–181; Harold J. Berman, "The Origins of Historical Jurisprudence:

Coke, Selden, Hale," *Yale Law Journal* 103 (May 1994), 1652–1738; Colbourn, *The Lamp of Experience*; Kirk, *Rights and Duties*; Ethan Alexander-Davey, "Restoring Lost Liberty: François Hotman and the Nationalist Origins of Constitutional Self-Government," *Constitutional Studies* 1 (2016), 37–66; Haivry, *John Selden and the Western Political Tradition*; Haivry and Hazony, "What Is Conservatism?"

65. 啓蒙主義時代に政治理論家が聖書の一節を引用することが流行らなくなってからもずっと、聖書の考えは、たとえ引用されることがなくても、世代を超えて次の世代へと受け継がれている。マイケル・リンドが現代のアメリカについて記しているように、「カルヴァン主義とコモンローが、おそらく世界で最も聖書主義的なネイションの文化をともに生み出してきた」。Michael Lind, *The Next American Nation* (New York: Free Press, 1996), 272.

第2部　国民国家とは何か

第9章：政治秩序の基礎

1. 個人も、混在するさまざまな動機から行動することが多い。たとえば、一般的に親が自分の財産を増やそうとするのは、ひとつには子どものためを思ってのことだ。また、兵士は、国のためを思い奉仕するだけではなく、自分の評判を高めたいという思いから行動することもある。だが、このような重要な事実は、わたしがここで行った人間の動機はたいてい何らかの集合体のための行動に関係しているという議論に影響を与えることはない。
2. この自己の拡張についてはデイヴィッド・ヒュームが述べており、家族や国に対する誇り (2.1.9) など、「自分自身の一部、または自分と密接に関係のあるもの」(*A Treatise of Human Nature*, 2.1.5［デイヴィッド・ヒューム著『人間本性論〈第1～3巻〉普及版』木曾好能・石川徹・中釜浩一・伊勢俊彦訳、法政大学出版局、2019年］) に関して、わたしたちは誇りと恥を感じると、ヒュームは主張する。さらに、そのような誇りは実は愛だと結論づける (2.2.1)。最近の心理学研究に照らした同様の理論については、Jonathan Haidt, *The Righteous Mind* (New York: Vintage, 2012), 256–318 (ジョナサン・ハイト著『社会はなぜ左と右にわかれるのか——対立を超えるための道徳心理学』高橋洋訳、紀伊國屋書店、2014年) を参照。
3. そのような相互の忠誠の絆の道徳的重要性に関しては、次を参照。David Miller, *On Nationality* (Oxford, UK: Oxford University Press, 1992), 65–80 (デイヴィッド・ミラー著『ナショナリティについて』); Bernard Yack, *Nationalism and the Moral Psychology of Community* (Chicago: University of Chicago Press, 2012), 169–183.
4. ほかにも、個人的に顔見知りのメンバーが抱く忠誠心の絆があるために、強制にも耐えられる小規模な組織としては、小さな町や村、教会、地域の政党の派閥や

組合、ストリート・ギャングなどが挙げられる。

5. 家族で育った子どもたちへの、家族や氏族、部族、ネイションに対する忠誠心の伝達は、自動的に、あるいは一律に行われるわけではない。こうした忠誠心の強さは、その家族や氏族、部族、ネイションが危険な状況にあるかどうかによって異なる。それはまた、親が家族や部族、ネイションに起きる困難をどれほど強く経験するかによって、また子どもの感受性によって決まる。親の忠誠心に抵抗する子どももいれば、教師や聖職者、軍司令官など、いわば第2の父親や母親となる人物の忠誠心の影響をより強く受ける子どももいる。もちろん、幼少期に忠誠心を抱いていても、その信頼が裏切られたときに、忠誠心は崩れたり、弱くなったりすることがある。

6. 「結束力」という言葉は、John Stuart Mill, *Representative Government,* in *Utilitarianism, on Liberty, and Considerations on Representative Government,* ed. Geraint Williams (London: Everyman, 1993 [1861]), 241(同書収録のジョン・スチュアート・ミル著『代議制統治論』); Henry Sidgwick, *The Elements of Politics* (n.p.: Elibron Classics, 2005 [1891]), 233, 276に由来する。ヘンリー・シジウィックが述べているように、「ネイションにとって……本当に重要なことは……ネイションを構成する人々が、1つの政府の下にあるという単なる事実から得られるものを超えて、互いにそこに属しているという意識、1つの体制の構成員であるという意識をもつことだろう。そのため、戦争や革命によって政府が崩壊したとしても、彼らはしっかり団結しているはずだ」(202)。これは、ジョン・スチュアート・ミルが「仲間意識」(392)と呼んでいるものと同じ現象を指す。これは、「感情の絆」として、J. G. Herder, *Ideas for a Philosophy of the History of Mankind*および*Herder on Social and Political Culture*, ed. and trans. F. M. Barnard (Cambridge, UK: Cambridge University Press, 1969 [1784–1791]), 324に見られる。また、「ほかの集団に直面したときの連帯感」として、Max Weber, "The Nation," in *From Max Weber*, trans. and eds. H. H. Gerth and C. Wright Mills (Oxford, UK: Oxford University Press, 1946 [1921]), 172に見られる。

7. 部族や氏族の秩序についてのわかりやすい考察には、次のようなものがある。Mark Weiner, *The Rule of the Clan* (New York: Farrar, Straus and Giroux, 2013); Azar Gat, *Nations* (Cambridge, UK: Cambridge University Press, 2013), 29–66. また、Adam Ferguson, *An Essay on the History of Civil Society*, ed. Fania Oz-Salzberger (Cambridge, UK: Cambridge University Press, 1995 [1767]), 85(ファーガスン著『市民社会史論』天羽康夫・青木裕子訳、京都大学学術出版会、2018年)も参照のこと。スティーヴン・グロスビー は、聖書において氏族(*mishpaha*)は部族(*shevet*)の下位区分として明確に記されており、家族(*beit av*)は氏族の下位区分であると指摘する。12部族はイスラエルの民(*am*)の下位区分である。Steven Grosby, *Biblical Ideas of Nationality* (Winona Lake, IN: Eisenbrauns, 2002), 15–22.

8. 学者の間では一般に、ネイションをフィクションや近代の発明とみなす。とくに、次を参照されたい。Hans Kohn, *The Idea of Nationalism* (New York: Macmillan, 1948); Elie Kedourie, *Nationalism* (Oxford, UK: Blackwell, 1960) (E・ケドゥーリー著『ナショナリズム』小林正之・栄田卓弘・奥村大作訳、学文社、2000年); Ernst Gellner, *Nations and Nationalism* (Ithaca, NY: Cornell University Press, 2006 [1983]) (アーネスト・ゲルナー著『民族とナショナリズム』); Eric Hobsbawm, *Nations and Nationalism Since 1780* (Cambridge, UK: Cambridge University Press, 1990) (E・J・ホブズボーム著『ナショナリズムの歴史と現在』浜林正夫・嶋田耕也・庄司信訳、大月書店、2001年); Benedict Anderson, *Imagined Communities* (New York: Verso, 1991). (ベネディクト・アンダーソン著『増補　想像の共同体——ナショナリズムの起源と流行』白石さや・白石隆訳、NTT出版、1997年) ネイションが近代の発明であるというテーマの重要な考察については、次を参照のこと。Anthony Smith, "The Myth of the 'Modern Nation' and the Myths of Nations," *Ethnic and Racial Studies*, January 1988, 1-26; Azar Gat, *Nations*, 214-220; Susan Reynolds, *Kingdoms and Communities in Western Europe, 900-1300* (Oxford, UK: Oxford University Press, 1984), 255-256; Len Scales and Oliver Zimmer, eds., *Power and the Nation in European History* (Cambridge, UK: Cambridge University Press, 2005).
9. エレミヤ書第32章39節、エゼキエル書第11章19節、歴代志第2巻第30章12節。
10. この政治社会モデルは、学術文献で非常に目立つ、伝統的な共同体志向の社会（ゲマインシャフト）と、近代的な個人主義社会（ゲゼルシャフト）との二分法を否定する。いくらか異なるアプローチを提供するこれに対応した議論については、Bernard Yack, *Nationalism and the Moral Psychology of Community*, 44-67を参照のこと。忠誠心に関して注目に値する最近の研究には、次が挙げられる。Andrew Oldenquist, "Loyalties," *Journal of Philosophy* 79 (1982), 173-193; George Fletcher, *Loyalty* (Oxford, UK: Oxford University Press, 1995); Richard Rorty, "Justice as Loyalty," *Ethical Perspectives* 4 (1997), 139-149; Anna Stilz, *Liberal Loyalty* (Princeton, NJ: Princeton University Press, 2009); John Kleinig, *On Loyalty and Loyalties* (Oxford, UK: Oxford University Press, 2014). 集団的愛着が自由主義的政治思想にもたらす問題についての考察は、次を参照のこと。Alisdair MacIntyre, *After Virtue* (Notre Dame, IN: Notre Dame University Press, 1981); Michael Sandel, *Liberalism and the Limits of Justice* (Cambridge, UK: Cambridge University Press, 1982) (M・J・サンデル著『リベラリズムと正義の限界』菊池理夫訳、勁草書房、2009年); Charles Taylor, *Sources of the Self* (Cambridge, UK: Cambridge University Press, 1989) (チャールズ・テイラー著『自我の源泉——近代的アイデンティティの形成』下川潔・桜井徹・田中智彦訳、名古屋大学出版会、2010年); Amitai Etzioni, *The Spirit of Community* (New

York: Simon and Schuster, 1993); Will Kymlicka, *Multicultural Citizenship* (Oxford, UK: Oxford University Press, 1995)（ウィル・キムリッカ著『多文化時代の市民権――マイノリティの権利と自由主義』角田猛之・石山文彦・山﨑康仕監訳、晃洋書房、1998年); Patrick Deneen, *Why Liberalism Failed* (New Haven, CT: Yale University Press, 2018).（パトリック・J・デニーン著『リベラリズムはなぜ失敗したのか』角敦子訳、原書房、2019年）

11. ネイション間のこのような家族的感情の基盤は、共通の言語、宗教、法律にある。だが、たとえばアメリカとイギリスの戦争のように、これだけではネイション間の戦争を防ぐには不十分であることが多い。さらに強力な基盤は、過去に共通の敵と一緒に戦った歴史である。それは、古代からの相互の忠誠の記録であり、逆境に陥るか勝利を得るなどの状況によって、時として蘇るものである。

12. これは何ら、ほかの人間やその他生物に対して同情を抱く可能性を否定するものではない。他者を同一視したい、あるいは他者の助けになりたいという気持ちは、確かに非常に広範囲におよぶので、忠誠を誓う集団に限定されているわけではない。一方で、ほとんどの場合、このような同情は短い間親切を行う動機づけにしかならず、その状況では重要かもしれないが、相互の忠誠が提供するような永続的な関与を築くことはできない。同情という感情は比較的弱く、信頼性に欠ける性質があるので、政治秩序の構築と維持において重要な役割を果たさない。支援が継続的に提供されている場合や、支援に大きな犠牲が必要とされる場合には、ほぼ必ず、集団の相互の忠誠心が責任を担うことがわかっている。これについての入念な調査は、Eric Schliesser ed., *Sympathy* (Oxford: Oxford University Press, 2015) を参照。

13. David Miller, *On Nationality*, 42–45（デイヴィッド・ミラー著『ナショナリティについて』）を参照。

14. イギリスやフランスをはじめとする一部のネイションは、ネイションの起源が混じり合っていることがはっきりとわかる伝統を保持している。

15. リベラルな社会における人間の集合体の観点から考える能力の低下については、Jonathan Haidt, *The Righteous Mind*, 111–133.（ジョナサン・ハイト著『社会はなぜ左と右にわかれるのか』高橋洋訳、紀伊國屋書店、2014年）を参照。

16. 人間のアイデンティティには、非常に多様な要因が寄与するとよく言われる。だが、そのさまざまな「アイデンティティ」は、たとえそれが以前の人類史になじみのない新しいものを反映していたとしても、単に新たな氏族や部族を確立するにすぎない。

17. このような文化継承は、もちろん決して一様ではない。ネイションの伝統には多くの要素があり、各部族、氏族、家族はその伝統のなかで、大概はほかの部族や氏族、家族との意識的な競争のなかで、異なる要素を強調し発展させている。

第10章：国家はどのように生まれたのか？

18. このような議論は、Thomas Hobbes, *Leviathan* 1.13–14（ホッブズ著『リヴァイアサン〈1〜4〉』水田洋訳、岩波書店、1985〜92年、ほか）; John Locke, *Second Treatise on Government*, section 97（ジョン・ロック著『完訳　統治二論』加藤節訳、岩波書店、2010年、ほか）; Jean-Jacques Rousseau, *On the Social Contract*, 1.6.（ジャン＝ジャック・ルソー著『社会契約論』作田啓一 訳、白水社、2010年、ほか）を想起させる。

19. デイヴィッド・ヒュームが記しているように、「ある理論が……間違っていることを証明するには、それが人類共通の感情や、すべてのネイションや時代の慣行や意見に反する逆説につながることを発見する以上に明確なことはない。すべての合法的な政府は最初の契約に基づくものとする教義は……明らかにこの種のものである」。David Hume, "Of the Original Contract," in *Essays*, ed. Eugene F. Miller (Indianapolis, IN: Liberty Fund, 1985 [1753]), 465–487, esp. 486. 国家の基礎としての社会契約の拒否は、次にも見られる。Adam Smith, *Lectures on Jurisprudence* (Indianapolis, IN: Liberty Fund, 1982 [1766]), 402–404（アダム・スミス著『法学講義』水田洋訳、岩波書店、2005年）; Ferguson, *An Essay on the History of Civil Society*, 24–29, 118–120（ファーガスン著『市民社会史論』）; Edmund Burke, *Reflections on the Revolution in France, in Revolutionary Writings*, ed. Iain Hampsher-Monk (Cambridge, UK: Cambridge University Press, 2014), 32–33, 100–101; Benjamin Constant ,"Principles of Politics," in *Political Writings*, ed. Biancamaria Fontana (Cambridge, UK: Cambridge University Press, 1988 [1815]), 176–178; G. F. W. Hegel, *Philosophy of Right*, trans. T. M. Knox (New York: Oxford University Press, 1967 [1820]), 156–167; Mill, *Representative Government*, ed. Geraint Williams, 212（前掲書収録のジョン・スチュアート・ミル著『代議制統治論』）; Theodor Herzl, *The Jewish State*, trans. Harry Zohn (New York: Herzl Press, 1970 [1896]), 91–94.

20. 部族や氏族における政治秩序についてのこの簡単な議論は、必然的に不完全なものである。とくに、このような政治秩序を理解するためには、こうした政治形態を一緒に維持するための「kavod」を評価せずに、その政治秩序を理解することはできない。ヘブライ語の「kavod」という言葉（「名誉」や「敬虔」と訳されることが多い）は、集団内の年長で有力なメンバーの重要性と意義、そして彼らの行動や世界観を意味する。人間の集団を特徴づけるのは相互の忠誠心だけではなく、それぞれのメンバーの間の「kavod」の違いを認識することで築かれる、集団内のヒエラルキーでもある。この問題の検討は別の機会に譲るとしよう。これに関しては、Roger Scruton, *The Meaning of Conservatism* (New York: Palgrave, 2001 [1980]), 23–25を参照。

21. 聖書のヨシュア記、士師記、サムエル記に描かれているように、イスラエルの部

族が当初自発的に同盟を結んで成功を収めたあとは、共同で取り組もうという意欲が減退し、内戦に陥り、外国に対して無防備になるようすがわかる。部族の軍事組織が隣国の常備軍に敵わないことが判明したとき、彼らもまた、ナショナルな政府、言い換えるならば王を求めた。この考察については、Yoram Hazony, *The Philosophy of Hebrew Scripture* (Cambridge, UK: Cambridge University Press, 2012), 144–150を参照されたい。

22. このように国民国家に貢献しようとする意志は、その共同体を自分のものとみなしている場合にのみ可能な、他者に対する基本的信頼の産物である。次を参照。Sidgwick, *The Elements of Politics*, 201–203, 276; Miller, *On Nationality*, 90–98 (デイヴィッド・ミラー著『ナショナリティについて』); Roger Scruton, *England and the Need for Nations* (London: Civitas, 2004), 6–12, 24–25.

23. 国民国家は、それを設立したネイションの全構成員を支配しているわけではなく、そのネイションの構成員だけを支配しているわけでもない。しかし、バーナード・ヤックが正確に指摘しているように、ナショナリストは、政治の境界と国家の境界が完全に一致していることよりも、国境がネイションの自由と自決権を可能にすることに関心を抱く傾向がある。Yack, *Nationalism and the Moral Psychology of Community*, 122–123. ネイションの自由に関する著者の考察は、第13章を参照。

24. アテネやその他都市国家における、より広範なギリシア語圏のヘレニズム・ネイションの認識については、Aviel Roshwald, *The Endurance of Nationalism* (Cambridge, UK: Cambridge University Press, 2006), 26–30; Jonathan Hall, *Hellenicity* (Chicago: University of Chicago Press, 2002) を参照のこと。Edward Cohen, *The Athenian Nation* (Princeton, NJ: Princeton University Press, 2000) にあるように、アテネ人が「ネイション」だったと提唱されているが、アテネをネイションとして語ることは、1つの国民国家の下で統一できなかった部族国家である都市国家を含む、より広範なギリシアというネイションを表す場合には、この用語は無用な混乱を招くことになる。

第11章：事業と家族

25. わたしの考察は、エドマンド・バークの有名な「コショウとコーヒー、キャリコ、タバコの取引におけるパートナーシップの合意」で成立した契約と、社会の維持に従事するパートナーシップとの間の比較について、詳しく述べたものである。Edmund Burke, *Reflections on the Revolution in France*, 100–101を参照。パートナーシップにおける「一過性の利益計算の否認」については、Michael Kochin, "The Constitution of Nations," *The Good Society* 14 (2005), 68–76を参照。

26. 創世記第12章3節、アモス書第3章2節。創世記第10章31節、第22章18節、第26章4節を比較すること。

第12章：帝国と無政府状態

27. Marc van de Mieroop, *Cuneiform Texts and the Writing of History* (New York: Routledge, 1999), 70.
28. ピエール・マナンの掲げた適切なスローガンに、「都市は戦争と自由を意味した。帝国は平和……と財産を意味した」とある。Pierre Manent, *A World Beyond Politics?* (Princeton, NJ: Princeton University Press, 2006), 48.
29. 中世ヨーロッパや日本の「封建」秩序は、部族や氏族の秩序を高度に発展させたものだった。ジェームズ・レスリー・ブライアリーが力説しているように、この時代やその他多くの時代の人類史を参照して「国家」を議論することは時代錯誤である。James Brierly, *The Law of Nations*, 2nd ed. (Oxford, UK: Oxford University Press, 1936), 3. 無政府状態または封建的な政治秩序に関する最近の議論には、Hedley Bull, *The Anarchical Society*, 4th ed. (New York: Columbia University Press, 2012) がある。封建主義から国民国家への移行に関しては、Hendrik Spruyt, *The Sovereign State and Its Competitors* (Princeton, NJ: Princeton University Press, 1994) を参照。
30. 多くの皇帝は、個人としての皇帝への忠誠心を臣民に感じさせるために自らの特徴を臣民に知らしめようとする苦労を惜しまなかった。だが結局のところ、それは実際に親しみやすい人物に対する忠誠心とはかけ離れたものとなる。
31. 帝国主義国家の秩序原理としての人類の統合に関しては、Michael Walzer, "Nation and Universe," in *Tanner Lectures on Human Values* (Salt Lake City: University of Utah Press, 1990), 11:538–542 を参照。
32. Theodor Herzl, "Judaism," in *Zionist Writings*, trans. Harry Zohn (New York: Herzl Press, 1973), 51 を参照。
33. Adam Ferguson, *An Essay on the History of Civil Society*, 29. (ファーガスン著『市民社会史論』)
34. 第2部の注12を参照。
35. Azar Gat, *Nations*, 111–131.
36. 歴史家はよく、被支配者のこのような反乱の脅威は、経済的抑圧に対する憤りが動機であるかのように述べる。経済的搾取は、帝国に征服された場合にはほぼ必ず生じる。しかし、この事実を強調することにより、近隣の独立したネイションとの紛争と、帝国内で発生する紛争との間の根本的類似性がわかりづらくなる。後者は、征服した異質なネイションに対して、征服されたネイションがほぼ必ず起こす反乱のことだ。
37. 原則として、帝国の擁護者は、自分たちが世界のその他ネイションからの搾取に手を染めてきただけだとは考えていない。もちろん例外はあるが、ニーアル・ファーガソンは大英帝国の台頭をまさにそのような言葉で表現している。Niall Ferguson, *Empire* (New York: Basic Books, 2002). (ニーアル・ファーガソン著『大英帝国の

歴史』）よりバランスのとれた説明については、次を参照されたい。Anthony Pagden, *Lords of All the World* (New Haven, CT: Yale University Press, 1995); David Armitage, *The Ideological Origins of the British Empire* (Cambridge, UK: Cambridge University Press, 2000).（デイヴィッド・アーミテイジ著『帝国の誕生――ブリテン帝国のイデオロギー的起源』平田雅博・岩井淳・大西晴樹・井藤早織訳、日本経済評論社、2005年）

第13章：秩序原則としてのネイションの自由

38. 創世記第6章5節から第8章14節、第11章1節から9節。
39. 都市国家、国民国家、帝国の区別については、Grosby, *Biblical Ideas of Nationality*, 29–39, 121–122; Yoram Hazony, "Empire and Anarchy," *Azure* 12 (Winter 2002), 27–70; Azar Gat, *Nations*, 3, 83で取り上げている。
40. ジョン・スチュアート・ミルは、ネイションの共有遺産を、「彼ら以外の人々との間には存在しない共感によって団結した」一部の人類を作り出すものとみなす。このような共感は、「政治的先祖のアイデンティティ、ネイションの歴史の所有とそれに伴う回想の共同体、過去に起こった同じ出来事で結びついた集合的な誇りと屈辱、喜びと後悔」に基づく。Mill, *Representative Government*, ed. Geraint Williams, 391.（前掲書収録のジョン・スチュアート・ミル著『代議制統治論』）ナショナリティを定義づける主な要因としての宗教に関しては、Gertrude Himmelfarb, "The Dark and Bloody Crossroads: Where Nationalism and Religion Meet," *The National Interest* 32 (Summer 1993), 53–61を参照。境界線をもつ土地や領土は、通常、このネイションの遺産の一部である。しかし、よく言われるように、境界線をもつ土地は、その土地を出自とするネイションからではなく、その土地で暮らすネイションから、そのアイデンティティを得ることに注意してほしい。これの考察については、次を参照。Steven Grosby's essay on "Territoriality" in *Biblical Ideas of Nationality*, 191–212.
41. Miller, *On Nationality*, 19–27（デイヴィッド・ミラー著『ナショナリティについて』）; Gat, *Nations*, 23. 現在の学術文献でよく使われる「民族（性）《エスニシティ》」(ethnicity) という用語の使用をわたしは避けている。ギリシア語のethnosは従来「ネイション」や「人々」と訳されているので、用語の不要な増殖に寄与しているようにしか思えないからだ。
42. したがって、ナショナリストとは、ネイションの独立だけでなく、ネイションの統合も支持する人のことである。ジョセフ・エリスがジョージ・ワシントンを「ナショナリストのなかのナショナリスト」とみなしているのは、独立戦争中および戦後に、強力な中央政府の下での統合を一貫して支持したからである。Joseph Ellis, *The Quartet* (New York: Vintage, 2015), 109.
43. ミカ書第4章4節。列王記〈下〉第4章25節と比較されたい。

44. 出エジプト記第15章20節、21節。

45. Milton and Rose Friedman, *Free to Choose* (New York: Harcourt Brace, 1979).（M&R・フリードマン著『選択の自由——自立社会への挑戦』西山千明訳、日本経済新聞出版社、2012年）

46. 家族の痛みについて語るとき、正確には個人の痛みと同じではないので、「痛み」は比喩的に使われていると言う人もいるかもしれない。家族の痛みは個人の痛みとは異なるが、それに劣らず現実的なものであることを理解している限り、これは許容できる。このように考えるためには、アリストテレスの慣習的用法とは相反する形で「比喩」という言葉を使う必要がある。

47. Lenn Goodman, "The Rights and Wrongs of Nations," in *Judaism, Human Rights, and Human Values* (Oxford, UK: Oxford University Press, 1998), 143を参照。学術的には、現代のコミュニケーション手段がこのような集合的経験に与える影響が強調される傾向にある。だが、アザー・ガットが主張するように、非識字率の高い社会には、国中に張りめぐらされた宗教を中心としたネットワーク、市場の立つ日に民衆が集まって情報を入手すること、旅する音楽家、吟遊詩人、語り部、朗読者など、広域的に文化を伝達する独自の手段がある。Gat, *Nations*, 12–13を参照。

48. 「集合的自律」に関しては、Miller, *On Nationality*, 88–89（デイヴィッド・ミラー著『ナショナリティについて』）を参照。

第14章：国民国家の利点

49. 氏族と部族の秩序における暴力に関しては、Steven Pinker, *The Better Angels of Our Nature* (New York: Penguin, 2012), especially 47–55（スティーブン・ピンカー著『暴力の人類史〈上・下〉』幾島幸子・塩原通緒訳、青土社、2015年）を参照。

50. 連邦制や同様の体制では、地方政府に裁判所や警察、法制度が存在する。しかし、こうした組織や制度は、やはり監督するネイションの政府に対して責任を負う。第15章を参照のこと。

51. J. G. Herder, *Ideas for a Philosophy of the History of Mankind*, 324. デイヴィッド・ヒュームも同様の主張をしており、ネイションの多くが遠隔地での戦争に関心をもたないことを指摘している。彼は帝国について、結果として「その滅亡は……その創設から長い時間がたってからのことではない可能性がある」としている。David Hume, "Of the Balance of Power," *Essays*, ed. Eugene F. Miller (Indianapolis, IN: Liberty Fund, 1985 [1753]), 340–341. モンテスキュー、エドマンド・バーク、アダム・スミスも同様に、帝国不支持の意を表明する。彼らの見解は、次の文献で論じられている。Michael Mosher, Uday Singh Mehta, and Emma Rothschild in *Empire and Modern Political Thought*, ed. Sankar Muthu (Cambridge, UK:

Cambridge University Press, 2012).

52. ジョン・スチュアート・ミルがインドにおけるイギリス人について述べているように、彼らの干渉は「ほぼ必ず場違いであった。ヒンドゥー教徒の繁栄と惨状、改善や悪化を決定する真の原因は、彼らの理解にはほど遠い。彼らは、こうした原因に気づくために必要な知識をもたず、ましてやその原因がどのように作用するのか判断するために必要な知識をもたない。この国の最重要な利益について、彼らの注意を引かずに、過度なまでに誤った管理を行うこともある」。Mill, *Representative Government*, ed. Geraint Williams, 418.（前掲書収録のジョン・スチュアート・ミル著『代議制統治論』）

53. 1337年から1453年までの間、イギリスの5人の王が、無益なフランス征服のために多くの人的資源を費やしていたことを考えれば、これは取るに足らない偉業ではない。抹殺主義的な政治の最近の例としては、独立国家ポーランドを消し去った1795年のポーランド分割に目を向けるだけでいい。ポーランドを分割したオーストリア、ロシア、プロイセンの3国は、いずれも国民国家ではなかった。

54. 異なる表現でこれに対応する説明を述べたものに、ヘンリー・キッシンジャーの表現がある。Henry Kissinger, *World Order* (New York: Penguin, 2014), 37, 41–44.（ヘンリー・キッシンジャー著『国際秩序』）

55. このようにしてヒトラーは、イギリスにとってのインドは、ドイツにとってのスラブ民族になると宣言した。Ferguson, *Empire*, 279.（ニーアル・ファーガソン著『大英帝国の歴史』）

56. Fritz Fischer's *Germany's War Aims in the First World War* (New York: Norton, 1968) をめぐる議論は、第一次世界大戦の責任の大半をドイツが負うべきだというフリッツ・フィッシャーの主張によって主に形成されてきた。しかし、この結論を受け入れなくても、ドイツは大陸における帝国主義戦略に動機づけられており、その戦略を実行するために何年もの間準備をしており、セルビア危機をそのきっかけとして歓迎したというフィッシャーの主張の影響力を認識することはできる。こうした事実は、英仏の帝国主義が危機を誘発し、戦時下で戦争を長引かせる役割を、ほとんどあるいはまったく果たさなかったと仮定した場合にのみ、戦争責任をドイツに押しつけることに成功を収める。Christopher Clark, *The Sleepwalkers* (New York: HarperCollins, 2012)（クリストファー・クラーク著『夢遊病者たち――第一次世界大戦はいかにして始まったか〈1・2〉』小原淳訳、みすず書房、2017年）のような本では、第一次世界大戦はほとんど偶然に始まったものとみなしているが、ドイツが課そうとした世界秩序の性質をめぐりイギリスと対立することになった数十年にわたる帝国主義者間の争いを無視するか軽視する傾向がある（それにより、その策略が戦争の直接的原因となったセルビア民族主義者を、都合よく、この物語中で唯一の真の「悪者」にしたままにしている）。フィッシャーの主張をめぐる論争の概要については、John C. G. Rohl, “Goodbye to All

That (Again)? The Fischer Thesis, the New Revisionism, and the Meaning of the First World War," *International Affairs* 91 (2015) を参照。ドイツの帝国主義の野望については、Vejas Gabriel Liulevicius, *War Land on the Eastern Front* (Cambridge, UK: Cambridge University Press, 2005); Pierre Manent, *A World Beyond Politics?*, 83–84も参照のこと。

57. アメリカはそれ以前から、海外領土の獲得を回避することを一貫した政策として掲げてきた。たとえば、グロバー・クリーブランド大統領は、1893年に、ハワイの併合は「我々のネイションの使命の逸脱である。我々のネイションの使命は、島々を併合するのではなく、今あるものを構築し、より大きな国を作ることである」と述べた。これは、John Judis, *The Folly of Empire* (New York: Scribner, 2003), 26に引用されている。

58. Stuart Creighton Miller, *Benevolent Assimilation* (New Haven, CT: Yale University Press, 1984). 当時の帝国主義的野望の辛辣な例としては、次を参照。Theodore Roosevelt, "Expansion and Peace," *The Independent*, December 21, 1899, in *The Strenuous Life* (Mineola, NY: Dover, 2009 [1910]), 11–18.

59. セオドア・ルーズベルトは、元々アメリカ帝国の支持を公言してはばからなかったが、立場を変えて、「プロの国際主義者」と「健全なナショナリズムを損なうあらゆる種類の気まぐれな人たち」を非難した。これは、Judis, *The Folly of Empire*, 113に引用されている。実のところ、アメリカの歴代大統領は、1941年に日本が真珠湾を攻撃するまで、海外での戦争に再び国民の関心を向けさせることができなかった。

60. この二面性のおかしな点は、コモンローの伝統により自国内では奴隷制を禁じていたイギリスが、奴隷貿易の大国であり、自国の船で何百万人ものアフリカ人を奴隷としてアメリカ大陸に送っていたという事実に、おそらく最もよく表れている。やがて18世紀末に、キリスト教徒の活動が功を奏して、イギリス政府は世界中の奴隷制廃止のために積極的な役割を果たす方向へと転換した (David Brog, *In Defense of Faith* [New York: Encounter, 2010], 125–156を参照)。しかし、たとえこのように心境が変化しても、キリスト教と文明的な制度を人類にもたらすと信じて、イギリスは帝国の拡大を追求することをやめなかった。

61. しかし、独立した国民国家からなる秩序に対するアメリカの支持は、明確なものではなかった。ウッドロー・ウィルソンがネイションの自決を熱烈に支持していたからといって、彼が国際連盟を強制力をもつ国際政府の形態として創設することをあきらめることはなかった。ウィルソンの目的は、「政府間の行動の実質的ルールとして」裁判所が裁定する国際法を確立することだった――加盟国の自決とは正反対である (国際連盟規約、前文、第10条から第17条)。第二次世界大戦中、フランクリン・ルーズベルトもやはり、ネイションの自決の責任と、「世界安全保障の恒久的体制」(大西洋憲章第 8 条) の信念とを結びつけていた。このような見解は、

公然とした反帝国主義であると同時に、それ自体が帝国樹立を必要とする新世界秩序の構築を目指したものだった。

62. Emer de Vattel, *The Law of Nations*, 3.47–48. 翻訳は著者による。「社会における権力の多様化と分散化」を必要とする自由の一般的考察については、次を参照のこと。Robert Nisbet, “The Contexts of Democracy,” in *The March of Freedom*, ed. E. J. Feulner Jr.（Washington, DC: Heritage Foundation, 2003）, 223; Michael Oakeshott, “The Political Economy of Freedom,” in *Rationalism in Politics and Other Essays*（Indianapolis, IN: Liberty Fund, 1991［1962］）, 388–389.（マイケル・オークショット著『政治における合理主義』嶋津格・森村進・名和田是彦・玉木秀敏・田島正樹・杉田秀一・石山文彦・桂木隆夫訳、勁草書房、1988年、ほか）

63. Goodman, “The Rights and Wrongs of Nations,” 154–155.

64. インドでもイスラエルでも、多くのムスリムが軍や政府の要職に就いている。だが、こうしたムスリムのコミュニティがどこまで完全に統合できるかという問題については、まだ解決されないままである。

65. ナポレオン・ボナパルトの見解は、彼が軍司令官だったフランス共和国に由来するものだ。ナポレオンによるヴェネツィアの破壊は、彼がフランスを支配する前に行われた。R. R. Palmer, *The Age of the Democratic Revolution*（Princeton, NJ: Princeton University Press, 1959）を参照。

66. Moses Hess, *Rome and Jerusalem*, trans. Meyer Waxman（New York: Bloch, 1918［1862］）.

67. 政治哲学における合理主義的思索の有名な批判については、Michael Oakeshott, “Rationalism in Politics,” *Rationalism in Politics and Other Essays*（マイケル・オークショット著『政治における合理主義』）を参照。政治思想における合理主義と経験主義に関しては、Thomas Sowell, *A Conflict of Visions*, rev. ed.（New York: Basic Books, 2007）; Gertrude Himmelfarb, *The Roads to Modernity*（New York: Vintage Books, 2005）; Yuval Levin, *The Great Debate*（New York: Basic Books, 2014）; João Carlos Espada, *The Anglo-American Tradition of Liberty*（New York: Routledge, 2016）; Haivry and Hazony, “What Is Conservatism?,” *American Affairs*（Summer 2017）を参照。科学における合理主義と経験主義に関しては、Yoram Hazony, “Newtonian Explanatory Reduction and Hume’s System of the Sciences,” in *Newton and Empiricism*, eds. Zvi Biener and Eric Schliesser（Oxford, UK: Oxford University Press, 2014）, 138–170を参照。アンソニー・クイントンが主張するように、「抽象的」理論化に対する保守的な反論は、経験がなければ推論が不可能である、経験からの一般化に対する反論ではない。経験主義者は、経験から派生した「きわめて一般的な」原則を認めているが、その派生は誤りだと考えられており、一般的な原則自体は、潜在的にその適用範囲が制限される。Anthony Quinton, *The Politics of Imperfection*（London: Faber and Faber, 1978）,

13.（アンソニー・クイントン著『不完全性の政治学』）

68. Mill, *On Liberty*, ed. Geraint Williams, 140–141.（前掲書収録のジョン・スチュアート・ミル著『自由論』）多数が競合する状態のシステムを支持する同様の考察は次に挙げる文献に見られる。David Hume, "The Rise of Arts and Sciences," in *Essays*, 118–123; Adam Ferguson, *An Essay on the History of Civil Society*, 59–62（ファーガスン著『市民社会史論』2018年）; William McDougall, *Ethics and Some World Problems*（London: Methuen, 1924）, 46–48（ウヰリアム・マクドガール著『新しき世界秩序の暗示』桐生政次訳、聚芳閣、1926年）; Anthony D. Smith, *The Ethnic Origins of Nations*（Cambridge, MA: Blackwell, 1986）, 218（アントニー・D・スミス著『ネイションとエスニシティ——歴史社会学的考察』巣山靖司・高城和義・河野弥生・岡野内正・南野泰義・岡田新訳、名古屋大学出版会、1999年）; Pierre Manent, "Democracy Without Nations?," in *Modern Liberty and Its Discontents*, eds. Daniel Mahoney and Paul Seaton（New York: Rowman and Littlefield, 1998）, 195. ネイションの観点の多様性に対するこのような経験主義的配慮は、政治や道徳において真理到達の可能性を否定するドイツのロマン主義やフランスの「ポストモダニズム」と混同されるべきではない。経験主義的立場は、ネイションの観点の多様性を、真理の追究における利点とみなしている。

69. シャルル・ドゴールが、統合されたヨーロッパは「理想主義の残っていない、唯物論的で魂のない大衆」になるだろうと予言したのは、帝国のこの無気力を念頭に置いていたからだ。これは、Margaret Thatcher, *Statecraft*（New York: HarperCollins, 2002）, 365に引用されている。

70. Friedrich Hayek, "The Economic Conditions of Interstate Federalism," *New Commonwealth Quarterly* 5（September 1939）, 131–149.

71. Thatcher, *Statecraft*, 374–376, 420. 同様の主張は、Dani Rodrik, *The Globalization Paradox*（New York: Norton, 2011）（ダニ・ロドリック著『グローバリゼーション・パラドクス』）でも詳細に展開されている。

72. イギリスがEUに意思決定権を移譲した件について、イギリスは甘かったとマーガレット・サッチャーは結論づけている。イギリスに発言権はあるが実効力がないヨーロッパの諸組織の決定によって、ヨーロッパの諸機関は意思決定権を与えられ、その後、意思決定権が必然的に拡大したことについて、サッチャーは述べている。Thatcher, *Statecraft*, 368.

73. ネイションの自決権の原則は、それ自体としては、民主的政府形態や個人の自由への配慮の伝統を必要としない。Miller, *On Nationality*, 90（デイヴィッド・ミラー著『ナショナリティについて』）; John Plamenatz, *On Alien Rule and Self-Government*（London: Longmans, 1960）.

74. ミラーが主張するように、個人の権利の普遍的な保護への関心は、その他考慮すべき事項を除外して受容すれば、必然的に「善意の帝国主義」につながる。Miller,

On Nationality, 77.（デイヴィッド・ミラー著『ナショナリティについて』）この原動力が、たとえば、ヘンリー・シジウィックが「文明的に著しく劣る」ネイションに対するリベラルな帝国の拡大（彼の言によれば「情け深い支配権の行使」）を主張する背景にある。Henry Sidgwick, *The Elements of Politics*, 278–279.

75. Mill, *Representative Government*, ed. Geraint Williams, 394.（前掲書収録のジョン・スチュアート・ミル著『代議制統治論』）ミルは、トマス・ホッブズやジョン・ロックのような合理主義的な理論家から派生したリベラリズムの主流には、うまく収まらない存在である。多くの問題に関して、彼が経験主義的であるということは、彼の主張から、ヒュームやバークのような、ほかの経験主義者の主張のほうに似ていることがうかがえる。ミルのナショナリズムは、この大きなパターンと一致している。

76. アメリカの当初の憲法では、直接選挙で公選されるのは下院だけだった。現在でも、最高裁判所は選挙で選出されない機関である。

77. この点に関するミルの主張はよく知られている。「自由な制度は、異なるナショナリティで構成された国ではほぼ不可能に近い。仲間意識をもたない人々の間では、とくにその言語が異なる場合、代議制の機能に必要な統一された世論が存在することはない。……多様なナショナリティで構成された軍隊には、軍旗への献身以外に愛国心はない。このような軍隊は、近代史を通してずっと自由の処刑者だった」。Mill, *Representative Government*, ed. Geraint Williams, 392–394.（前掲書収録のジョン・スチュアート・ミル著『代議制統治論』）イギリスはインドを適切に統治できるほどインドのことを知らないだろうとミルが結論づけている点は、あまり知られていない。第2部の注52を参照のこと。

第15章：連邦という解決策の虚構

78. たとえば、レイモン・アロンは、同質的な国民国家と普遍的な帝国主義国家の妥協案として国際連邦体制を提唱する。*The Dawn of Universal History*（New York: Basic Books, 2002［1996］）, 5を参照。

79. カントの立場は、“Idea for a Universal History with a Cosmopolitan Purpose,”in Immanuel Kant, *Political Writings*, ed. Hans Reiss, trans. H. B. Nisbet（New York: Cambridge University Press, 1970［1784］）で明白に述べられている。たとえば、「すべての国家が、たとえ最小の国家であっても、その安全と権利を、自らの権力や法的判断からではなく、この偉大な連邦と、統合された権力と、法治により統合された意思決定からのみ導かれることが期待できる、諸民族の連邦」（47）。あるいは「統合された権力体制、よって総合的な政治的安全保障体制」（49）。また「将来の偉大な政治機関……、自然の最高の目的、普遍的なコスモポリタンの存在……そこでは、人類が本来もつあらゆる能力を発展させることができる」（51）とも記している。似たような見解は、カントが後日著した論考、“Perpetual Peace:

A Philosophical Sketch," in *Political Writings*, 102–105にも見られる。ここでは、連邦的な区切りのない「国際国家」を理想として提示し、国際連邦を中間目標としている。本書の第21章と第23章を参照されたい。

80. August Heckscher, *Woodrow Wilson* (New York: Scribner, 1993), 551を参照。ウッドロー・ウィルソンの提案した国際連盟は、国際統治の複雑な仕組みに従って、「外部からの侵略に対して、連盟の全加盟国の領土保全と現存する政治的独立を守る」ことをすべての加盟国に約束した。国際連盟規約第10条から第17条を参照のこと。これに後押しされて、共和党のヘンリー・カボット・ロッジは、「いついかなるときでも、アメリカ中心主義とナショナリズムを支持し、国際主義に反対する」ようにという、アメリカ人への有名な呼びかけを行った。第17回共和党全国大会公式議事録。William Widenor, *Henry Cabot Lodge and the Search for an American Foreign Policy* (Berkeley: University of California Press, 1980), 347–348に引用がある。
81. Friedrich Hayek, "The Economic Conditions of Interstate Federalism." Sidgwick, *The Elements of Politics*, 268–269; Ludwig von Mises, *Liberalism in the Classical Tradition*, trans. Ralph Raico (San Francisco: Cobden Press, 1985 [1927]), 150を参照。本書の第1部の注55、56も参照のこと。
82. イザヤ書第2章4節、ミカ書第4章3節、詩篇第46篇9節。
83. 合衆国憲法修正第9条と修正第10条をとくに参照。
84. Philip Hamburger, *Separation of Church and State* (Cambridge, MA: Harvard University Press, 2002), 147–189.
85. 奴隷制廃止のためではなく、連邦を維持するために戦っていたというエイブラハム・リンカーンの立場はよく知られているが、この2つの問題を分けることには、ほとんど意味がないと思う。分離独立の原因となったのは、南部に受け継がれてきた奴隷文化と、それを手放すことを嫌がる南部の姿勢だった。さらに、戦争が始まると、連邦政府は、脱退しなかった州も含めて、アメリカ国内のすべての奴隷制を廃止しようと動き出し、1863年から1865年にかけて、実際に廃止した。もしこの戦争が、「分離」という形式的問題だけをめぐって争われていたならば、このように迅速な奴隷制の全廃には至らなかっただろう。Eric Foner, *The Fiery Trial* (New York: Norton, 2011)（エリック・フォーナー著『業火の試練―― エイブラハム・リンカンとアメリカ奴隷制』森本奈理訳、白水社、2013年）を参照。
86. この一連の流れのなかで重要な出来事は、合衆国憲法修正第14条が批准されたことである。南北戦争終結後の1868年に可決されたこの修正案は、市民の特権と免責に関するあらゆる事項について、各州の法律を連邦政府の監督に明示的に従属させ、「いかなる州も、合衆国市民の特権や免責を制限するような法律を制定したり、施行したりしてはならない。また、いかなる州も、法の正当な手続きなしに、いかなる人の生命、自由、財産を奪ってはならず、また、その管轄区域内のいか

なる人に対しても法の平等な保護を否定してはならない」と定めたものだ。合衆国憲法修正第14条。

87. 連邦主義の聖書的起源に関しては、Daniel Elazar, *Covenant and Polity in Biblical Israel* (New Brunswick, NJ: Transaction, 1995) を参照。

88. ドイツ、フランス、イギリスなどのこの条約の調印国は、「補完性の原則に従って可能な限り市民に身近な形で決定が行われるような、より緊密な欧州連合創設のプロセスを欧州諸国民の間で継続する」ことを決意する(前文)。引用された一節については、第B条、第G条第5項を参照のこと。

89. Jeremy Rabkin, *Law Without Nations?* (Princeton, NJ: Princeton University Press, 2005), 43を参照。欧州各国の市民が自国政府の法律に対して欧州共同体法に訴える権利は、1963年に欧州司法裁判所によって確立された。Case 26/62, *Van Gend en Loos v. Nederlandse Administratie der Belastingen* (1963) ECR 1; John Fonte, *Sovereignty or Submission* (New York: Encounter, 2011), 132–133.

90. EUの法律は、任命され選出された機関によって批准されなければならず、各ネイションの議会が介入する権限も限られている。だが、いずれにしても、決定権は欧州の連邦裁判所にある。欧州各国の新規立法の半数は、この手続きに従ってEU官僚機構によって課され、司法階層によって支持されると推定される。EUにおける国民国家の権限縮小の概要については、Fonte, *Sovereignty or Submission*, 121–158を参照のこと。

第16章:中立国家という虚構

91. このテーマの概要については、Will Kymlicka, *Politics in the Vernacular* (Oxford, UK: Oxford University Press, 2001), 23–24(ウィル・キムリッカ著『土着語の政治――ナショナリズム・多文化主義・シティズンシップ』岡﨑晴輝・施光恒・竹島博之監訳、栗田佳泰・森敦嗣・白川俊介訳、法政大学出版局、2012年)を参照。市民国家または中立国家の利点は、とくに、John Emerich Dalbert-Acton, "Nationality," *Essays on Freedom and Power*, ed. Gertrude Himmelfarb (Boston: Beacon Press, 1949 [1862]), 166–195で、ジョン・アクトン卿が強く主張している。それは、Kohn, *The Idea of Nationalism*およびKedourie, *Nationalism*(エリ・ケドゥーリー著『ナショナリズム』小林正之・栄田卓弘・奥村大作訳、学文社、2000年)に続いて、ナショナリズムの学術研究における指針的規範となった。

92. 「市民国家」の虚構の批判については、次を参照のこと。Yack, *Nationalism and the Moral Psychology of Community*, 23–43; Roshwald, *The Endurance of Nationalism*, 253–295; Taras Kuzio, "The Myth of the Civic Nation: A Critical Survey of Hans Kohn's Framework for Understanding Nationalism," *Ethnic and Racial Studies* 25 (January 2002), 20–39; Stephen Shulman, "Challenging the Civic/Ethnic and West/East Dichotomies in the Study of Nationalism,"

Comparative Political Studies 35 (June 2002), 554–585; Will Kymlicka, *Politics in the Vernacular*, 23–27.（ウィル・キムリッカ著『土着語の政治』）

93. たとえば、マイケル・ウォルツァーは、「アメリカ先住民と黒人はほとんどがこの統合から排除されてきた」と認めながらも、アメリカは「国家とエスニシティの急激な分離」が特徴だと述べている。彼の "Pluralism in Political Perspective," in *The Politics of Ethnicity*, eds. Michael Walzer et al. (Cambridge, MA: Harvard University Press, 1982), 17–18を参照のこと。国家からナショナリティを切り離すことが望ましいと、ドイツ系ユダヤ人の政治思想、とくにヘルマン・コーエン、マルティン・ブーバー、彼らの信奉者たちの著作で繰り返し述べられている。わたしの考察は、Yoram Hazony, *The Jewish State* (Basic Books, 2000), 181–264を参照のこと。この系統の最近の労作として、Yael Tamir, *Liberal Nationalism* (Princeton, NJ: Princeton University Press, 1993)（ヤエル・タミール著『リベラルなナショナリズムとは』押村高・高橋愛子・森分大輔・森達也訳、夏目書房、2006年）がある。

94. 「ポスト・ナショナル」のドイツにおけるナショナリズムの代替としての「立憲愛国主義」論については、Jürgen Habermas, "The European Nation-State" and "Does Europe Need a Constitution?" in *The Inclusion of the Other*, eds. Ciaran Cronin and Pablo De Greiff (Cambridge: Massachusetts Institute of Technology Press, 1998), 117–120, 160–161を参照。支持者のなかには、忠誠の対象とすべきは憲法文書そのものではなく、文書に記されている原則だと訴える人もいる。わたしとしては、忠誠の対象とすべきは、文書だろうが、忠誠の対象とすべき文書に記載されている原則だろうが、同じだと考える。

95. 南北戦争後に培われたアメリカ国旗に対する宗教的畏敬の念については、*Who Are We?* (New York: Simon and Schuster, 2004), 127–128（サミュエル・ハンチントン著『分断されるアメリカ――ナショナル・アイデンティティの危機』鈴木主税訳、集英社、2004年）を参照。

96. ここでは、自由国民国家のなかで最大数のネイションを指して多数派のネイションと呼んでいる。しかし、自由国民国家のなかには、最大数のネイションが絶対多数ではなく相対多数にすぎず、それ以外は多くの少数派で構成されている場合もある。不必要な専門用語を避けるために、わたしはこのまま、この種の相対多数の立場のネイションも含めて、「多数派のネイション」という言葉を使うことにする。もちろん、2つのネイションや部族が、それぞれの領土内で圧倒的支配力を握り、1つの連邦国家のなかで互いにバランスを取っている国家も時折存在する。よく知られている例としては、カナダ、ベルギー、チェコスロバキア（1993年に連邦解消）などがある。

97. ジョン・ジェイが『ザ・フェデラリスト』で記しているように、「神の摂理はこの1つに結びついた国を1つに統合したネイションに与えた――同じ祖先の子孫であ

り、同じ言語を話し、同じ信仰を公言し、同じ政府の原則に従い、風俗や習慣が非常に似ており、互いに助言を与え、武器を手にし、尽力し、長きにわたる流血の戦争でともに戦い、全員の自由と独立を立派に築き上げた人々に」。ジョン・ジェイ『ザ・フェデラリスト』第2編。Gregory Jusdanis, *The Necessary Nation* (Princeton, NJ: Princeton University Press, 2001), 155–162も参照のこと。

98. アメリカの公立学校制度は、プロテスタント主義とアメリカのナショナリズムに基づく公共文化の維持を目的として、1830年代に制定された。Carl Kaestle, *Pillars of the Republic* (New York: Hill and Wang, 1983), 75–103. 20世紀において移民の「アメリカ化」を目的とした学校やその他機関の政策については、Huntington, *Who Are We?*, 131–136（サミュエル・ハンチントン著『分断されるアメリカ』）を参照のこと。

99. ウィスコンシン州のドイツ語圏の学校におけるドイツ文化保護の取り組みも、1889年に議会により一掃された。James Morone, “The Struggle for American Culture,” *PS: Political Science and Politics* 29 (1996), 424–430. 新しい領土は、英語を話す多数派がいる場合には大概、伝統的な英米の法的枠組みに組み込まれてきた。ルイジアナ州では、フランスの民法をモデルにした法規が認められていたが、連邦政府は、法規と裁判手続きは英語でなくてはならないと規定した。Rabkin, *Law Without Nations?*, 109–111, 306–307nn19, 22.

100. ネイティブ・アメリカンは1924年にアメリカ市民としての地位を認められ、1968年には合衆国憲法で保障された権利の多くが与えられた。クロウ族の文化の壊滅に関連する考察としては、Jonathan Lear, *Radical Hope* (Cambridge, MA: Harvard University Press, 2008) がある。

101. Gat, *Nations*, 260–264; Anthony Marx, *Faith in Nation* (Oxford, UK: Oxford University Press, 2003); Eugen Weber, *Peasants into Frenchmen* (Stanford, CA: Stanford University Press, 1976); Linda Colley, *Britons* (New Haven, CT: Yale University Press, 1992).（リンダ・コリー著『イギリス国民の誕生』川北稔 監訳、名古屋大学出版会、2000年）

102. ヘンリー・シジウィックは、国民国家を「有機的国家」と呼んでいるが、一方で「無機的国家」とは、「その他の国民から感情を切り離した軍隊に支えられた異質な要素が支配する国家である。このように人為的に結合された共同体は、ネイションを構成するような結束力が欠けている」。Henry Sidgwick, *The Elements of Politics*, 236; 同書のp.277も。

103. ユダヤ人の国民国家としてのイスラエルに関しては、Hazony, *The Jewish State*, 267–275を参照。

104. 東欧、インド、中東では、成功を収めた国民国家の多くは、しばしば暴力的な住民交換の結果として成立した。アビエル・ロシュワルトが記しているように、「多元的な価値観は、多様性のないところでは、はるかに受け入れやすいようだ」。

Roshwald, *The Endurance of Nationalism*, 264. こうした国民国家が長引く内戦に直面しているのは、少数派のネイションが地方で有力な多数派を形成している地域においてである。たとえば、ムスリムが暮らすインドのカシミール地方、クルド人のいるトルコ南東部、主にアラブ人が住むイスラエル保有地域などである。

105. マーガレット・カノヴァンが述べているように、「統合と安定を維持するという問題は……歴史的に見て、非民主主義的な条件よりも民主主義的な条件のほうが、解決が難しい。……国家が民主的であればあるほど、国民はともに支配されることでもたらされる以外の絆をもつ必要がある」。Canovan, *Nationhood and Political Theory* (Northampton, MA: Edward Elgar, 1996), 22. こうした結論は、ドリーナ・ベコーによる、『アフリカの民主化』(2008年の国家情報会議の会議報告書) 30ページの「民主主義とアフリカの紛争――暴力の扇動、緩和、または軽減」という、内部分裂したアフリカ諸国家の調査で裏づけられている。Anthony Smith, *The Ethnic Origins of Nations*, 146 (アントニー・D・スミス著『ネイションとエスニシティ』) も参照のこと。

第17章：ネイションの独立の権利？

106. 第14章の5番目の方法を参照。

107. ウッドロー・ウィルソンは、第一次世界大戦中にアメリカの戦争目的を宣言するなかで、戦後の和解において次のように主張した。「ネイションの志は尊重されなければならない。人々は今や、自身の同意によってのみ支配され、統治されることが可能になる。『自決』とは単なる言葉ではない。それは、行動の必須原則であり、今後、政治家がこの原則を無視するならば危険を覚悟で無視することになるだろう」。1918年2月11日、ウィルソンの「ドイツとオーストリアの和平に関する発言を分析する議会合同会議での演説」より。このような普遍的な原則が実行可能であるという仮説は、ウィルソンが、「征服と拡大の時代が去った」「新しい世界」の誕生を目の当たりにしているという信念から生じている――そして「この幸福な事実は、崩壊し消え去った時代の思考を引きずっていない、すべての公人の目にもはや明らかになっている」という信念から。この救世主的な政治世界観の文脈において、彼は14カ条を「人間の自由のための最終的な戦いの……道徳的頂点」であると宣言し、その後、「すべての人々とナショナリティ」が「互いに……対等に生きる権利」をもつことになるだろうとした。1918年1月8日、ウィルソンの「和平の条件に関する議会合同会議の演説」より。

108. ヒンメルファーブは、ジョン・スチュアート・ミルからウィルソンへの移行は、ネイションについて現実的な考え方からユートピア的な考え方へと変化していると指摘する。Himmelfarb, "The Dark and Bloody Crossroads," 60. Compare Gellner, *Nations and Nationalism*, 1–3 (アーネスト・ゲルナー著『民族とナショナリズム』); Yack, *Nationalism and the Moral Psychology of Community*, 233–252. また、Tamar

Meisels's study, *Territorial Rights*, 2nd ed. (Dordrecht, Netherlands: Springer, 2009)も参照のこと。

109. 多くは、James Minahan, ed., *The Encyclopedia of Stateless Nations* (Westport, CT: Greenwood Press, 2002) に記載されている。

110. 1919年6月11日、パリの大統領官邸で行われた、アイルランドの大義を訴えに来たエドワード・ダンとフランク・ウォルシュとの会談で、ウィルソンはこの問題について悲惨なコメントをした。ウィルソンは、すべての人々には自決権があると提案したあとにヴェルサイユ宮殿で経験したことを説明し、彼らにこう語った。「この文言を口にしたとき、日々わたしたちのもとにやって来るナショナリティの存在を知らずに語ったのだ。……わたしの発言によって何百万人もの人々の希望が高まったことでわたしが経験した不安を、あなたがたは知らないし、理解することもできないだろう。…… わたしの胸の内を誰も知らない。……わたしは苦しんでいる」。米上院外交委員会の公聴会での発言を転載。no. 106 (1919), 835–838, esp. 838. 上院での演説の一部としてウィルソンの発言を記述した2次文献は誤りである。

111. 1918年1月8日、ウィルソンの「和平の条件に関する議会合同会議の演説」。Henry Kissinger, *Diplomacy* (New York: Simon and Schuster, 1994), 242–243. (ヘンリー・A・キッシンジャー著『外交〈上・下〉』岡崎久彦監訳、日本経済新聞社、1996年)

112. Michael Doran, *Ike's Gamble* (New York: Free Press, 2016).

第18章：国民国家からなる秩序の諸原則

113. ヘンリー・シジウィックが指摘するように、往々にして「国際法」と表現される原則は、正しくは「国際道徳」と呼ばれるものだ。Sidgwick, *The Elements of Politics*, 256. わたしがここで言及しているネイションの「自然法」(または「自然義務」) とは、経験から知られる原則や義務なので、自然科学のように、修正の余地があるものだ。これらは、自明の公理に由来するとされる、自然法則や自然権の合理主義的な主張とは区別されるべきものである。

114. 権利と主権という用語は、狭義を意図した場合にのみ有用である。「主権」という用語は、王の意志はその領土では不可侵だとする絶対主義の教義に由来するため、問題がある。実際には、国王の意志も議会の意志も民衆の意志も (「国民主権」のように) 絶対的なものと考えることはできない。1933年のナチスの普通選挙が証明しているように、人々が無謬でないのは、国王や議会が無謬でないのと同じである。したがって、極端な場合は、領土内でリショナルな政府の法律や政策に違反する理由が、個人、部族またはネイションの集団、そして外国にあることもある。どんな個人や組織の意志でも不可侵だと言えるわけではない。そのため、主権は本来神のみに属するものである。「人民主権」については、Edmund Morgan,

Inventing the People (New York: Norton, 1988) を参照のこと。同じように、現在、普遍的な理性から先験的に生じたとされることを示すためによく使われる、「権利」という言葉も、ここではそのような意味をもつことはできない。国際法の下での権利は、ネイションの法の下での権利と同様に、所定の道徳や法制度を守り、その下で生活する人々の利益になることが示された規範として、経験的にのみ導き出せるのだ。

115. 英米の憲法も伝統的に、政府が武力行使を完全に独占するのではなく、個人が自衛のために武器を携帯する権利を認めている。このようなわけで、わたしは組織的な武力行使の国家の独占について言及した。

116. 人口動態とネイションの衰退については、David Goldman, *How Civilizations Die* (New York: Regnery, 2011) を参照。ヘンリー・キッシンジャーは、欧州協調の目的は、国境を凍結することではなく、「進化の問題として」変化が起きるようにすることだったと主張する。Kissinger, *World Order*, 66.（ヘンリー・キッシンジャー著『国際秩序』）これは、実質的にすべての国境を永久に固定して維持しようとするよりも現実的である。実際に、現代の多くの政治家や知識人はこの立場を取っている。

117. Miller, *On Nationality*, 114-115.（デイヴィッド・ミラー著『ナショナリティについて』）

118. 現在でも、連邦制の下での保護国のように、強大な国民国家によって統治されることを好むネイションや部族がいる。たとえば、400万人近い人口を抱えるスペイン語圏の国であるプエルトリコが、アメリカの自治連邦区であることは、よく知られている。アメリカ、イギリス、フランス、その他の国々は、人口は大概少ないが、このような保護領国を依然として何十も統治している。

119. 世界貿易機関（WTO）については、Rabkin, *Law Without Nations?*, 193-232を参照。普遍的人権追求の範疇の下での国内政治の「グローバル化」については、Rabkin, *Law Without Nations?*, 158-192; Fonte, *Sovereignty or Submission*, 201-278を参照。

第3部　反ナショナリズムと憎悪

第20章：イスラエルに対する誹謗中傷活動

1. Thomas Kuhn, *The Structure of Scientific Revolutions* (Chicago: University of Chicago Press, 1996 [1962]), esp. 148-151.（トーマス・クーン著『科学革命の構造』中山茂訳、みすず書房、1971年）

第21章：イマヌエル・カントと反ナショナリズムのパラダイム

2. 第3章を参照。

3. 第2章を参照。とくに注16を参照。

4. Immanuel Kant, “Perpetual Peace,” in *Political Writings*, ed. Hans Reiss, trans. H. B. Nisbet (Cambridge, UK: Cambridge University Press, 1970), 102–103. 強調は削除した。

5. 同書、p.105。強調は原書どおり。イマヌエル・カントがここで「国際国家」という言葉を用いる場合は、どうやら1つの管轄権をもつ非連邦国家（「世界共和国」）を意味しているようだ。カントは、そのような国家はまだ実現可能ではないと認識しているので、現実的代替案として「永続的で徐々に拡大する連邦」を提案している（105）。だが、普遍的な連邦制は、やはり普遍的な帝国主義国家であり、望ましいものではない。第15章の著者の考察を参照のこと。

6. Jürgen Habermas, “The European Nation-State,” in *The Inclusion of the Other*, eds. Ciaran Cronin and Pablo De Greiff (Cambridge: Massachusetts Institute of Technology Press, 1998), 118.

第22章：アウシュヴィッツの2つの教訓

7. 1942年11月30日の国民議会特別会合でのダヴィド・ベン＝グリオンの演説、file J/1366、エルサレムの中央シオニスト公文書館。

8. たとえば、次を参照のこと。Tony Judt, “Israel: The Alternative,” *The New York Review of Books,* October 23, 2003.

第23章：第三世界とイスラムの非道な行為が見過ごされているのはなぜか？

9. Immanuel Kant, “Idea for a Universal History with a Cosmopolitan Purpose,” in *Political Writings*, 53.

10. 同書、p.47。

11. 同書、pp.47–49。さらに、ヨーロッパは「いずれその他すべての大陸でも法制化するだろう」（52）。

12. “Idea for a Universal History,”42にあるように、イマヌエル・カントは繰り返し、人類の道徳的未熟さを子どもの未熟さと比較している。

13. 同上、p.42。

14. 2014年12月11日、エルサレム・ポスト外交会議で講演するイェスパー・ヴァル大使。大使がコメントする動画は次のリンクで視聴できる。www.youtube.com/watch?v = AYojm0TRGPg.

第24章：イギリス、アメリカ、その他気の毒なネイション

15. とくに印象的な2010年の出来事として、アリゾナ州議会が警察官に不法移民を制限する権限を与えたことが挙げられる。バラク・オバマ政権はこれに対して、国連人権理事会に報告書を提出し、州の行為に法的異議を唱えた。アメリカ政府は、外国

人の不法侵入からアメリカ人の自由を守るどころか、国際機関と手を組み、アリゾナ州に道徳的違法性という汚名を着せようとした。次を参照のこと。"Report of the United States of America Submitted to the U.N. High Commissioner for Human Rights in Conjunction with the Universal Periodic Review,"（このリンク先で閲覧可能 www.state.gov/documents/organization/146379.pdf）; "State Department Stands by Decision to Include Arizona in U.N. Human Rights Report," Fox News, August 30, 2010; "Reporting Arizona Law to UN Was Correct," Chandra S. Bhatnagar and Alessandra Soler Meetze, CNN, September 4, 2010.

16. たとえば、カンタベリー大主教のジャスティン・ウェルビーは、イギリス独立への投票を「ナショナリスト的、ポピュリスト的、あるいはファシスト的な政治の伝統」だとみなす。2017年2月13日、『ガーディアン』紙。

第25章：帝国主義者はなぜ憎むのか

17. ナチスの帝国主義でさえ、世界平和の約束をばらまく救済主義者の信条だった。アドルフ・ヒトラーが『わが闘争』で述べているように、間違ったやり方ではあるが、ドイツ民族が勝利すれば、「現代の多くの平和主義者が得ようとしているもの」を得ることができるかもしれない。「平和とは……涙を流して嘆く女性の平和主義者によって支えられるのではなく、支配する人々の勝利の剣に基づくものである」。Adolf Hitler, *Mein Kampf*, trans. Ralph Manheim（New York: Houghton Mifflin, 1971［1925］), 396.（アドルフ・ヒトラー著『わが闘争』）ナチズムは救済主義の信条であり、「『世界を救済する』戦争をして、劣悪な奴隷民族を全滅させる」とする、アンソニー・スミスと比較されたい。*Nationalism in the Twentieth Century*（Oxford, UK: Martin Robertson, 1979), 80（アンソニー・D・スミス著『20世紀のナショナリズム』）を参照のこと。
18. Matti Friedman, "An Insider's Guide to the Most Important Story on Earth," *Tablet*, August 26, 2014を参照。
19. *German Idealism and the Jew*（Chicago: University of Chicago Press, 2003), 1–41の、イマヌエル・カントの哲学的反ユダヤ主義に関するマイケル・マックの考察を参照。
20. Yoram Hazony, "There's No Such Thing as an 'Illiberal,'" *Wall Street Journal*, August 4, 2017を参照。

終　章：ナショナリズムの美徳

1. Theodor Herzl, *The Jewish State*, trans. Harry Zohn（New York: Herzl Press, 1970), 107.
2. 創世記第12章2節、3節。